JURISTISCHE
FALL-LÖSUNGEN

---

Ohly

Fälle zum Recht des geistigen Eigentums

# Fälle zum Recht des geistigen Eigentums

von

**Dr. Ansgar Ohly, LL. M. (Cambridge)**
o. Professor an der Universität Bayreuth

unter Mitarbeit von

Dr. Achim Förster, LL. M. (Indiana)
Dr. Franz Hofmann, LL. M. (Cambridge)
Dr. Ralf Uhrich, LL. M. (London)
Dr. Herbert Zech

Verlag C. H. Beck München 2010

Verlag C. H. Beck im Internet:
**beck.de**

ISBN 978 3 406 58640 8


Wilhelmstraße 9, 80801 München
Druck und Bindung: Nomos Verlagsgesellschaft
In den Lissen 12, 76547 Sinzheim

Satz: Druckerei C. H. Beck Nördlingen

Gedruckt auf säurefreiem, alterungsbeständigem Papier
(hergestellt aus chlorfrei gebleichtem Zellstoff)

# Vorwort

Das Recht des geistigen Eigentums gewinnt in der Informationsgesellschaft stetig an praktischer Bedeutung. Im Jahre 2005 wurden neue Fachanwaltsbezeichnungen für die Bereiche „Gewerblicher Rechtsschutz“ und „Urheber- und Medienrecht“ eingeführt. Auch in die universitäre Ausbildung findet das geistige Eigentum zunehmend Eingang. Während einige einschlägige Lehr- und Handbücher vorliegen, fehlt bisher eine umfassende Sammlung von Übungsfällen. Diese Lücke möchten wir schließen.

Die folgenden Übungsfälle sind das Ergebnis einer Teamarbeit. Sie wurden im Rahmen des Schwerpunktbereichs „Geistiges Eigentum und Wettbewerbsrecht“ an der Universität Bayreuth begleitend zu den jeweiligen Vorlesungen erarbeitet und in Propädeutischen Übungen in der Diskussion mit den Studierenden des Schwerpunktbereichs „erprobt“. Der abschließende umfangreiche Klausurfall wurde als fünfstündige Wahlfachklausur im Ersten Juristischen Staatsexamen in Bayern gestellt, die Lösung wurde aber auf den aktuellen Rechtsstand gebracht. Die Gewichtung der Rechtsgebiete orientiert sich an der Prüfungspraxis. Den breitesten Raum nehmen das Urheber- und Markenrecht ein, doch auch das Patentrecht wird umfassend behandelt. Eine Besonderheit dieser Fallsammlung stellen die schutzrechtsübergreifenden Fälle zu Beginn dar, die gleichsam einen „Allgemeinen Teil“ bilden. Sie tragen dem Umstand Rechnung, dass die Rechte des geistigen Eigentums sich in zunehmendem Maße einander annähern und teilweise überlagern. Die meisten Fälle wurden von Mitarbeitern des Lehrstuhls Zivilrecht VIII an der Universität Bayreuth konzipiert und formuliert, der jeweilige Name wird im Inhaltsverzeichnis genannt. Ich habe die Fälle anschließend überarbeitet und erscheine bei den Fällen als Mitautor, die ich nicht nur redaktionell bearbeitet habe, sondern bei denen ich Teile der Sachverhalte und Lösungen selbst verfasst habe. Den studentischen Mitarbeitern des Lehrstuhls danken wir für ihre Hilfe beim Korrekturlesen.

Wir hoffen, dass diese Sammlung unseren Lesern die Prüfungsvorbereitung erleichtert. Kritik und Anregungen sind herzlich willkommen (ansgar.ohly@uni-bayreuth.de). Rechtsprechung und Schrifttum haben wir versucht, bis Ende 2009 zu berücksichtigen.

Bayreuth, im Januar 2010 *Ansgar Ohly*

# Inhaltsverzeichnis



## Teil 1. Schutzrechtsübergreifende Probleme



## Teil 2. Patentrecht

## Teil 3. Markenrecht



## Teil 4. Urheberrecht

## Teil 5. Designrecht



## Teil 6. Klausurfall

# Abkürzungsverzeichnis

| | |
|---|---|
| a. A. | andere Ansicht |
| a. E. | am Ende |
| a. F. | alte Fassung |
| ABl. | Amtsblatt |
| AEUV | Vertrag über die Arbeitsweise der Europäischen Union |
| AG | Aktiengesellschaft |
| Alt. | Alternative |
| Anm. | Anmerkung |
| ArbnErfG | Gesetz über Arbeitnehmererfindungen |
| Art. | Artikel |
| BGB | Bürgerliches Gesetzbuch |
| BGBl. | Bundesgesetzblatt |
| BGH | Bundesgerichtshof |
| BGHZ | Entscheidungen des Bundesgerichtshofs in Zivilsachen |
| CDPA | Copyright, Designs and Patents Act 1988 |
| CR | Computer und Recht |
| d.h. | das heißt |
| DPMA | Deutsches Patent- und Markenamt |
| EG | Vertrag zur Gründung der Europäischen Gemeinschaft |
| EPA | Europäisches Patentamt |
| EPÜ | Europäisches Patentübereinkommen |
| EU | Europäische Union |
| EuGH | Europäischer Gerichtshof |
| EWR | Europäischer Wirtschaftsraum |
| f., ff. | folgende |
| GebrMG | Gebrauchsmustergesetz |
| GeschmMG | Gesetz über den rechtlichen Schutz von Mustern und Modellen |
| GG | Grundgesetz |
| GGM | Gemeinschaftsgeschmacksmuster |
| GGV | Gemeinschaftsgeschmacksmusterverordnung |
| GmbH | Gesellschaft mit beschränkter Haftung |
| GRUR | Gewerblicher Rechtsschutz und Urheberrecht |
| GRUR Int. | Gewerblicher Rechtsschutz und Urheberrecht Internationaler Teil |
| GRUR-RR | Gewerblicher Rechtsschutz und Urheberrecht Rechtsprechungs-Report |
| GSZ | Großer Senat für Zivilsachen |
| GVG | Gerichtsverfassungsgesetz |
| GWB | Gesetz gegen Wettbewerbsbeschränkungen |
| h. M. | herrschende Meinung |
| i. S. d. | im Sinne des/im Sinne der |
| InstGE | Entscheidungen der Instanzgerichte zum Recht des geistigen Eigentums |
| JuS | Juristische Schulung |
| JZ | Juristen Zeitung |
| m. | mit |
| m.w.N. | mit weiteren Nachweisen |
| MarkenG | Gesetz über den Schutz von Marken und sonstigen Kennzeichen |
| n. F. | neue Fassung |
| NJW | Neue Juristische Wochenschrift |
| Nr. | Nummer |
| o.ä. | oder ähnliches |
| OLG | Oberlandesgericht |
| PatG | Patentgesetz |
| RG | Reichsgericht |
| RGZ | Entscheidungen des Reichsgerichts in Zivilsachen |

| | |
|---|---|
| Rn. | Randnummer |
| s. | siehe |
| S. | Seite, Satz |
| s. a. | siehe auch |
| Sec. | Section |
| Slg. | Sammlung der Rechtsprechung des Gerichtshofes und des Gerichts Erster Instanz |
| Tz. | Textziffer |
| U.S.C. | United States Code |
| u. U. | unter Umständen |
| UrhG | Gesetz über Urheberrecht und verwandte Schutzrechte |
| UWG | Gesetz gegen den unlauteren Wettbewerb |
| vgl. | vergleiche |
| WRP | Wettbewerb in Recht und Praxis |
| z. B. | zum Beispiel |
| ZEuP | Zeitschrift für Europäisches Privatrecht |
| ZPO | Zivilprozessordnung |
| ZUM-RD | Zeitschrift für Urheber- und Medienrecht Rechtsprechungsdienst |

# Verzeichnis der abgekürzt zitierten Literatur

| | |
|---|---|
| Benkard/*Bearbeiter* | *Benkard,* Patentgesetz, 10. Aufl., 2006 |
| Dreier/Schulze/*Bearbeiter* | *Dreier/Schulze,* Urheberrechtsgesetz, 3. Aufl., 2008 |
| Dreyer/Kotthoff/Meckel/*Bearbeiter* | *Dreyer/Kotthoff/Meckel,* Urheberrecht, 2. Aufl., 2008 |
| Eichmann/v. Falckenstein/*Bearbeiter* | *Eichmann/v. Falckenstein,* Geschmacksmustergesetz, 3. Aufl., 2005 |
| Fromm/Nordemann/*Bearbeiter* | *Fromm/Nordemann,* Urheberrecht, 10. Aufl., 2008 |
| *Götting,* Gewerblicher Rechtsschutz | *Götting,* Gewerblicher Rechtsschutz, 8. Aufl., 2007 |
| *Götting,* Wettbewerbsrecht | *Götting,* Wettbewerbsrecht, 2005 |
| *Haedicke* | *Haedicke,* Patentrecht, 2009 |
| *Ingerl/Rohnke* | *Ingerl/Rohnke,* Markengesetz, 2. Aufl., 2003 |
| Köhler/Bornkamm/*Bearbeiter* | *Köhler/Bornkamm,* Gesetz gegen den unlauteren Wettbewerb, 28. Aufl., 2010 |
| *Kraßer* | *Kraßer,* Patentrecht – Ein Lehr- und Handbuch zum deutschen Patent- und Gebrauchsmusterrecht, Europäischen und Internationalen Patentrecht, 6. Aufl., 2009 |
| *Mes* | *Mes,* Patentgesetz, 2. Aufl., 2005 |
| Möhring/Nicolini/*Bearbeiter* | *Möhring/Nicolini,* Urheberrechtsgesetz, 2. Aufl., 2000 |
| *Osterrieth* | *Osterrieth,* Patentrecht, 3. Aufl., 2007 |
| Piper/Ohly/Sosnitza/*Bearbeiter* | *Piper/Ohly/Sosnitza,* Gesetz gegen den unlauteren Wettbewerb, 5. Aufl., 2010 |
| *Rehbinder* | *Rehbinder,* Urheberrecht, 15. Aufl., 2008 |
| *Ruhl* | *Ruhl,* Gemeinschaftsgeschmacksmuster, 2007 |
| *Schack* | *Schack,* Urheber- und Urhebervertragsrecht, 4. Aufl., 2007 |
| Schricker/*Bearbeiter* | *Schricker,* Urheberrecht, 3. Aufl., 2006 |
| Schulte/*Bearbeiter* | *Schulte,* Patentgesetz mit EPÜ, 8. Aufl., 2008 |
| Ströbele/Hacker/*Bearbeiter* | *Ströbele/Hacker,* Markengesetz, 9. Aufl., 2009 |
| *Ulmer* | *Ulmer,* Urheber- und Verlagsrecht, 3. Aufl. 1980 |
| Wandtke/Bullinger/*Bearbeiter* | *Wandtke/Bullinger,* Praxiskommentar zum Urheberrecht, 3. Aufl., 2009 |
| *Westermann* | *Westermann,* Handbuch Know-How-Schutz, 2007 |

# 1. Teil. Allgemeine Fragen

## Fall 1. Software

### Sachverhalt

Die M-AG ist ein weltweit tätiges Unternehmen der Softwareindustrie und plant den Vertrieb des von ihren Angestellten entwickelten Softwarepakets „M-Office Super Professional Ultimate Edition" in Deutschland. Die Software soll hauptsächlich auf konventionellen Datenträgern (DVD-ROM) in einer charakteristischen Verpackung auf den Markt gebracht werden. Es ist aber auch eine (kostenpflichtige) Onlineversion geplant, wobei die Nutzerverifikation durch einen neuen und innovativen Algorithmus in der Software bewerkstelligt werden soll.

Der Vorstandsvorsitzende der M, Steffen Palmer (P), möchte von Ihnen wissen, welche nationalen Rechte der M-AG an dem Produkt „M-Office Super Professional Ultimate Edition" zustehen könnten und was ggf. für den Rechtserwerb unternommen werden muss. Darüber hinaus interessiert sich P für die jeweiligen Vor- und Nachteile der einzelnen Rechte.

### Gliederung

## Lösung

1 **Hinweis:** In dieser „Beratungsklausur" empfiehlt es sich, bei der Beurteilung des Produkts zwischen den verschiedenen Schutzgegenständen zu differenzieren. Die folgende Lösung unterscheidet daher zwischen dem Schutz der Software, der Produktbezeichnung und der Verpackung.

### I. Schutz der Software

2 Die Software selbst könnte durch das Urheberrecht und durch technische Schutzrechte (Patent, Gebrauchsmuster) geschützt sein.

#### 1. Urheberrechtsschutz

##### a) Schutzfähigkeit

3 Ein Computerprogramm ist als Sprachwerk dem urheberrechtlichen Schutz grundsätzlich zugänglich (§ 2 I Nr. 1 UrhG). Entscheidend ist aber nicht die Einordnung unter die Werkkategorien des § 2 I UrhG, sondern die Frage, ob es sich um eine persönliche geistige Schöpfung gemäß § 2 II UrhG handelt.[1] Für Computerprogramme wird § 2 II UrhG durch § 69 a III 1 UrhG modifiziert, der eine „eigene geistige Schöpfung" voraussetzt und insoweit lex specialis zu § 2 II UrhG ist. Damit soll zum Ausdruck gebracht werden, dass Schutz von Computerprogrammen auch nach den Grundsätzen der „kleinen Münze" gewährt wird (vgl. auch § 69 III 2 UrhG);[2] das Erfordernis der Individualität bleibt freilich bestehen.[3] Eine eigene geistige Schöpfung kann vorliegend ohne Weiteres angenommen werden. Ein urheberrechtlich geschütztes Werk liegt damit vor.

4 **Hinweis:** § 69 a III UrhG beruht auf Art. 1 III der EG-Richtlinie über den Schutz von Computerprogrammen (91/250/EWG). Die Richtlinie strebt die Angleichung des urheberrechtlichen Schutzniveaus bei Computerprogrammen in der Gemeinschaft an, ohne freilich auf die nationalstaatliche Terminologie Rücksicht zu nehmen. Der BGH hatte Computerprogramme schon vor der Umsetzung der Richtlinie als Schriftwerke eingestuft, dabei aber unter § 2 II UrhG ein deutliches Überragen über das Können eines Durchschnittsprogrammierers verlangt.[4] Diese besondere Schutzschwelle wurde mit der Einführung des § 69 a III UrhG hinfällig.

##### b) Rechtsinhaberschaft

5 Rechtsinhaber ist gemäß § 7 UrhG grundsätzlich der Schöpfer des Werkes, hier also der Programmierer. Wenn mehrere Programmierer beteiligt waren, sind sie regelmäßig Miturheber gemäß § 8 I UrhG.

---

[1] Zum Werkbegriff siehe Fall 17 sowie Dreier/Schulze/*Schulze*, § 2 Rn. 6 ff.
[2] Wandtke/Bullinger/*Grützmacher*, § 69 a Rn. 33.
[3] Wandtke/Bullinger/*Grützmacher*, § 69 a Rn. 34 f.
[4] *BGH* GRUR 1985, 1041, 1047 f. – Inkasso-Programm.

Das deutsche Recht sieht keinen originären Rechtserwerb durch den Arbeitgeber vergleichbar mit der „Works Made for Hire"-Doktrin des anglo-amerikanischen Rechtskreises vor.[5] Der Arbeitgeber muss sich die Nutzungsrechte vielmehr von den angestellten Urhebern einräumen lassen. Für Computerprogramme weist das deutsche Urheberrecht in § 69b UrhG jedoch dem Arbeitgeber die ausschließlichen vermögensrechtlichen Befugnisse zu, soweit nichts anderes vereinbart ist. Die Rechtseinräumung wird also vermutet. Daher ist die M-AG hier Inhaberin eines ausschließlichen Nutzungsrechts. 6

### c) Vor- und Nachteile

Das Urheberrecht gewährt einen schnellen und formlosen Schutz. Insbesondere ist keine Anmeldung o.ä. erforderlich. Zudem zeichnet sich das Urheberrecht durch eine sehr lange Schutzdauer von 70 Jahren *post mortem auctoris* aus, § 64 UrhG. Im Fall der Miturheberschaft endet die Schutzfrist 70 Jahre nach dem Tod des längstlebenden Miturhebers (§ 65 I UrhG). 7

Der wesentliche Nachteil des urheberrechtlichen Schutzes besteht darin, dass er nur die konkrete Gestaltung des Computerprogramms erfasst, nicht aber die zugrunde liegenden Ideen oder Abläufe. Diese können von Mitbewerbern zumeist auf anderem Wege verwirklicht werden. 8

## 2. Patent- und Gebrauchsmusterschutz

### a) Patentierbarkeit computerimplementierter Erfindungen

Denkbar wäre eine Patentierung der Software.[6] Fraglich ist allerdings, ob es sich bei dem Computerprogramm um eine Erfindung gemäß § 1 I PatG bzw. § 1 I GebrMG handelt. Das Gesetz erklärt nämlich in § 1 III Nr. 3 PatG bzw. § 1 II Nr. 3 GebrMG, dass es sich bei Programmen für Datenverarbeitungsanlagen nicht um Erfindungen handelt. Dieser Ausschluss steht der Patentierbarkeit jedoch nur insoweit entgegen, als der Schutz für die Programme „als solche" begehrt wird, §§ 1 IV PatG, 1 III GebrMG. Dieser Regelung kommt jedoch nach allgemeiner Ansicht nur klarstellende Funktion zu. Patentrechtlicher Schutz ist nur möglich, soweit die zu schützende Lehre technischer Natur ist (vgl. § 1 I PatG: „auf allen Gebieten der Technik"), genauer: soweit die angemeldete Erfindung einen technischen Beitrag zur Lösung eines technischen Problems darstellt. Hier wird mit der Nutzerverifikation ein technisches Problem mithilfe eines innovativen Algorithmus, also einer computertechnischen Lösung bewirkt. Das spricht dafür, dass es sich um eine patentfähige softwareimplementierte Erfindung handelt.[7] Gebrauchsmusterschutz hingegen steht nicht zur Verfügung, wenn – wie bei computerimplementierten Erfindungen regelmäßig – Schutz für ein Verfahren begehrt wird (§ 2 Nr. 3 GebrMG).[8] 9

**Hinweis:** Der hier gewählte Aufbau orientiert sich an der deutschen Rechtsprechung, die das Problem der Patentierbarkeit von computerimplementierten Erfindungen unter § 1 IV PatG behandelt. Das EPA hingegen sieht jedes Computerprogramm als „technisch" an, bejaht aber nur dann die erfinderi- 10

---

[5] Vgl. für Großbritannien: Sec. 11 (2) CDPA 1988; für die USA: 17 U.S.C. § 201 (b).

[6] Hierzu ausführlich Fall 8.

[7] Vgl. *BGH* GRUR 1992, 33 – Seitenpuffer.

[8] Zur Unterscheidung zwischen Produkt- und Verfahrensansprüchen s. Fall 6. Der *BGH* hat zwar in GRUR 2000, 1007 – Sprachanalyseeinrichtung – einem programmtechnisch eingerichteten Computer technischen Charakter zugesprochen, dieses Urteil wird aber durch die nachfolgende Rechtsprechung infrage gestellt, s. *Kraßer*, S. 164ff.

sche Tätigkeit (§ 4 PatG = Art. 56 EPÜ), wenn das Programm gerade aus technischer Sicht (d.h. aus Sicht des Naturwissenschaftlers oder Ingenieurs) erfinderisch ist.[9]

### b) Weitere Erteilungsvoraussetzungen

11 Soweit die Technizität der computerimplementierten Erfindung bejaht werden kann, müssten auch die weiteren Erteilungsvoraussetzungen vorliegen. Die Erfindung müsste also neu sein (§§ 3 PatG, 3 GebrMG), auf einer erfinderischen Tätigkeit (§ 4 PatG) bzw. einem erfinderischen Schritt (§ 1 I GebrMG) beruhen und gewerblich anwendbar sein (§§ 5 PatG, 3 II GebrMG).[10]

### c) Rechtsinhaberschaft

12 Das Recht auf das Patent hat grundsätzlich der Erfinder (sog. Erfinderprinzip), § 6 S. 1 PatG. Haben mehrere gemeinsam eine Erfindung gemacht, so steht ihnen das Recht auf das Patent gemeinschaftlich zu, § 6 S. 2 PatG.[11] Diensterfindungen können freilich vom Arbeitgeber in Anspruch genommen werden, wobei alle Rechte an der Diensterfindung auf den Arbeitgeber übergehen, §§ 6f. ArbnErfG. Entsprechende Inanspruchnahme vorausgesetzt stünde der M-AG das Recht auf das Patent zu.

### d) Vor- und Nachteile

13 Das Patentrecht ist grundsätzlich ein „starkes Recht". Es schützt nicht nur die konkrete Fassung des Programms, sondern die technische Lehre als solche. Maßgeblich sind die Patentansprüche (§ 14 PatG), wobei der Schutzbereich durch deren Wortlaut nicht abschließend eingegrenzt wird, sondern auch Äquivalente umfasst.[12] Zudem ist das Verletzungsgericht an das erteilte Patent gebunden.[13] Nachteilig ist die im Vergleich zum Urheberrecht kurze Schutzdauer von maximal 20 Jahren (§ 16 I 1 PatG). Außerdem ist die Anmeldung und Aufrechterhaltung des Patents mit hohen Kosten verbunden; insbesondere steigt die gemäß § 17 I PatG zu entrichtende Jahresgebühr progressiv an.

14 **Hinweis:** Gebrauchsmusterschutz wird hier regelmäßig wegen der Ausnahme des § 2 Nr. 3 GebrMG nicht in Betracht kommen. Allgemein entsprechen sich zwar die materiellen Erteilungsvoraussetzungen von Patent und Gebrauchsmuster weitgehend,[14] doch unterscheiden sich beide Rechte darin, dass diese Voraussetzungen vor der Erteilung eines Gebrauchsmusters nicht geprüft werden (§ 8 I 2 GebrMG), sodass die Eintragung schneller erfolgt und kostengünstiger ist. Das Gebrauchsmuster ist im Vergleich zum Patent aber insofern das schwächere Recht, als seine Gültigkeit jederzeit, auch im Rahmen des Verletzungsverfahrens, überprüft werden kann, § 13 I GebrMG. Außerdem ist die Schutzdauer mit 10 Jahren (§ 23 I GebrMG) erheblich kürzer als im Urheber- oder Patenrecht.

## II. Schutz der Bezeichnung „M-Office Super Professional Ultimate Edition"

### 1. Vorüberlegung

15 Neben der Software selbst könnte auch die Bezeichnung „M-Office Super Professional Ultimate Edition" geschützt sein. Es versteht sich von selbst, dass ein solcher

---

[9] Näher hierzu Fall 8 und *Ohly*, CR 2001, 809ff.

[10] Näher hierzu Fall 6.

[11] Im Verfahren vor dem Patentamt gilt der Anmelder generell als berechtigt, ohne dass dessen Erfindereigenschaft überprüft wird, vgl. § 7 I PatG.

[12] S. hierzu Fall 10.

[13] S. hierzu Fall 10.

[14] Zur Anpassung des Kriteriums des erfinderischen Schritts an das Patentrecht siehe jüngst *BGH* GRUR 2006, 842 – Demonstrationsschrank. Unterschiede bestehen bei der Definition des Standes der Technik, vgl. § 3 I 2 GeschmMG einerseits, § 3 I 2 PatG andererseits. Außerdem besteht im Gebrauchsmusterrecht eine Neuheitsschonfrist, § 3 I 3 GebrMG.

kennzeichenrechtlicher Schutz keine Handhabe gegen den Verkauf identischer Software unter anderer Bezeichnung gewähren würde.

### 2. Markenrecht

Voraussetzung ist zunächst die abstrakte Markenfähigkeit gemäß § 3 MarkenG. Es 16
muss also ein Zeichen vorliegen, das geeignet ist, Waren oder Dienstleistungen verschiedener Unternehmen voreinander zu unterscheiden. Das ist bei der Bezeichnung „M-Office Super Professional Ultimate Edition" unproblematisch der Fall. Anders als das Patentrecht kann das Markenrecht nicht nur durch Eintragung (a), sondern auch durch qualifizierte Benutzung (b) entstehen.

#### a) Schutz durch Registermarke, § 4 Nr. 1 MarkenG

Markenschutz kann durch Eintragung begründet werden (§ 4 Nr. 1 MarkenG). Die 17
Eintragung einer Marke ist aber ausgeschlossen, soweit absolute Schutzhindernisse gemäß § 8 II MarkenG vorliegen und, in den Fällen des § 8 II Nr. 1–3 MarkenG, nicht durch Verkehrs*durchsetzung* überwunden werden (§ 8 III MarkenG). Allerdings bestehen hier keine Anhaltspunkte dafür, dass der Bezeichnung die notwendige Unterscheidungskraft fehlt (§ 8 II 2 Nr. 1 MarkenG) oder dass es sich um eine lediglich beschreibende Angabe (§ 8 II Nr. 2 MarkenG) handelt. § 8 II 2 Nr. 3 MarkenG schließt, anders als man aufgrund des Wortlauts der Vorschrift vermuten könnte, nicht schon die Eintragung gängiger Hochwertwörter wie „super" oder „ultimate" aus, sondern erfasst nur Begriffe, die sich als Gattungsbezeichnungen durchgesetzt haben.[15] Einer Eintragung der Bezeichnung als Marke stünde hier also nichts im Wege.

#### b) Schutz durch Benutzungsmarke, § 4 Nr. 2 MarkenG

Außerdem könnte kennzeichenrechtlicher Schutz im Wege einer Benutzungsmarke 18
erlangt werden. Hierzu ist Verkehrs*geltung* erforderlich. Zur Bestimmung ist wiederum auf den maßgeblichen Verkehrskreis abzustellen.

#### c) Schutzumfang

Der Schutzumfang richtet sich sowohl bei der Register- als auch bei der Benut- 19
zungsmarke nach § 14 MarkenG. Demnach wird die Marke gegen die Benutzung eines identischen Zeichens für identische Produkte (Identitätsschutz, § 14 II Nr. 1 MarkenG) und gegen die Hervorrufung von Verwechslungsgefahr durch die Benutzung eines zumindest ähnlichen Zeichens für zumindest ähnliche Produkte (Verwechslungsschutz, § 14 II Nr. 2 MarkenG) geschützt. Sofern die Marke Bekanntheit erlangt, genießt sie zudem unabhängig vom Vorliegen einer Verwechslungsgefahr Schutz gegen Rufausbeutung, Rufschädigung und Verwässerung (Bekanntheitsschutz, § 14 II Nr. 3 MarkenG).

#### d) Rechtsinhaberschaft

Die M-AG kann gemäß § 7 II MarkenG Inhaberin der eingetragenen und angemel- 20
deten Marke sein. Die Inhaberschaft wird hinsichtlich des eingetragenen Inhabers zudem vermutet, § 28 I MarkenG. Demgegenüber ist die Inhaberschaft der Benutzungsmarke nicht gesetzlich geregelt. Diese richtet sich nach der Verkehrsauffassung;

---

15 *BGH* GRUR 1998, 465, 468 – BONUS.

maßgebend ist daher, wer vom Verkehr als Inhaber der Kontrollverantwortung aufgefasst wird.[16]

### e) Vor- und Nachteile

21 Als Registerrecht bietet die eingetragene Marke einige Vorteile gegenüber dem nicht eingetragenen Kennzeichenrecht. Sowohl der Inhaber als auch das geschützte Zeichen selbst sind dem Register zu entnehmen. Nachteilig sind die Prüfung auf absolute Schutzhindernisse seitens des DPMA und die mit der Aufrechterhaltung verbundenen Kosten. Beides kann mit einer Benutzungsmarke umgangen werden, allerdings bereitet hier oft der Nachweis der Verkehrsgeltung Schwierigkeiten.

### 3. Werktitelschutz

22 Ein Computerprogramm ist als „sonstiges vergleichbares Werk" gemäß § 5 III MarkenG anzusehen, daher kann seine Bezeichnung als Werktitel geschützt werden.[17] Der Schutz entsteht durch Benutzungsaufnahme, soweit originäre Kennzeichnungskraft vorliegt. Ansonsten ist Verkehrsgeltung erforderlich. Der Schutzumfang bestimmt sich im Fall eines Werktitels nach § 15 MarkenG.

23 **Hinweis:** Es besteht die Möglichkeit der Vorverlagerung des Schutzes durch eine sog. Titelanzeige, z.B. im Titelschutzanzeiger (www.titelschutzanzeiger.de). Die Veröffentlichung des Werkes muss dann freilich innerhalb angemessener Zeit erfolgen.

## III. Schutz der Verpackung

### 1. Urheberrecht

24 Die charakteristische Verpackung könnte als Werk der angewandten Kunst gemäß §§ 2 II, I Nr. 4 UrhG geschützt sein. Allerdings legen Rechtsprechung und h.M. bei dieser Werkkategorie zu Recht eine höhere Schutzschwelle zugrunde, um das Urheberrecht vom nationalen und europäischen Gebrauchsmusterrecht abzugrenzen:[18] Das Werk muss eine durchschnittliche Gestaltung deutlich überragen. Bei einer Produktverpackung ist das regelmäßig auch dann nicht der Fall, wenn sie – wie hier – „charakteristische" Merkmale aufweist.

### 2. Geschmacksmusterrecht

### a) Schutzfähigkeit

25 Bei der Verpackung handelt es sich um die äußere Erscheinungsform eines Produkts, die grundsätzlich dem Geschmacksmusterschutz (moderner: Designschutz) zugänglich ist (§ 1 Nr. 1 GeschmMG). Das Muster muss gemäß § 2 I GeschmMG neu sei und Eigenart aufweisen. Hieran wird der Schutz von Produktverpackungen oft scheitern. Für die Beurteilung, ob es im vorliegenden Fall angesichts der „charakteristischen" Verpackungsmerkmale anders ist, wären weitere Informationen erforderlich. Anders als im Urheberrecht bestehen Formalitäten hinsichtlich der Entstehung des Schutzes. Der bis zu 25-jährige Schutz entsteht erst durch Eintragung des Musters, § 27 I GeschmMG. Daneben kann eine Produktgestaltung unter den Voraussetzungen des Art. 11 der Gemeinschaftsgeschmacksmusterverordnung (GGV) auch ohne Ein-

---

[16] *Ingerl/Rohnke*, § 4 Rn. 25 m.w.N.
[17] *BGH* GRUR 1998, 155 – PowerPoint.
[18] Siehe hierzu ausführlich Fall 17.

tragung für drei Jahre als nicht eingetragenes Gemeinschaftsgeschmacksmuster gegen Nachahmung geschützt sein.[19]

### b) Inhaberschaft

Das Recht auf das Gebrauchsmuster steht grundsätzlich dem Entwerfer bzw. den Entwerfern gemeinschaftlich zu, § 7 I GeschmMG. Wird ein Muster von einem Arbeitnehmer in Ausübung seiner Aufgaben oder nach den Weisungen seines Arbeitgebers entworfen, so steht das Recht an dem Geschmacksmuster dem Arbeitgeber zu, sofern vertraglich nichts anderes vereinbart wurde, § 7 II GeschmMG. Dies ist hier anzunehmen. **26**

### c) Vor- und Nachteile

Für Produktgestaltungen ist Geschmacksmusterschutz relativ leicht zu erlangen. Insbesondere ist keine besondere Gestaltungshöhe erforderlich. Nachteilig ist, dass die Schutzdauer auf 25 Jahre ab dem Anmeldetag begrenzt ist, § 27 II GeschmMG. **27**

### 3. Kennzeichenrecht

Die abstrakte Markenfähigkeit gemäß § 3 I MarkenG liegt grundsätzlich vor. Die Vorschrift nennt ausdrücklich „Verpackungen sowie sonstige Aufmachungen". Soweit die Form der Verpackung geschützt werden soll, sind zusätzlich die speziellen Ausschlussgründe des § 3 II MarkenG zu beachten, für deren Vorliegen hier aber keine Anhaltspunkte bestehen. Allerdings können der Eintragung einer Verpackung als Marke (§ 4 Nr. 1 MarkenG) die absoluten Schutzhindernisse des § 8 II Nr. 1 (fehlende Unterscheidungskraft) und Nr. 2 (Freihaltebedürfnis) MarkenG entgegenstehen.[20] Der für das Entstehen einer Benutzungsmarke (§ 4 Nr. 2 MarkenG) erforderliche Nachweis der Verkehrsgeltung wird nur bei sehr ungewöhnlichen Verpackungen gelingen. **28**

### 4. UWG-Nachahmungsschutz

Auch wenn es sich beim UWG-Nachahmungsschutz gemäß §§ 3, 4 Nr. 9 UWG nach h.M. nicht um den Schutz eines absoluten Rechts handelt, weist er doch zumindest einen immaterialgüterrechtsähnlichen Charakter auf und ist beim Schutz von Produktgestaltungen und -verpackungen stets zu bedenken. § 4 Nr. 9 UWG bietet Verpackungen, die wettbewerbliche Eigenart aufweisen, dann Schutz gegen Nachahmung, wenn zusätzliche unlauterkeitsbegründende Merkmale vorliegen, deren wichtigste in § 4 Nr. 9a–c UWG genannt werden.[21] **29**

**Weiterführende Hinweise:** *Beater,* Grundkenntnisse und Fallbearbeitung im Urheberrecht, JuS 2000, 666; 874; 982; 1183; *Haedicke,* Kein Patent auf Leben? – Grundlagen des Patentrechts und der Schutz biotechnologischer Erfindungen, JuS 2002, 113; *Pfeiffer/Rein:* Einführung in das Markenrecht, JuS 2006, 584. **30**

---

[19] Vgl. hierzu Fall 24 und *Gottschalk/Gottschalk*, GRUR Int 2006, 461 ff.; *Ohly*, ZEuP 2004, 296 ff.

[20] Näher hierzu Fall 12.

[21] Vgl. zum Schutz von Verpackungen zuletzt *BGH* GRUR 2009, 1069 – Knoblauchwürste m. Anm. *Rohnke*.

## Fall 2. Parfumflakon

*Nach EuGH Slg. 1997, I-6013 = GRUR Int. 1998, 140; Dior/Evora; BGHZ 144, 232 = GRUR 2001, 51 – Parfumflakon.*

### Sachverhalt

Die Divine GmbH (D-GmbH) ist Herstellerin eines hochwertigen Parfums, das sie unter der bekannten eingetragenen Marke „Poisson" über ein ausgewähltes Händlernetz vertreibt. Der Kaffeerösterin Starfish AG (S-AG) ist es gelungen, in einem EU-Mitgliedstaat aus einer „undichten Stelle" im Vertriebssystem der D-GmbH einen Posten des unveränderten Originalprodukts „Poisson" zu beziehen. Die S-AG bietet das Parfum in ihren Filialgeschäften an und wirbt in einem Prospekt mit einer Abbildung des Flakons.

Der Geschäftsführer der D-GmbH möchte gegen dieses Angebot vorgehen. Er habe zu keinem Zeitpunkt die Verwendung der Marke „Poisson" erlaubt. Außerdem sei der aufwendig gearbeitete Flakon von dem bekannten Vogtländer Glaskünstler Enrico Schmidt entworfen worden. Er habe der D-GmbH umfassende ausschließliche Nutzungsrechte an dem „Werk" eingeräumt. Überhaupt sei das Verhalten der S-AG „sittenwidrig", da sie das Parfum außerhalb des exklusiven Händlernetzes vertreibe.

Kann der Geschäftsführer namens der D-GmbH Unterlassung verlangen?

### Gliederung

## Lösung

### I. Markenrechtliche Ansprüche

Der D-GmbH könnte ein Unterlassungsanspruch gemäß § 14 V, II Nr. 1 MarkenG zustehen. 1

### 1. Bestehen des Markenrechts

Das Zeichen „Poisson" ist als Marke eingetragen und genießt daher jedenfalls gemäß § 4 Nr. 1 MarkenG Schutz. Da es sich um eine bekannte Marke handelt, ist auch vom Vorliegen von Verkehrsgeltung und damit von Markenschutz gemäß § 4 Nr. 2 MarkenG auszugehen. 2

### 2. Eingriff in das Markenrecht

#### a) Allgemeine Voraussetzungen der Markenverletzung

Die S-AG müsste die Marke „Poisson" im geschäftlichen Verkehr ohne Zustimmung des Markeninhabers zum Zweck der Unterscheidung von Waren oder Dienstleistungen, also markenmäßig[1] benutzt haben. Diese Voraussetzungen liegen vor.[2] 3

#### b) Voraussetzungen des Verletzungstatbestands

Die S-AG verwendet die Marke „Poisson" für Parfums, also ein identisches Zeichen für identische Produkte (§ 14 II Nr. 1 MarkenG). 4

### 3. Schranken des markenrechtlichen Schutzes

Von den in §§ 20ff. MarkenG geregelten Schranken des Markenschutzes kommt hier nur die Erschöpfung (§ 24 I MarkenG) in Betracht. 5

---

[1] Näher zur markenmäßigen Benutzung Fall 15 und *EuGH,* GRUR 2009, 756 – L'Oréal/Bellure; *BGH* GRUR 2007, 780 – Pralinenform.

[2] Nach der Rechtsprechung des EuGH setzt eine Markenverletzung gemäß § 14 II Nr. 1 und 2 MarkenG eine mögliche Beeinträchtigung einer geschützten Markenfunktion voraus (näher hierzu Fall 15). Hier könnte man an einer Beeinträchtigung der Herkunftsfunktion zweifeln, da die von der S-AG vertriebenen Parfums „echt" sind. In seinem Urteil L'Oréal/Bellure (GRUR 2009, 756) verweist der EuGH aber darauf, dass neben der Herkunftsfunktion auch andere Funktionen wie die Kommunikations-, Investitions- oder Werbefunktion Schutz genießen (a. a. O. Tz. 58). Eine Beeinträchtigung dieser Funktionen durch den Verkauf von Parfums außerhalb selektiver Vertriebssysteme ist zumindest denkbar, vgl. auch *EuGH* GRUR 2009, 593 – Copad/Dior.

### a) Inverkehrbringen der Waren durch die D-GmbH

6 Das Parfum müsste von der D-GmbH oder mit deren Zustimmung innerhalb des EWR in Verkehr gebracht worden sein (§ 24 I MarkenG). Da die S-AG die Waren aus einer „undichten Stelle" des Vertriebssystems der D-GmbH innerhalb der EU bezogen hat, kann hiervon ausgegangen werden.[3]

### b) Berechtigte Gründe (§ 24 II MarkenG)

7 Die Erschöpfung ist ausgeschlossen, wenn sich die D-GmbH dem weiteren Vertrieb der Marke aus berechtigten Gründen widersetzt (§ 24 II MarkenG). Das kann insbesondere der Fall sein, wenn der Weiterverkäufer die auf dem Produkt angebrachten Herstellungsnummern entfernt hat[4] oder wenn eine Rufschädigung zu befürchten ist. Von einer Decodierung ist hier nicht die Rede, doch könnte das Prestige des Parfums durch den Vertrieb in Kaffeefilialen leiden.[5] Der bloße Umstand, dass das Parfum außerhalb des Vertriebssystems und in Räumlichkeiten angeboten wird, die nicht das äußere Erscheinungsbild einer Parfümerie aufweisen, genügt hierfür noch nicht[6] (a. A. vertretbar). Daher kann sich die D-GmbH dem Weitervertrieb nicht gemäß § 24 II MarkenG widersetzen.

### c) Rechtsfolge

8 Grundsätzlich bezieht sich die Erschöpfung des § 24 MarkenG nur auf die konkrete Ware, an der das Zeichen angebracht ist. Insbesondere existiert keine „generelle Erschöpfung" des Markenrechts und keine generelle Befugnis Dritter, das Zeichen im geschäftlichen Verkehr zu benutzen. Erlaubt ist es jedoch, Waren, an denen das Markenrecht erschöpft ist, unter Benutzung des Zeichens „anzukündigen", d.h. auch zu bewerben. Daher ist die Erschöpfung vorliegend zu bejahen. Ein Unterlassungsanspruch gemäß § 14 V, II Nr. 1 MarkenG besteht somit nicht.

## II. Urheberrechtliche Ansprüche

9 Allerdings könnte der D-GmbH ein Unterlassungsanspruch gemäß § 97 I 1 UrhG zustehen.

### 1. Urheberrechtlich geschütztes Werk

10 Der Flakon ist als Werk der angewandten Kunst (§ 2 I Nr. 4 UrhG) urheberrechtlich geschützt, sofern er als persönliche geistige Schöpfung (§ 2 II UrhG) anzusehen ist. Rechtsprechung und h. M. legen bei dieser Werkkategorie eine höhere Schutzschwelle zugrunde, um das Urheberrecht vom nationalen und europäischen Gebrauchsmusterrecht abzugrenzen:[7] Das Werk muss eine durchschnittliche Gestaltung deutlich überragen. Da der Flakon von einem bekannten Glaskünstler entworfen wurde und aufwendig gearbeitet ist, ist auch diesen erhöhten Anforderungen genügt. Der Flakon ist daher urheberrechtlich geschützt.

---

[3] Zwar besteht die theoretische Möglichkeit, dass die D-GmbH die Waren außerhalb des EWR in Verkehr gebracht hat, insoweit könnte sich die S-AG im Konfliktfall aber auf eine Beweislastumkehr berufen, vgl. Ströbele/Hacker/*Hacker*, § 24 Rn. 38 f.

[4] *BGH* GRUR 2002, 709 – Entfernung der Herstellungsnummer III. Kontrollnummern erlauben es dem Markeninhaber, die undichte Stelle im Vertriebssystem zu identifizieren.

[5] Vgl. *EuGH* GRUR 2009, 593 Rn. 25 ff. – Copad/Dior.

[6] *EuGH* Slg. 1997, I-6013 = GRUR Int. 1998, 140 Rn. 46 – Dior/Evora.

[7] Siehe hierzu ausführlich Fall 17.

### 2. Aktivlegitimation

Inhaber des Urheberrechts ist der Schöpfer des Werks (§ 7 UrhG), hier der Glaskünstler Enrico Schmidt. Allerdings kann die D-GmbH als Inhaberin eines ausschließlichen Nutzungsrechts (§ 31 III UrhG) im eigenen Namen Ansprüche wegen Verletzung des Urheberrechts geltend machen.[8] 11

### 3. Eingriff in das Urheberrecht

Durch die Wiedergabe des Parfumflakons im „Starfish-Magazin" wird sowohl in das Vervielfältigungsrecht (§§ 15 I Nr. 1, 16 UrhG) als auch in das Verbreitungsrecht (§§ 15 I Nr. 2, 17 UrhG) eingegriffen. Denkbar wäre darüber hinaus auch eine Entstellung nach § 14 UrhG, wenn das Werk in einen beeinträchtigenden Kontext gestellt wird. Wegen der Gleichartigkeit des Kontexts – Werbung für ein Parfum – ist dies hier jedoch abzulehnen. Ein Eingriff in das Urheberrecht liegt jedenfalls vor. 12

### 4. Schranken

Im vorliegenden Fall könnten jedoch mehrere Schrankenregelungen des Urheberrechts eingreifen. 13

#### a) Erschöpfung gemäß § 17 II UrhG

Zunächst ist an die Erschöpfung gemäß § 17 II UrhG zu denken.[9] Der Erschöpfungsgrundsatz besagt, dass der Rechtsinhaber durch eigene Benutzungshandlungen das ihm vom Gesetz eingeräumte ausschließliche Verwertungsrecht verbraucht hat, sodass bestimmte weitere Verwertungshandlungen nicht mehr vom Schutzrecht erfasst werden.[10] Die Erschöpfung erfasst nur die Verbreitung konkreter Gegenstände, in denen das Werk verkörpert ist (Original oder Vervielfältigungsstücke) und die mit Zustimmung des Berechtigten in Verkehr gelangt sind. Hier ist zu differenzieren: Die Flakons selbst wurden vom Rechtsinhaber selbst oder mit seiner Zustimmung in Verkehr gebracht, das Verbreitungsrecht ist daher erschöpft. Die Abbildungen im Prospekt hingegen stellen neue, vom Urheber nicht genehmigte Vervielfältigungen dar. Da der Erschöpfungsgrundsatz das Vervielfältigungsrecht nicht erfasst, scheidet eine Anwendung des § 17 II UrhG hier aus. 14

#### b) § 58 I UrhG („Katalogbildfreiheit")

Zu denken ist weiterhin an die sog. Katalogbildfreiheit gemäß § 58 I UrhG. Eine direkte Anwendung scheidet jedoch aus. Zum einen ist zweifelhaft, ob es sich hier um einen öffentlichen Verkauf i. S. d. § 58 UrhG handelt, zum anderen ist die S-AG keine Veranstalterin einer Kunstausstellung oder einer vergleichbaren Veranstaltung. 15

Ob Schranken des Urheberrechts als Ausnahmebestimmungen einer analogen Anwendung zugänglich sind, ist umstritten.[11] Selbst wenn man dies bejaht, müssten die allgemeinen Voraussetzungen eines Analogieschlusses vorliegen: eine planwidrige Regelungslücke und die Vergleichbarkeit der Sach- und Interessenlage. Zwar lässt sich das Fehlen einer speziellen Regelung zur Erschöpfung des Ankündigungsrechts als 16

---

[8] Zu den Befugnissen der Inhaber ausschließlicher Nutzungsrechte vgl. Dreier/Schulze/*Schulze*, § 31 Rn. 56.

[9] Hierzu ausführlich Fall 18.

[10] *BGH* GRUR 1985, 924, 925 – Schallplattenimport II; ferner Dreier/Schulze/*Schulze*, § 17 Rn. 24.

[11] Hierzu ausführlich Fall 20.

planwidrige Regelungslücke ansehen, doch erscheint die Vergleichbarkeit der Interessenlage zweifelhaft, da § 58 UrhG dem Bedürfnis von Museen und Galerien nach einer erleichterten Herausgabe illustrierter Kataloge und nach einer Dokumentation des künstlerischen Schaffens dient[12] und nicht allgemein den Absatz urheberrechtlich geschützter Produkte erleichtern soll. Eine analoge Anwendung des § 58 UrhG liefe hier auf eine Erweiterung der Norm von einer Sonderbestimmung zu einem allgemeinen zusätzlichen Erschöpfungstatbestand hinaus. Daher greift keine Schrankenregelung ein. Der Unterlassungsanspruch gemäß § 97 I 1 UrhG würde dem Grunde nach bestehen.

#### c) Vorrang markenrechtlicher Wertungen

17 Diese Lösung erweckt Unbehagen, da die D-GmbH mit urheberrechtlichen Mitteln erreicht, was ihr das Markenrecht bewusst versagt. Das Urheberrecht wird instrumentalisiert, um eine Vertriebskontrolle zu erreichen, die im Markenrecht spezieller und differenzierter ausgestaltet ist. Daher haben sowohl der EuGH[13] als auch der BGH[14] in dieser Situation der Verkehrsfähigkeit den Vorrang gegenüber dem Urheberrechtsschutz eingeräumt. So sehr dieses Ergebnis einleuchtet, so schwierig ist es dogmatisch sauber zu begründen.[15] Nach der überzeugendsten Lösung verbirgt sich hinter der Lösung der Rechtsprechung eine allgemeine Konfliktregel. Grundsätzlich ist die Überlagerung verschiedener Schutzrechte nicht zu beanstanden. Wird aber ein Gegenstand durch mehrere Rechte geschützt, so kann sich der Rechtsinhaber nicht im Sinne einer „Rosinentheorie“ auf das jeweils günstigste Schrankenregime berufen. Erfassen die Schranken eines Rechts die konkrete Situation präziser als die allgemeineren Regeln eines parallel anwendbaren Rechts, so gebührt den spezielleren Vorschriften der Vorrang. Daher bestehen keine urheberrechtlichen Ansprüche gegen die Abbildung des Flakons im Werbeprospekt der S-AG.

18 **Hinweis:** Vgl. zur Überlagerung von Schutzrechten auch Fall 1. Fallkonstellationen dieser Art haben wegen der Ausdehnung der Rechte des geistigen Eigentums seit einigen Jahren stark zugenommen. Bei jeder Falllösung aus dem Bereich des geistigen Eigentums gelten daher zwei Regeln. Erstens sollten Sie genau prüfen, welche Rechte parallel zur Anwendung kommen könnten. Führt zweitens die Anwendung der unterschiedlichen Schutzgesetze auf ein und denselben Gegenstand zu unterschiedlichen Ergebnissen, so sollten Sie sich fragen, ob diese Abweichung durch die Unterschiede zwischen den Schutzgegenständen gerechtfertigt ist. Ist das nicht der Fall, so sollten Sie Ihre Lösung kritisch überprüfen.

### III. Lauterkeitsrechtliche Ansprüche

19 Der D-GmbH könnte aber ein lauterkeitsrechtlicher Unterlassungsanspruch gemäß § 8 I, 3 I, 4 Nr. 10 UWG zustehen.

#### 1. Aktivlegitimation (§ 8 III UWG)

20 Ansprüche auf Unterlassung unlauterer geschäftlicher Handlungen stehen jedem Mitbewerber zu (§ 8 III Nr. 1 UWG). Mitbewerber ist, wer zum Handelnden in einem konkreten Wettbewerbsverhältnis steht (§ 2 I Nr. 3 UWG). Die D-GmbH und die

[12] *BGH* GRUR 1993, 822, 823 – Katalogbild; *BGH* GRUR 2001, 51, 52 – Parfumflakon; a. A. jedoch das OLG Hamburg als Berufungsinstanz im Parfumflakon-Fall: *OLG Hamburg* ZUM-RD 1998, 2.

[13] *EuGH* GRUR Int. 1998, 140 Rn. 57 – Dior/Evora.

[14] *BGH* GRUR 2001, 51, 53 f. – Parfumflakon.

[15] Vgl. den Überblick bei *Ohly*, JZ 2003, 545, 551 f.; ferner *Schricker*, JZ 2001, 463, 464 (wettbewerbsrechtliche Einschränkung des Urheberrechts); *v. Gamm*, GRUR 2001, 788, 791 (§ 242 BGB); *Kur*, GRUR Int. 1999, 24, 26 ff. (Notwendigkeit einer neuen gesetzlichen Regelung).

S-AG vertreiben identische Produkte und umwerben weitgehend identische Abnehmerkreise. Sie sind also Mitbewerber auf dem Parfummarkt. Der Umstand, dass die D-GmbH als Herstellerin und die S-AG als Einzelhändlerin auf verschiedenen Vertriebsstufen tätig sind, steht der Mitbewerbereigenschaft nicht entgegen.

### 2. Geschäftliche Handlung (§ 2 I Nr. 1 UWG)

Die Werbung für das Parfum unternimmt die S-AG zur Förderung des eigenen Absatzes. Sie ist damit geschäftlich tätig (§ 2 I Nr. 1 UWG). 21

### 3. Unlauterkeit (§§ 3 I, 4 Nr. 10 UWG)

Der unbestimmte Rechtsbegriff der Unlauterkeit wird durch den Anhang zu § 3 III UWG („Schwarze Liste"), durch den Beispielskatalog des § 4 UWG und die Spezialtatbestände der §§ 5–6 UWG konkretisiert. 22

**Hinweis:** Wenn es sich um nachgeahmtes Parfum handeln würde, wäre an § 4 Nr. 9 UWG zu denken. Eine Duftvergleichsliste zwischen Markenparfums und No-Name-Parfums stellt vergleichende Werbung (§ 6 I UWG) dar und ist regelmäßig gemäß § 6 II Nr. 4, 6 UWG unlauter (vgl. *EuGH* GRUR 2009, 756 – L'Oréal/Bellure; weniger streng *BGH* GRUR 2008, 628 – Imitationswerbung). Da es sich hier aber um Originalware handelt, sind beide Fallgruppen nicht einschlägig. 23

Der Verkauf von Parfum außerhalb eines selektiven Vertriebssystems durch einen „Außenseiter" könnte als gezielte Behinderung gemäß § 4 Nr. 10 UWG unlauter sein. Eine unlautere Behinderung liegt vor, wenn das betreffende Verhalten bei objektiver Würdigung der Umstände in erster Linie auf die Beeinträchtigung der wettbewerblichen Entfaltung des Mitbewerbers gerichtet ist oder wenn der beeinträchtigte Mitbewerber seine Leistung am Markt durch eigene Anstrengung nicht mehr in angemessener Weise zur Geltung bringen kann.[16] Dieser unbestimmte Obersatz hilft bei der Falllösung allerdings kaum weiter. Erforderlich ist ein Rückgriff auf die von der Rechtsprechung zu § 4 Nr. 10 UWG entwickelten Fallgruppen. 24

#### a) Selektives Vertriebssystem

Hier kommen die Grundsätze zur Beurteilung selektiver Vertriebssysteme in Betracht.[17] Ein solches System ist dadurch gekennzeichnet, dass der Hersteller nur ausgewählte, vertraglich gebundene Absatzmittler zulässt, die anhand von qualitativen oder quantitativen Kriterien ausgewählt werden. Derartige Systeme sind beim Vertrieb von Luxusartikeln wie Parfums üblich. Die ökonomische Beurteilung selektiver Vertriebssysteme fällt ambivalent aus: Einerseits beschränken sie den Wettbewerb zwischen den Anbietern desselben Produkts (intra-brand-Wettbewerb), andererseits fördern sie den Wettbewerb zwischen verschiedenen Herstellern (inter-brand-Wettbewerb). Daher sind selektive Vertriebssysteme einerseits kartell- und lauterkeitsrechtlichen Grenzen unterworfen, andererseits können sie auch unter bestimmten Umständen lauterkeitsrechtlich gegen Außenseiter geschützt sein. 25

**Hinweis:** Die Beurteilung selektiver Vertriebssysteme betrifft verschiedene Rechtsgebiete. Gegen „untreue" Teilnehmer des Systems können vertragliche Ansprüche bestehen. „Außenseiter" begehen möglicherweise Markenverletzungen, unlautere geschäftliche Handlungen oder verletzen das Recht am eingerichteten und ausgeübten Gewerbebetrieb (§ 823 I BGB). Umgekehrt kann das Vertriebssystem kartellrechtlich verboten sein (Art. 81 EG a. F. = Art. 101 AEUV; § 1 GWB), auch ist die Durchsetzung eines kartellrechtlich unzulässigen Vertriebssystems unlauter gemäß §§ 4 Nr. 10, 3 I UWG. 26

---

[16] BGHZ 171, 73 = GRUR 2007, 800 Rn. 23 – Außendienstmitarbeiter.

[17] Vgl. den Überblick bei Köhler/Bornkamm/*Köhler*, § 4 Rn. 10.63 ff.; Piper/Ohly/Sosnitza/*Ohly*, § 4 Rn. 10/77 a.

**b) Unlauterkeitsmerkmale**

27 Der Vertrieb gebundener Ware durch einen „Außenseiter" ist nicht per se, sondern nur dann unzulässig, wenn besondere Unlauterkeitsmerkmale vorliegen.

**aa) Ausnutzung fremden Vertragsbruchs**

28 Die Rechtsprechung gewährte früher einen Anspruch gegen den Außenseiter bei Ausnutzung eines fremden Vertragsbruchs, wenn das Vertriebssystem gedanklich und praktisch lückenlos und kartellrechtlich zulässig war.[18] Diesen Grundsatz gab der BGH jedoch in den späten 1990er Jahren auf. Seitdem gilt die bloße Ausnutzung eines fremden Vertragsbruchs nicht mehr als unlauter; auch die Lückenlosigkeit ist nicht mehr Voraussetzung für den Schutz eines selektiven Vertriebssystems.[19]

**bb) Verleitung zum Vertragsbruch und Schleichbezug**

29 Unlauter handelt allerdings, wer gebundene Händler bei Vorliegen eines kartellrechtlich zulässigen Vertriebssystems zum Verkauf unter Vertragsbruch verleitet.[20] Hier ist nicht ersichtlich, dass die S-AG gezielt und bewusst darauf hingewirkt hätte, dass ein vertraglich gegenüber der D-GmbH gebundenes Unternehmen seine vertraglichen Pflichten verletzt hätte. Die Unlauterkeit kann auch damit begründet werden, dass der Außenseiter gegenüber einem gebundenen Händler seine Bezugsberechtigung vorgetäuscht oder einen Strohmann vorgeschickt hat (Schleichbezug),[21] doch auch hierfür liegen keine Anhaltspunkte vor.

**cc) Entfernung von Kontrollnummern**

30 Der praktisch häufigste Fall der unlauteren Behinderung im Zusammenhang mit selektiven Vertriebssystemen besteht in der Beseitigung von Kontrollnummern. Die kartellrechtliche Zulässigkeit des selektiven Vertriebssystems vorausgesetzt, löst sie lauterkeitsrechtliche Ansprüche aus[22] und führt zugleich zum Ausschluss der markenrechtlichen Erschöpfung (§ 24 II MarkenG, s. oben, I. 3. bb). Auch von einer Decodierung ist hier aber nicht die Rede.

**IV. Ergebnis**

31 Der D-GmbH stehen keine marken-, urheber- oder lauterkeitsrechtlichen Unterlassungsansprüche gegen die S-AG zu.

32 **Weiterführende Hinweise:** *v. Gamm,* Werbemaßnahmen für Markenartikel, GRUR 2001, 788; *Ohly,* Geistiges Eigentum?, JZ 2003, 545, 551 f.

---

[18] BGHZ 40, 135 = GRUR 1964, 154, 157 – Trockenrasierer II; GRUR 1968, 272, 275 – Trockenrasierer III.

[19] *BGH* GRUR 1999, 1113 – Außenseiteranspruch I; BGHZ 142, 192 = GRUR 1999, 1109, 1112 f. – Entfernung der Herstellungsnummer I; BGHZ 143, 232 = GRUR 2000, 724 – Außenseiteranspruch II.

[20] BGHZ 178, 63 = GRUR 2009, 173 – bundesligakarten.de; Piper/Ohly/Sosnitza/*Ohly*, § 4 Rn. 10/77 a; enger Köhler/Bornkamm/*Köhler*, § 4 Rn. 10.63.

[21] BGHZ 178, 63 = GRUR 2009, 173 – bundesligakarten.de; Piper/Ohly/Sosnitza/*Ohly*, § 4 Rn. 10/77.

[22] Piper/Ohly/Sosnitza/*Ohly*, § 4 Rn. 10/72 ff.

# Fall 3. Juteplüschteppiche

*Nach RGZ 58, 24 – Juteplüsch.*

## Sachverhalt

Die Samt GmbH (S-GmbH) ist Inhaberin eines Gebrauchsmusters für Juteplüsch, d. h. für einen Plüsch, der aus Jutefasern besteht. Jute ist ein nachwachsender Rohstoff, weswegen sich die S-GmbH einen gesteigerten Absatz ihrer Produkte bei umweltbewussten Abnehmern verspricht. Im Rahmen einer Marktanalyse stellt das Unternehmen fest, dass ein Kaufmann namens Oliver Orion (O) erfolgreich Teppiche vertreibt, die er aus Juteplüsch herstellt. Daraufhin verlangt die S-GmbH von O die Abgabe einer strafbewehrten Unterlassungserklärung wegen der Verletzung ihres Gebrauchsmusters. Nach Rücksprache mit seinem Anwalt weigert sich O mit der zutreffenden Begründung, Juteplüsch sei seit Langem bekannt und könne daher nicht Gegenstand eines wirksamen Gebrauchsmusters sein. Daraufhin sieht die S-GmbH von der weiteren Geltendmachung von Ansprüchen gegen O ab. Kann O von der S-GmbH Ersatz seiner Anwaltskosten verlangen?

### Abwandlung

Welche Ansprüche bestehen, wenn die S-GmbH nicht O, sondern den Händler H abmahnt, der die von O hergestellten Teppiche vertreibt?

## Gliederung

## Lösung

1 O könnte den Ersatz seiner Anwaltskosten von der S-GmbH als Schadensersatz verlangen. Spezielle Regelungen zur Kostenerstattung (§§ 91ff. ZPO; 12 I 2 UWG) sind nicht einschlägig.[1] Da auch vertragliche Ansprüche ausscheiden,[2] kann sich ein Schadensersatzanspruch des O nur aus §§ 9, 3 I, 4 Nr. 7, 8, 10 UWG oder aus §§ 823 I, 826 BGB ergeben.[3]

### I. Anspruchsgrundlage

#### 1. Das Problem: Subsidiarität des Rechts am Gewerbebetrieb

2 Als Anspruchsgrundlage kommt § 823 I BGB infrage. Die S-GmbH hat durch ihre Abmahnung aber keines der in § 823 I BGB ausdrücklich genannten Rechte des O verletzt. In Betracht kommt aber die Verletzung eines sonstigen Rechts: des Rechts am eingerichteten und ausgeübten Gewerbebetrieb. Bei diesem Recht handelt es sich um ein von der Rechtsprechung entwickeltes, sonstiges absolutes Recht im Sinne des § 823 I BGB.

3 Problematisch ist hier, dass Ansprüche wegen der Verletzung des Rechts am Gewerbebetrieb grundsätzlich subsidiär gegenüber UWG-Ansprüchen sind. Da die S-GmbH und O Wettbewerber auf dem Markt für Jutepluüsch-Produkte sind und da die Abmahnung der S-GmbH eine geschäftliche Handlung i.S.d. § 2 I Nr. 1 UWG darstellt, können hier Ansprüche gemäß §§ 9, 3 I, 4 Nr. 7, 8 oder 10 UWG bestehen.[4]

#### 2. Die Lösung der Rechtsprechung

4 Die Rechtsprechung lässt jedoch bei der unberechtigten Schutzrechtsverwarnung eine Ausnahme von der Subsidiarität des Rechts am Gewerbebetrieb gegenüber dem Lauterkeitsrecht zu. Die Wurzeln dieser Rechtsprechung reichen in die Zeit vor der Einführung einer lauterkeitsrechtlichen Generalklausel durch das UWG von 1909 zu-

---

[1] Die §§ 91ff. ZPO greifen nicht ein, da es bisher nicht zu einem Prozess gekommen ist. § 12 I 2 UWG regelt den Ersatz der Abmahnkosten, O ist aber der Abgemahnte.

[2] Ein Vertrag zwischen O und der S-GmbH besteht nicht, und die Abmahnung der S-GmbH ist keine vorvertragliche Handlung i.S.d. § 311 II BGB, s. Köhler/Bornkamm/*Köhler*, § 4 Rn. 10.183; a.A. *Selke*, WRP 1999, 286.

[3] Daneben könnte man allenfalls an einen Schadensersatzanspruch gemäß § 678 BGB denken, weil die S-GmbH mit der Abmahnung ein Geschäft des O geführt hat, das im Fall der unberechtigten Abmahnung zum wirklichen oder mutmaßlichen Willen des Geschäftsherren in Widerspruch stand, vgl. *OLG München* WRP 2008, 1384, 1385.

[4] Vgl. den Überblick bei *Sack*, NJW 2009, 1642ff. und Piper/Ohly/Sosnitza/*Ohly*, § 4 Rn. 10/39.

rück. Die *Juteplüsch*-Entscheidung von 1904[5] ist eines der Urteile, in denen das RG das Recht am eingerichteten und ausgeübten Gewerbebetrieb entwickelte, nicht zuletzt, um Lücken im damaligen UWG zu schließen. Die unberechtigte Schutzrechtsverwarnung sah das RG als rechtswidrigen Eingriff in das Recht am Gewerbebetrieb an und hielt auch nach der UWG-Reform von 1909 an dieser Rechtsprechung fest. Auch der BGH führte diese Linie fort.[6] Grund dafür war vor allem, dass lauterkeitsrechtliche Ansprüche vor der UWG-Reform von 2004 nur bestanden, wenn der Anspruchsgegner die sittenwidrigkeitsbegründenden Tatumstände kannte oder sich ihnen bewusst verschloss. Unberechtigte Schutzrechtsverwarnungen beruhen aber oft auf einer fahrlässigen Fehleinschätzung der Rechtslage.

### 3. Die Kritik in der Literatur und die Reaktion der Rechtsprechung

Seit der UWG-Reform von 2004 ist die Unlauterkeit aber rein objektiv zu beurteilen, und gemäß § 9 I UWG kann auch fahrlässiges Verhalten lauterkeitsrechtliche Schadensersatzansprüche auslösen. Da die früheren Haftungslücken entfallen sind, spricht sich mittlerweile die ganz h.M. in der Literatur für eine Beurteilung der unberechtigten Schutzrechtsverwarnung nach den Grundsätzen des UWG aus.[7] Das Recht am eingerichteten und ausgeübten Gewerbebetrieb sei gegenüber UWG-Ansprüchen strikt subsidiär. Das ansonsten erforderliche Kriterium der Betriebsbezogenheit des Eingriffs werde von der Rechtsprechung bei der unberechtigten Schutzrechtsverwarnung unverständlicherweise nicht gefordert. Bei der vorrangigen Anwendung von UWG-Ansprüchen könne zwischen der Herstellerverwarnung (§§ 3, 4 Nr. 10 UWG) und der gefährlicheren Abnehmerverwarnung (zusätzlich §§ 3, 4 Nr. 7 und Nr. 8 UWG) sauber unterschieden werden. 5

Trotz dieser Kritik hat der Große Senat für Zivilsachen (GSZ)[8] des BGH in einem Grundsatzurteil die bisherige Rechtsprechung bekräftigt.[9] Im Vordergrund des Urteils steht die unten (II. 2.) zu prüfende Frage, ob die unberechtigte Schutzrechtsverwarnung per se oder nur bei Vorliegen besonderer Umstände als rechtswidrig zu beurteilen ist. Auf die Problematik der Anspruchsgrundlage geht das Urteil kaum ein, es bestätigt aber auch insoweit die bisherige Rechtsprechung. 6

### 4. Stellungnahme

Da beide Ansichten von unterschiedlichen Ansatzpunkten ausgehen, ist eine Stellungnahme veranlasst. Unabhängig davon, ob jede unberechtigte Schutzrechtsverwarnung per se rechtswidrig ist und ob zwischen verschiedenen Arten der Schutzrechtsverwarnung differenziert werden sollte, spricht jedenfalls alles für eine Anwendung des UWG. Die Ausnahme vom Grundsatz der Subsidiarität des Rechts am Gewerbebetrieb hat seit der UWG-Reform von 2004 ihre Rechtfertigung verloren. §§ 3 I, 4 Nr. 7–10 UWG bieten mittlerweile einen lückenlosen Schutz. Zudem erlauben sie eine hinreichend differenzierte Beurteilung der Schutzrechtsverwarnung. 7

Da aber in der Praxis seit dem Grundsatzurteil des GSZ an der Anwendung des § 823 I BGB kein Weg vorbeiführt, soll der Fall im Folgenden parallel zunächst 8

---

[5] RGZ 58, 24 – Juteplüsch.

[6] Z.B. *BGH* GRUR 1963, 255 – Kindernähmaschine.

[7] Vgl. *Sack*, NJW 2009, 1642 ff.; *Meier-Beck,* WRP 2006, 790, 792; *Wagner/Thole,* NJW 2005, 3470, 3471; Piper/Ohly/Sosnitza/*Ohly*, § 4 Rn. 10/39.

[8] Der Große Senat für Zivilsachen ist ein besonderer Spruchkörper des BGH, der eingerichtet wurde, um die Einheitlichkeit der (zivilrechtlichen) Rechtsprechung zu sichern, § 132 GVG.

[9] BGHZ 164, 1 = GRUR 2005, 882 – Unberechtigte Schutzrechtsverwarnung.

nach dem Ansatz der Rechtsprechung, anschließend auf Grundlage des UWG gelöst werden.

9 **Hinweis:** In einer Klausur wäre es nicht nur vertretbar, sondern vorzugswürdig, sich für einen Lösungsweg zu entscheiden.

## II. Anspruch gemäß § 823 I BGB (Lösung der Rechtsprechung)

### 1. Tatbestand

10 Die S-GmbH müsste durch eine unberechtigte Schutzrechtsverwarnung in das Recht des O am eingerichteten und ausgeübten Gewerbebetrieb eingegriffen haben. Die Rechtsprechung prüft in diesem Zusammenhang, anders als bei anderen Verletzungen dieses Rechts, nicht, ob es sich um einen unmittelbaren und betriebsbezogenen Eingriff handelt.

11 Eine Schutzrechtsverwarnung ist eine Abmahnung wegen der Verletzung eines Rechts des geistigen Eigentums. Hier hat die S-GmbH O wegen einer angeblichen Verletzung ihres Gebrauchsmusters abgemahnt. Die Verwarnung ist unberechtigt, wenn das Schutzrecht nicht besteht oder nicht verletzt wurde. Die S-GmbH ist zwar Inhaberin eines Gebrauchsmusters auf Juteplüsch; Gebrauchsmusterschutz wird aber durch die Eintragung nicht begründet, soweit gegen den Inhaber ein Anspruch auf Löschung besteht (§ 13 I GebrMG). Das ist unter anderem der Fall, wenn das Gebrauchsmuster mangels Neuheit (§ 3 I GebrMG) nicht schutzfähig ist (§ 15 I Nr. 1 GebrMG). Da Juteplüsch schon seit Langem bekannt ist, ist das Gebrauchsmuster hier nicht schutzfähig. O hat das Recht also nicht verletzt, daher war die Abmahnung unberechtigt.

### 2. Rechtswidrigkeit

#### a) Interessenabwägung

12 Das Recht am eingerichteten und ausgeübten Gewerbebetrieb ist grundsätzlich ein Rahmenrecht, bei dessen Verletzung die Rechtswidrigkeit gesondert durch Abwägung festgestellt werden muss.

13 Demgemäß wird in der Literatur[10] verbreitet die Auffassung vertreten, eine unberechtigte Abmahnung sei nicht per se rechtswidrig. Eine Verletzungsklage sei eine grundrechtlich (Art 2 I i. V. m. 20 I GG; 5 I GG) geschützte Inanspruchnahme gerichtlicher Verfahren. Für die Abmahnung könne nichts anderes gelten. Sie sei eine legitime und prozessökonomisch zur Vermeidung der Kostenfolge des § 93 ZPO sinnvolle Vorstufe einer gerichtlichen Geltendmachung von Schutzrechten. Verbreitet wird in diesem Zusammenhang zwischen der Hersteller- und der Abnehmerverwarnung differenziert. Die Herstellerverwarnung richtet sich gegen den Hersteller des angeblich verletzenden Produkts. Sie sei nicht rechtswidrig, sofern der Rechtsinhaber nicht wider besseres Wissen oder unter Einsatz unerlaubter Mittel handle, denn zwischen beiden Parteien herrsche Waffengleichheit. Der Abgemahnte könne die Rechtslage ebenso gut einschätzen wie der Rechtsinhaber, zudem könne er sich gegen die Abmahnung durch Erhebung einer negativen Feststellungsklage wehren. Hingegen richtet sich die Abnehmerverwarnung gegen Händler, die das Produkt weiterverkaufen. Sie sei strenger zu beurteilen, weil sie für den Hersteller ungleich gefährlicher sei. Oft erfahre der Hersteller von der Abmahnung selbst zunächst nichts, auch werde der Händler oft reagieren, indem er das Produkt auf die Abmahnung hin aus dem Sortiment nehme.

---

[10] Vgl. die Nachweise oben Fn. 7 und *Ullmann*, GRUR 2001, 1027 ff.

Der I. Zivilsenat des BGH machte sich 2004 die Kritik zu eigen und legte dem Großen Senat für Zivilsachen (GSZ) die Frage vor, ob eine Schadensersatzpflicht für unberechtigte Schutzrechtsverwarnungen sich schon gemäß § 823 I BGB ergebe oder nur unter den Voraussetzungen des § 826 BGB bzw. des Lauterkeitsrechts bestehe.[11] Die Abmahnung aus Schutzrechten sei eine legitime vorprozessuale Handlung, die damit einhergehende Behinderung sei als wettbewerbskonform hinzunehmen. 14

**b) Rechtswidrigkeit per se**

Der GSZ bestätigte jedoch die bisherige Rechtsprechung des BGH,[12] nach der die unberechtigte Schutzrechtsverwarnung per se und ohne weitere Abwägung rechtswidrig ist. Diese strenge Haftung sei das Korrelat zum scharfen Schwert der Immaterialgüterrechte und bewirke somit einen gerechten Interessenausgleich. Ebenso wie der Verletzer eines Schutzrechts trotz subjektiver Redlichkeit dem Unterlassungsanspruch des Rechtsinhabers ausgesetzt sei und bei Verschulden auch für den entstandenen Schaden hafte, verhalte es sich auch für den Rechtsinhaber, wenn er unberechtigt abmahne. Diese Risikoverteilung sei interessengerecht, denn jeder trage sein Risiko hinsichtlich einer Fehleinschätzung des immaterialgüterrechtlichen Schutzbereichs. 15

**c) Stellungnahme**

Die Rechtsprechung differenziert nicht hinreichend zwischen der Hersteller- und der Abnehmerverwarnung. Während gute Gründe dafür sprechen, bei der gefährlichen Abnehmerverwarnung dem Rechtsinhaber das Risiko einer Fehleinschätzung der Rechtslage aufzubürden, unterscheidet sich die Herstellerverwarnung nicht von der Geltendmachung sonstiger subjektiver Rechte, die jedenfalls dann ohne Schadensersatzfolge geltend gemacht werden können, wenn der Anspruch einer Plausibilitätskontrolle stand hält (a. A. vertretbar).[13] 16

**3. Verschulden**

Nach Ansicht der Rechtsprechung haftet der Schutzrechtsinhaber für jede Fahrlässigkeit, sodass hier ein Anspruch gemäß § 823 I BGB zu bejahen ist. Nach hier vertretener Ansicht muss der Anspruch einer Plausibilitätskontrolle standhalten. Da Juteplüsch offensichtlich seit Langem bekannt war, hat die S-GmbH hier grob fahrlässig ihre Rechtsposition falsch eingeschätzt, sodass auch nach diesem Ansatz ein Anspruch zu bejahen ist. 17

**4. Schadenshöhe**

O kann von der S-GmbH den Schaden gemäß §§ 249ff. BGB ersetzt verlangen, den er durch die unberechtigte Abmahnung erlitten hat. O hat aus gutem Grund seinen Anwalt konsultiert und kann die Anwaltskosten daher ersetzt verlangen. 18

## III. Anspruch auf Schadensersatz gemäß §§ 9, 3 I, 4 Nr. 7, 8, 10 UWG (Lösung der Literatur)

**1. Aktivlegitimation**

Schadensersatz wegen unlauterer geschäftlicher Handlungen steht nur Mitbewerbern zu (§ 9 S. 1 UWG). Da die S-GmbH und O sich beim Absatz von Juteplüschpro- 19

---

[11] *BGH* GRUR 2004, 958 – Verwarnung aus Kennzeichenrecht.

[12] BGHZ 164, 1 = GRUR 2005, 882 – Unberechtigte Schutzrechtsverwarnung. Zur weiteren Entwicklung in der Rechtsprechung vgl. einerseits *BGH* GRUR 2006, 219 – Detektionseinrichtung II; andererseits *BGH* GRUR 2006, 432 – Verwarnung aus Kennzeichenrecht II.

[13] *BGH* NJW 2009, 1262, dazu *Deckenbrock*, NJW 2009, 1247ff.

dukten an im Wesentlichen gleiche Abnehmerkreise wenden, sind sie Mitbewerber i.S.d. § 2 I Nr. 3 UWG.

**2. Geschäftliche Handlung**

20 Die Abmahnung stand im Zusammenhang mit der Absatztätigkeit der S-GmbH und stellte daher eine geschäftliche Handlung dar (§ 2 I Nr. 1 UWG).

**3. Unlauterkeit und Spürbarkeit**

**a) § 4 Nr. 7, 8 UWG**

21 Die Beispielsfälle der unlauteren Herabsetzung (§ 4 Nr. 7 UWG) und der Anschwärzung (§ 4 Nr. 8 UWG) setzen jeweils Äußerungen gegenüber Dritten voraus, an denen es hier fehlt.

**b) § 4 Nr. 10 UWG**

22 Die unlautere Schutzrechtsverwarnung kann eine gezielte Behinderung (§ 4 Nr. 10 UWG) darstellen. Ob das der Fall ist, ist aufgrund einer Interessenabwägung zu ermitteln, in deren Rahmen nach verbreiteter Ansicht zwischen der Hersteller- und der Abnehmerverwarnung zu differenzieren ist. Die Abnehmerverwarnung ist strenger zu beurteilen als die hier vorliegende Herstellerverwarnung. Allerdings spricht einiges dafür, dass eine Herstellerverwarnung jedenfalls dann unlauter ist, wenn der Anspruch einer Plausibilitätskontrolle nicht genügt (s. oben, II. 2.), sodass die Verwarnung sich hier als unlauter erweist. Nach anderer, ebenfalls vertretbarer Ansicht ist nur die bösgläubige Herstellerverwarnung unlauter. Folgt man der hier vorgeschlagenen Lösung, so wurden die Interessen des O auch spürbar beeinträchtigt (§ 3 I a.E. UWG).

**4. Rechtsfolge**

23 Da die S-GmbH auch fahrlässig handelte, ist sie gemäß § 9 S. 1 UWG dem O zum Ersatz seiner Rechtsverfolgungskosten verpflichtet.

**IV. Ergebnis**

24 Beide Auffassungen gelangen also auf unterschiedlichen Begründungswegen zum selben Ergebnis: O hat einen Anspruch auf Ersatz des ihm entstandenen Schadens.

**B. Abwandlung**

**I. Abnehmerverwarnung**

25 In der Abwandlung handelt es sich um eine Abnehmerverwarnung. Nach der Rechtsprechung ist sie nach den gleichen Grundsätzen wie die Herstellerverwarnung zu beurteilen. O kann also ebenfalls seinen Schaden gemäß § 823 I BGB ersetzt verlangen. Hinzu kommt möglicherweise ein Anspruch des H, sofern ihm ebenfalls Kosten der Rechtsverteidigung entstanden sind. Innerhalb der Literatur ist umstritten, ob die Abnehmerverwarnung als falsche Tatsachenbehauptung unter § 4 Nr. 8 UWG[14] fällt oder ob sie nach § 4 Nr. 7 bzw. 10 UWG zu beurteilen ist. Nach § 4 Nr. 8 UWG haftet der Abmahnende, sofern es ihm nicht gelingt, die Schutzrechtsverletzung zu

[14] So *Sack*, NJW 2009, 1642, 1644.

beweisen. Überzeugender ist auch hier die Anwendung des § 4 Nr. 7 UWG bzw. des § 4 Nr. 10 UWG, da die fehlerhafte Subsumtion keine Tatsachenbehauptung darstellt.[15] Auch in diesem Fall kann die Unlauterkeit erst aufgrund einer Interessenabwägung festgestellt werden, die aber angesichts der Gefährlichkeit der Abnehmerverwarnung jedenfalls dann zulasten des Abmahnenden ausfällt, wenn ihn zumutbar gewesen wäre, zunächst die Rechtslage mit dem Hersteller zu klären.

## II. Ergebnis

Nach allen Ansichten steht auch hier dem O ein Schadensersatzanspruch gemäß §§ 9, 3 I UWG zu. 26

**Weiterführende Hinweise:** *Sack,* Unbegründete Schutzrechtsverwarnungen – lückenloser Unternehmensschutz durch das UWG seit 2004, NJW 2009, 1642; *Wagner/Thole,* Kein Abschied von der unberechtigten Schutzrechtsverwarnung, NJW 2005, 3470. 27

---

[15] Vgl. *Ullmann*, GRUR 2001, 1027; Köhler/Bornkamm/*Köhler*, § 4 Rn. 10.178.

# Fall 4. Unfassbar

*Nach BGHZ 160, 67 = GRUR 2004, 966 – Standard-Spundfass und BGH GRUR 2009, 694 – Orange-Book-Standard.*

## Sachverhalt

Die Bierfass AG (B) ist Inhaberin eines Patents für ein Spundfass aus thermoplastischem Kunststoff. Die Chemiefass AG (C) vertreibt Fässer aus demselben Werkstoff. Daher nimmt B die C auf Unterlassung und Schadensersatz wegen Patentverletzung in Anspruch.

In der mündlichen Verhandlung stellt die C die Benutzung des Klagepatents nicht in Abrede, hält sich hierzu aber gleichwohl für berechtigt: B sei verpflichtet, ihr die Mitbenutzung der patentierten Erfindung zu gestatten. Das von B patentierte Fass sei vom Verband der Chemischen Industrie (VCI) als Standard angenommen worden (sog. VCI-Rahmenbedingungen), andersartige Fässer seien daher faktisch nicht mehr absetzbar. Den Mitgliedern des VCI habe B Lizenzen, den an der Entwicklung des Fasses beteiligten Unternehmen sogar Freilizenzen erteilt. Mehrfache Lizenzanfragen seitens der C seien dagegen ignoriert worden.

Die C, selbst Mitglied des VCI, meint, ihr stehe ein vertraglicher Anspruch auf Lizenzerteilung zu. In Nr. 11 der VCI-Rahmenbedingungen heißt es insoweit:

*11. Patentrechtliche Freistellung oder Abstimmung der Hersteller europaweit ist Voraussetzung zur Freigabe der neuen Fassbauart vom VCI.*

Jedenfalls ergebe sich ein Anspruch aus den patent- und wettbewerbsrechtlichen Vorschriften.

Ist die Klage der B begründet?

## Gliederung

## Lösung

Die Klage der B ist begründet, wenn sie gegen C einen Anspruch auf Unterlassung und Schadensersatz gemäß § 139 I bzw. II PatG hat, dieser nicht erloschen und durchsetzbar ist. 1

### I. Anspruch der B gegen C auf Unterlassung gemäß § 139 I PatG

#### 1. Entstehung des Anspruchs

Ein patentrechtlicher Unterlassungsanspruch besteht, wenn das Patent verletzt wurde und Wiederholungs- oder Erstbegehungsgefahr vorliegt. B ist Inhaberin eines gültigen Patents, das von C entgegen § 9 I 2 Nr. 1 PatG und ohne Zustimmung der B genutzt wurde. Die Wiederholungsgefahr (§ 139 I 1 PatG) wird aufgrund der Erstbegehung vermutet. Damit ist der Unterlassungsanspruch entstanden. 2

#### 2. Erlöschen des Anspruchs

Der Anspruch ist nicht erloschen. 3

#### 3. Durchsetzbarkeit des Anspruchs

Fraglich ist jedoch, ob der Anspruch gemäß § 139 I PatG durchsetzbar ist. Wenn B der C eine Lizenz an der patentierten Erfindung erteilen müsste, könnte dem Unterlassungsanspruch der B der Einwand des „dolo agit, qui petit quod statim redditurus est" (§ 242 BGB) entgegenstehen.[1] Fraglich ist daher, ob C von B die Erteilung einer Lizenz verlangen konnte. 4

#### a) Anspruch auf Einräumung einer Lizenz aus Vertrag zugunsten Dritter, § 328 BGB

In Nr. 11 der VCI-Rahmenbedingungen könnte zunächst ein echter Vertrag zugunsten Dritter gemäß § 328 I BGB zu erblicken sein, aus dem sich ein Anspruch auf Einräumung einer Lizenz herleiten ließe. Ob ein sog. echter Vertrag zugunsten Dritter vorliegt, ist gemäß § 328 II BGB durch Auslegung zu ermitteln. Hier bestehen keine Anhaltspunkte für einen entsprechenden vertraglichen Bindungswillen. Insbesondere wurde keine allgemeine Lizenzbereitschaftserklärung abgegeben,[2] sondern offenbar 5

---

[1] *BGH* GRUR 2009, 694 Rn. 24, 26 – Orange-Book-Standard. In BGHZ 160, 67 = GRUR 2004, 966 – Standard-Spundfass hatte die Beklagte den Anspruch auf Erteilung einer Zwangslizenz im Wege der Widerklage geltend gemacht.

[2] Das mag anders zu beurteilen sein, wenn ein Unternehmen im Rahmen von Standardisierungsverhandlungen anbietet, Lizenzen zu „fair, reasonable and non-discriminatory terms" (FRAND) anzubieten, vgl. dazu *Ullrich*, GRUR 2007, 817, 821 f.

bei der Lizenzvergabe zwischen den einzelnen Mitgliedern des VCI differenziert und dabei unterschiedliche Lizenzbedingungen je nach Beteiligung an der Entwicklung des Fasses angeboten.

**b) Anspruch auf Erteilung einer Zwangslizenz gemäß § 24 I PatG**

6 Der C könnte ein Anspruch auf Erteilung einer Zwangslizenz gemäß § 24 I PatG zustehen, sofern die Erteilung der Zwangslizenz im öffentlichen Interesse geboten wäre (§ 24 I Nr. 2 PatG). Eine bloße Monopolstellung rechtfertigt aber noch keine Erteilung einer Zwangslizenz,[3] und weitergehende öffentliche Interessen, etwa eine Gefährdung der Gesundheitsversorgung, sind hier nicht ersichtlich. Außerdem würde die spezielle Zuständigkeit des BPatG für die Erteilung von Zwangslizenzen (§§ 81 I, 85 PatG) umgangen, wenn der Anspruch gemäß § 24 I PatG dem Verletzungsanspruch einredeweise entgegengesetzt werden könnte. In Betracht käme allenfalls eine Aussetzung des Verletzungsverfahrens wegen Vorgreiflichkeit gemäß § 148 ZPO.

**c) Anspruch auf Einräumung einer Lizenz gemäß §§ 20 I 2. Alt., 19 GWB**

7 Außerdem könnte sich aus dem kartellrechtlichen Diskriminierungsverbot der §§ 20 I 2. Alt., 19 GWB ein Anspruch auf Lizenzerteilung geben.[4]

**aa) Anwendbarkeit**

8 Dabei ist zunächst fraglich, ob die kartellrechtlichen Regelungen überhaupt Anwendung finden können oder ob die patentrechtliche Regelung der Zwangslizenz in § 24 PatG insoweit eine abschließende Regelung darstellt. Die Zwangslizenz gemäß § 24 PatG betrifft die erzwungene Erteilung einer Lizenz im öffentlichen Interesse, wohingegen die §§ 19f. GWB der Bekämpfung des Missbrauchs einer marktbeherrschenden Stellung dienen. Damit dienen die beiden Rechtsinstitute unterschiedlichen Zielsetzungen. § 24 PatG steht einer Anwendung der §§ 19f. GWB nicht entgegen.[5]

**bb) Marktabgrenzung**

9 Das Diskriminierungsverbot gemäß §§ 20 I 2. Alt., 19 GWB setzt zunächst eine marktbeherrschende Stellung auf Seiten der B voraus. Die Bestimmung des relevanten Angebotsmarktes erfolgt nach dem Bedarfsmarktkonzept.[6] Nach der Rechtsprechung des BGH bildet bei Industrienormen die Vergabe von Rechten regelmäßig einen eigenen, dem Produktmarkt vorgelagerten Markt, da die Erlangung solche Rechte für das Unternehmen, welche das Endprodukt vertreiben will, unerlässlich ist.[7] Insoweit hat B eine marktbeherrschende Stellung inne.

10 **Hinweis:** Die sachliche Marktabgrenzung ergibt sich daher nicht allein aus dem Umstand, dass die B ein Ausschließlichkeitsrecht in Form eines Patents hat, sondern aus dem Umstand, dass diese technische Lehre Eingang in einen Industriestandard gefunden hat und andersartige Fässer nicht mehr substituierbar bzw. absetzbar sind.

---

[3] *BGH* GRUR 1996, 190 – Polyferon; vgl. auch *Kraßer*, S. 861 ff.

[4] Diese Konstruktion wird teilweise vereinfachend auch als „kartellrechtliche Zwangslizenz" bezeichnet.

[5] Vgl. dazu BGHZ 160, 67 = GRUR 2004, 966, 967 – Standard-Spundfass; *Mes*, § 24 Rn. 42.

[6] Demnach sind einem bestimmten relevanten Markt alle Produkte oder Dienstleistungen zuzurechnen, die aus der Sicht der Nachfrager nach Eigenschaft, Verwendungszweck und Preislage zur Deckung eines bestimmten Bedarfs austauschbar sind, siehe BGHZ 160, 67 = GRUR 2004, 966, 967 m. w. N.

[7] BGHZ 160, 67 = GRUR 2004, 966, 967 f. – Standard-Spundfass.

### cc) Diskriminierung

Fraglich ist weiterhin, ob eine Diskriminierung der C vorliegt. Indem ihr keine Lizenz gewährt wird, wird die C im Vergleich zu den anderen am VCI beteiligten Unternehmen anders behandelt. Damit liegt grundsätzlich eine Ungleichbehandlung vor. Diese könnte aber sachlich gerechtfertigt sein, denn die Möglichkeit zur unterschiedlichen Behandlung von Konkurrenten ist ein wesentlicher Teil der Autonomie des Rechtsinhabers, und die marktbeherrschende Stellung kann Folge der erfinderischen Leistung sein. Deshalb besteht grundsätzlich ein weiter Spielraum zur Rechtfertigung von Ungleichbehandlungen. Strengere Anforderungen gelten dann, wenn zusätzliche Umstände hinzutreten, angesichts derer die Ungleichbehandlung die Freiheit des Wettbewerbs gefährdet. Letzteres kann vor allem der Fall sein, wenn der Zugang zu einem nachgelagerten Produktmarkt auf Grund einer Norm oder auf Grund normähnlicher einheitlicher Vorgaben der Produktnachfrager von der Befolgung der patentgemäßen Lehre abhängig ist.[8] 11

So liegt der Fall hier. Die C kann auf dem nachgelagerten Produktmarkt keine Fässer absetzen, die nicht dem technischen Standard entsprechen. Demnach besteht grundsätzlich ein Gegenanspruch der C auf eine Lizenzeinräumung, welcher der B entgegengehalten werden kann.[9] 12

### dd) Geltendmachung

Ob der Anspruch auf Erteilung einer Lizenz im Patentverletzungsprozess einredeweise geltend gemacht werden kann, war lange umstritten.[10] Dagegen spricht, dass das Verletzungsgericht mit den komplexen kartellrechtlichen Fragen der Marktabgrenzung und des Missbrauchs überfordert sein könnte. Auch könnte die Effektivität des Rechtsschutzes in Patentsachen leiden, wenn Verletzer mit dem Einwand der Kartellrechtswidrigkeit das Verletzungsverfahren in die Länge ziehen könnten. Für die Möglichkeit einer Geltendmachung als Einrede spricht aber der Gedanke des „dolo petit" (§ 242 BGB). Es wäre unbillig, den Verletzer zur Unterlassung zu verurteilen, wenn er sogleich verlangen könnte, dass ihm die Nutzung gestattet wird. Mittlerweile hat sich der BGH für eine differenzierende Lösung entschieden.[11] Der Verletzer kann die Einrede des Missbrauchs einer marktbeherrschenden Stellung nur dann erheben, wenn er zuvor dem Rechtsinhaber ein unbedingtes Angebot zum Abschluss eines Lizenzvertrags zu angemessenen Bedingungen unterbreitet hat und sich den Vertragsbedingungen gemäß verhält, also vor allem die geschuldete Lizenzgebühr bezahlt bzw. deren Zahlung sicherstellt. C hat der B zwar Angebote gemacht hat, aber keine Lizenzgebühren überwiesen bzw. deren Zahlung sichergestellt. Daher kann sich C nicht auf die Diskriminierung durch B berufen. 13

### d) Anspruch auf Beseitigung der Behinderung gemäß §§ 8 I, 3 I, 4 Nr. 10 UWG

Die Lizenzverweigerung könnte eine unlautere geschäftliche Handlung unter dem Aspekt der gezielten Behinderung (§ 4 Nr. 10 UWG) darstellen. Eine unlautere Behinderung liegt vor, wenn das betreffende Verhalten bei objektiver Würdigung der Umstände in erster Linie auf die Beeinträchtigung der wettbewerblichen Entfaltung des 14

---

[8] BGHZ 160, 67 = GRUR 2004, 966, 968 – Standard-Spundfass.

[9] Der BGH hat die Sache zur weiteren Sachverhaltsaufklärung an das Berufungsgericht zurückverwiesen.

[10] Dafür *Kühnen*, FS Tilmann, 2003, S. 513, dagegen *OLG Düsseldorf* InstGE 2, 168, 176 – Spundfass; offen BGHZ 160, 67 = GRUR 2004, 966, 970 – Standard-Spundfass.

[11] *BGH* GRUR 2009, 694 – Orange-Book-Standard; vgl. dazu instruktiv *Jestaedt*, GRUR 2009, 801.

Mitbewerbers gerichtet ist oder wenn der beeinträchtigte Mitbewerber seine Leistung am Markt durch eigene Anstrengung nicht mehr in angemessener Weise zur Geltung bringen kann.[12] Eine Lizenzverweigerung kann aber gute unternehmerische Gründe haben. Bedenklich erscheint sie hier nur, weil B eine marktbeherrschende Stellung innehat und eine Schlüsseltechnologie kontrolliert. Dieser Aspekt lässt sich kartellrechtlich präziser erfassen. Zwar kann eine kartellrechtswidrige Lizenzverweigerung auch als unlautere Behinderung anzusehen sein, doch das Lauterkeitsrecht darf nicht dazu dienen, die Grenzen des Kartellrechts zu unterlaufen. Ein möglicher Anspruch gemäß §§ 8 I, 3 I, 4 Nr. 10 UWG kann daher ebenfalls nicht einredeweise geltend gemacht werden.

#### 4. Zwischenergebnis

15 B hat gegen C einen Anspruch auf Unterlassung gemäß § 139 I PatG.

### II. Anspruch der B gegen C auf Schadensersatz gemäß § 139 II PatG

16 Weiterhin bleibt ein möglicher Schadensersatzanspruch der B gegen C gemäß § 139 II PatG zu prüfen.

#### 1. Haftungsbegründung

17 Eine Patentverletzung liegt unstreitig vor. Der Schadensersatzanspruch setzt gemäß § 139 II 1 PatG ein Verschulden auf Seiten der C voraus. Vorliegend kommt sogar Vorsatz in Betracht, nahm die C die Patentverletzung doch zumindest billigend in Kauf. Der haftungsbegründende Tatbestand liegt vor.

#### 2. Haftungsausfüllung

18 Fraglich ist allerdings, wie der Schaden zu berechnen ist. Im Immaterialgüterrecht finden die Grundsätze der dreifachen Schadensberechnung Anwendung, die nunmehr auch Niederschlag in § 139 II 2, 3 PatG gefunden haben.[13] Hier könnte der Anspruch mangels Schadens vollständig entfallen, wenn C ab Beginn der Benutzung einen Anspruch auf Einräumung einer Freilizenz hatte.[14] Da C aber nicht an der Entwicklung des Spundfasses beteiligt war, hat sie lediglich Anspruch auf eine vergütete Lizenz. Dieser Betrag ist gemäß § 139 II PatG erstattungsfähig. Der Umstand, dass sich B rechtswidrig geweigert hat, der C eine Lizenz zu erteilen, ändert nichts daran, dass für die Vergangenheit eine angemessene Lizenzgebühr geschuldet ist.

#### 3. Zwischenergebnis

19 B steht gegen C ein Anspruch auf Schadensersatz gemäß § 139 II PatG zu.

### III. Ergebnis

20 B kann von C Unterlassung und Schadensersatz verlangen. Die Klage ist damit begründet.

21 **Hinweis:** Die Frage nach einer Verletzung des EG-Kartellrechts war hier mangels entsprechender Angaben im Sachverhalt nicht zu erörtern. Die grundlegenden europäischen Entscheidungen zum Missbrauch einer marktbeherrschenden Stellung (Art. 82 EG a.F. = Art. 102 AEUV) durch Lizenzverwei-

---

[12] BGHZ 171, 73 = GRUR 2007, 800 Rn. 23 – Außendienstmitarbeiter.
[13] Zur dreifachen Schadensberechnung s. Fall 5.
[14] BGHZ 160, 67 = GRUR 2004, 966, 969f. – Standard-Spundfass.

gerung sollten aber bekannt sein.[15] Lesenswert dazu sind die Darstellungen von *Conde Gallego,* GRUR Int. 2006, 16 ff. und *Heinemann*, GRUR 2006, 705, 708 ff. m.w. N.

**Weiterführende Hinweise:** *Alexander,* Die zivilrechtlichen Ansprüche im Kartellrecht nach der 7. GWB-Novelle – Ein Überblick, JuS 2007, 109; *Ensthaler/Bock,* Verhältnis zwischen Kartellrecht und Immaterialgüterrecht am Beispiel der Essential-facility-Rechtsprechung von EuGH und EuG, GRUR 2009, 1; *Ullrich,* Patente, Wettbewerb und technische Normen: Rechts- und ordnungspolitische Fragestellungen, GRUR 2007, 817. 22

---

[15] *EuGH* Slg. 1988, I-6211 = GRUR Int 1990, 141 – Volvo; Slg. 1995, I-743 = GRUR Int. 1995, 490 – Magill; *EuGH*, Slg. 2004, I-5039 = GRUR Int. 2004, 524 – IMS Health; *EuG* Slg. 2007, II-3601 – Microsoft.

# Fall 5. Der Weißwurststreit

## Sachverhalt

Herbert ist Inhaber eines Patents für Weißwurst mit Weißwurstsenf (DE 19849003 A 1). In seiner Münchener Metzgerei direkt an der Maximilianstraße verkaufen sich die besagten Weißwürste mit Weißwurstsenfkern wie warme Semmeln. Eines Abends stellt er auf dem Heimweg mit Erschrecken fest, dass der fränkische Metzgermeister Franz in der Nähe des Marienplatzes ebenfalls eine Weißwurst mit integriertem Weißwurstsenfkern herstellt und anbietet. Das Angebot des Franz besteht schon seit zwei Wochen; seitdem verkauft Herbert um ein Drittel weniger „Patentwürste".

Herbert möchte von Ihnen wissen, welche Möglichkeiten er hat, gegen Franz vorzugehen. Auf Nachfrage erklärt er, dass Franz nicht nur den Vertrieb der Weißwurst mit Weißwurstsenf einstellen, sondern auch den ihm entstandenen Schaden ersetzen soll. Zudem sollen die bereits hergestellten Weißwürste und die zum Wursten verwandte Wurstmaschine vernichtet werden. Welche Ansprüche stehen Herbert gegen Franz zu?

**Abwandlung:** Angenommen, Herbert wurde noch kein Patent erteilt, die Patentanmeldung aber gemäß §§ 32 V, 31 II 2 PatG offengelegt. Kann Herbert daraus Ansprüche ableiten?

## Gliederung

## Lösung

### I. Unterlassungsanspruch gemäß § 139 I PatG

**Hinweis:** Die zivilrechtlichen Folgen der Verletzung von Immaterialgüterrechten entsprechen sich in sämtlichen Schutzgesetzen weitgehend (§§ 139ff. PatG; 24ff. GebrMG; 97ff. UrhG; 42ff. GeschMG; 14ff. MarkenG). Jeweils stehen Unterlassungs- und Beseitigungsansprüche, Ansprüche auf Vernichtung und Rückruf, auf Auskunft, auf Vorlage und Besichtigung und auf Urteilsveröffentlichung zur Verfügung. Grund für diese auffällige Parallelität ist, dass sämtliche Bestimmungen auf der EG-Richtlinie 2004/48/EG zur Durchsetzung der Rechte des geistigen Eigentums[1] beruhen und durch das Gesetz zur Verbesserung der Durchsetzung von Rechten des geistigen Eigentums (DurchsetzungsG) vom 7. Juli 2008[2] ihre geltende Fassung erhalten haben. Die Richtlinie differenziert nicht zwischen den einzelnen Schutzrechten, sie schafft also gleichsam einen Allgemeinen Teil des geistigen Eigentums.[3] Der vorliegende Fall betrifft eine Patentverletzung, doch alle hier geprüften Ansprüche (mit Ausnahme des in der Abwandlung zentralen Entschädigungsanspruchs gemäß § 33 PatG) bestünden auch bei einer Verletzung eines anderen Rechts des geistigen Eigentums. 1

Der Unterlassungsanspruch gemäß § 139 I PatG setzt die rechtswidrige Benutzung einer patentierten Erfindung und eine Erstbegehungs- oder Wiederholungsgefahr voraus. Ein Verschulden ist nicht erforderlich. 2

#### 1. Patentierte Erfindung

Für die Weißwurst mit Weißwurstsenfkern wurde ein Patent erteilt. Da das Verletzungsgericht an die Patenterteilung gebunden ist, ist unerheblich, ob die Erteilungsvoraussetzungen vorlagen.[4] 3

#### 2. Verletzungshandlung

Des Weiteren müsste Franz eine gemäß §§ 9–13 PatG dem Herbert vorbehaltene Benutzungshandlung vorgenommen haben. Franz stellt eine Weißwurst mit Weißwurstsenfkern her und vertreibt sie in seiner Metzgerei. Durch das Herstellen und Anbieten greift er in das Ausschließlichkeitsrecht des Herbert ein, § 9 S. 2 Nr. 1 PatG. Eine Verletzungshandlung liegt mithin vor. 4

#### 3. Rechtswidrigkeit

Die Rechtswidrigkeit wird durch die Verletzungshandlung indiziert. Für ein Eingreifen der in §§ 11ff. PatG geregelten Schranken besteht kein Anhaltspunkt. 5

---

[1] Richtlinie 2004/48/EG des Europäischen Parlaments und des Rates vom 29. 4. 2004 zur Durchsetzung der Rechte des geistigen Eigentums, ABl. L 157 v. 30. 4. 2004; Berichtigung in ABl. L 195 v. 2. 6. 2004.
[2] BGBl. I, S. 1191.
[3] Vgl. zu Regelungsgegenständen eines künftigen „Allgemeinen Teils" *Ahrens*, GRUR 2006, 617ff.
[4] Hierzu im Einzelnen Fall 6.

**4. Erstbegehungs- oder Wiederholungsgefahr**

6 Voraussetzung des Unterlassungsanspruchs ist zuletzt eine Begehungsgefahr in Form einer Erstbegehungs- (§ 139 I 2 PatG) oder Wiederholungsgefahr (§ 139 I 1 PatG). Eine Verletzungshandlung hat bereits stattgefunden. Die Wiederholungsgefahr wird bei einer bereits stattgefundenen Verletzungshandlung vermutet.[5] Eine Begehungsgefahr liegt damit vor.

**5. Ergebnis**

7 Herbert hat gegen Franz Anspruch auf Unterlassung der Patentverletzung gemäß § 139 I PatG.

**II. Schadensersatzanspruch gemäß § 139 II PatG**

**1. Haftungsbegründung**

8 Des Weiteren könnte sich Franz gemäß § 139 II PatG schadensersatzpflichtig gemacht haben. Voraussetzungen dafür sind eine rechtswidrige Verletzungshandlung, die hier bereits bejaht wurde, und Verschulden, also Vorsatz oder Fahrlässigkeit (§ 276 II BGB).

9 Auf dem Gebiet des Immaterialgüterrechts ist die Schwelle zur Fahrlässigkeit relativ schnell überschritten, insbesondere für Gewerbetreibende bestehen umfassende Sorgfalts- und Nachforschungspflichten. Der Nutzer kann also nicht einfach ins Blaue hinein Technologien von Mitbewerbern übernehmen, sondern muss sich erkundigen und ggf. fachlich beraten lassen, ob und wieweit Schutzrechte bestehen. Mangels anderweitiger Angaben kann vorliegend Fahrlässigkeit unterstellt werden.

**2. Haftungsausfüllung**

10 Mit der Umsetzung der Durchsetzungsrichtlinie wurde die im Immaterialgüterrecht zuvor gewohnheitsrechtlich anerkannte dreifache Schadensberechnung[6] kodifiziert (§§ 139 II PatG; 24 II GebrMG; 97 II UrhG; 42 II GeschMG; 14 VI, 15 V MarkenG). Sie trägt dem Umstand Rechnung, dass ein konkreter Nachweis des Schadens dem Verletzten wegen der immateriellen Natur des Schutzgegenstands oft nicht gelingt. Der Schutzrechtsinhaber kann demnach zwischen dem Ersatz des konkreten Schadens, der Abschöpfung des Verletzergewinns und der Schadensberechnung auf der Grundlage der Lizenzanalogie wählen.

**a) Ersatz des konkreten Schadens**

11 Zunächst kommt der Ersatz des konkreten Schadens gemäß §§ 249ff. BGB in Betracht, insbesondere der Ersatz des entgangenen Gewinns gemäß § 252 BGB. Nach der Rechtsprechung kann gemäß § 252 S. 2 BGB in der Regel davon ausgegangen werden, dass der entgangene Absatz des Schutzrechtsinhabers mit dem Absatz des Verletzers übereinstimmt.[7] Meist ist der konkrete Schaden gleichwohl nur schwer zu ermitteln. So muss Herbert hier nicht nur seinen Umsatzrückgang, sondern auch die Kausalität der Patentverletzung für diesen Schaden nachweisen.

---

[5] *BGH* GRUR 2003, 1031, 1033 – Kupplung für optische Geräte. Zur Ausräumung der Wiederholungsgefahr durch eine strafbewehrte Unterlassungserklärung vgl. Fall 16.

[6] Hierzu vertiefend *Heermann*, GRUR 1999, 625ff.; *Melullis*, GRUR Int. 2008, 679ff.

[7] RGZ 95, 220, 221.

### b) Herausgabe des Verletzergewinns, § 139 II 2 PatG

Statt dem Ersatz des konkreten Schadens kann der Verletzte auch Herausgabe des vom Verletzer durch die Benutzung erzielten Gewinns verlangen. Dabei wird unwiderleglich vermutet, dass dem Rechtsinhaber selbst ein entsprechender Gewinn entgangen ist. Zu ersetzen ist der Gewinn, der gerade auf die Schutzrechtsverletzung zurückzuführen ist. Vom erzielten Verkaufserlös kann der Verletzer die variablen Kosten (Beispiel: Materialkosten), nicht jedoch die Fixkosten („Gemeinkosten") abziehen, sofern sie nicht den einzelnen schutzrechtsverletzenden Gegenständen unmittelbar zugerechnet werden können (Beispiele: Gehälter, sofern die betreffenden Mitarbeiter auch andere Aufgaben wahrnehmen, Mieten für Geschäftsräume, sofern dort nicht nur der verletzende Gegenstand hergestellt wird).[8] Hier müsste Herbert zunächst in Erfahrung bringen, welchen Gewinn Franz erzielt hat. Praktisch wird er auf Feststellung der Schadensersatzpflicht und auf Auskunft und Rechnungslegung (§ 259 BGB) klagen. 12

**Hinweis:** Die Herausgabe des Verletzergewinns kann u. U. ins Leere laufen, da der Verletzer nicht unbedingt Gewinn gemacht haben muss. So ist es z. B. denkbar, dass der Unterlassungsanspruch durchgesetzt wird, bevor die verletzenden Produkte überhaupt auf den Markt kommen. 13

### c) „Lizenzanalogie", § 139 II 3 PatG

Nach der dritten Methode kann der Rechtsinhaber die Zahlung einer angemessenen Lizenzgebühr samt Zuschlag für den Verletzervorteil, also der Vorteil der Stellung des Verletzers gegenüber der Stellung eines Lizenznehmers, und Zinsen verlangen.[9] Diese sog. Lizenzanalogie kann der Rechtsinhaber ohne den Nachweis einer Vermögenseinbuße erlangen. Hier müsste also nach Anhaltspunkten dafür gesucht werden, welche Lizenzgebühr vernünftige Lizenzvertragsparteien vereinbart hätten. 14

### 3. Ergebnis

Herbert steht ein Schadensersatzanspruch gemäß § 139 II PatG zu. Er kann dabei zwischen den drei Berechnungsmethoden wählen.[10] 15

## III. Vernichtungs- und Rückrufanspruch, § 140 a PatG

Des Weiteren könnte Herbert Anspruch auf Vernichtung der bereits hergestellten Weißwürste und der Wurstmaschine gemäß § 140 a I, II PatG haben. 16

### 1. Vernichtung der Weißwürste

Zunächst ist an den Anspruch auf Vernichtung patentgemäß hergestellter Erzeugnisse gemäß § 140 a I 1 PatG zu denken.[11] Bei der Weißwurst mit Weißwurstsenfkern handelt es sich um eine solche Erzeugniserfindung, die von Franz auch entsprechend benutzt wurde. Da die Inanspruchnahme nicht gemäß § 140 a IV PatG unverhältnismäßig ist, steht Herbert ein Anspruch auf Vernichtung gemäß § 140 a I 1 PatG zu. 17

---

[8] BGHZ 145, 366 = GRUR 2001, 329 – Gemeinkostenanteil. Dazu vertiefend *Tilmann*, GRUR 2003, 647; *Haedicke*, GRUR 2005, 529 ff.

[9] *BGH* GRUR 1982, 286, 287 – Fersenabstützvorrichtung. Umstritten ist, ob der Rechtsinhaber überkompensatorischen Schadensersatz (einen sog. Verletzerzuschlag) verlangen kann, vgl. hierzu *Tetzner*, GRUR 2009, 6 ff.

[10] Das Wahlrecht steht dem Anspruchsinhaber bis zum Ende der letzten mündlichen Verhandlung zu, vgl. *BGH* GRUR 1982, 301, 302 – Kunststoffhohlprofil II.

[11] Gemäß § 140 a I 2 PatG findet die Vorschrift auch auf unmittelbar hergestellte Verfahrenserzeugnisse (vgl. § 9 S. 2 Nr. 3 PatG) Anwendung.

### 2. Vernichtung der Wurstmaschine

18 Herbert begehrt zudem die Vernichtung der Wurstmaschine. Gemäß § 140 a II PatG gilt der Vernichtungsanspruch auch für Geräte, die vorwiegend zur Herstellung der patentierten Erzeugnisse gedient haben und im Eigentum (§ 903 S. 1 BGB) des Verletzers stehen. Ein solcher Anspruch besteht allerdings nur, wenn die Wurstmaschine zu über 50% für die Herstellung der Patentwurst verwendet wird. Außerdem kann es unverhältnismäßig (§ 140 a IV 1 PatG) sein, einem Metzger eine wesentliche Gerätschaft zu nehmen, sofern sie auch für gemeinfreie Gegenstände verwendet werden kann.

### 3. Rückruf

19 Der Verletzte kann auch den Rückruf der patentgemäß hergestellten Erzeugnisse aus den Vertriebswegen verlangen (§ 140 a III PatG). Allerdings ist dieser Anspruch gemäß § 275 I BGB ausgeschlossen, wenn der Verletzer den gegenwärtigen Verbleib der Erzeugnisse weder kennt noch unschwer in Erfahrung bringen kann.

## IV. Weitere Ansprüche

20 Neben den bereits genannten Ansprüchen ist zudem an Auskunfts- und Vorlageansprüche gemäß §§ 140 b ff. PatG zu denken. Außerdem kann im Fall des Obsiegens das Urteil unter den Voraussetzungen des § 140 e PatG veröffentlicht werden.

# Abwandlung

## I. Ansprüche gemäß §§ 139 ff. PatG

21 Die Ansprüche wegen Patentverletzung setzen ein erteiltes Patent voraus und scheiden daher aus. Trotz Offenlegung kann also der Erfinder bis zur Patenterteilung keine Unterlassung der Benutzung seiner Erfindung verlangen.

## II. Entschädigungsanspruch gemäß § 33 I PatG

22 Nach dem PatG genießt auch die offengelegte Patentanmeldung (§ 31 II Nr. 2 PatG) einen gewissen Schutz und gewährt dem Anmelder einen Anspruch auf Entschädigung gemäß § 33 PatG gegen den Nutznießer der Benutzungshandlung.[12]

### 1. Voraussetzungen

23 Laut Sachverhalt liegt ein Hinweis gemäß § 32 V PatG vor. Auch von einer Benutzung des Anmeldegegenstands kann ausgegangen werden. Allerdings ist fraglich, ob die Benutzung in Kenntnis oder vorwerfbarer Unkenntnis geschah. Letzteres wird in der Regel mit der Fahrlässigkeit gleichgesetzt,[13] welche wie oben ausgeführt gegeben ist. Ein Fall des § 33 II PatG liegt nicht vor. Die Voraussetzungen sind damit erfüllt.

### 2. Inhalt des Entschädigungsanspruchs

24 § 33 I PatG gewährt lediglich einen Entschädigungsanspruch, der nicht mit einem Schadensersatzanspruch gleichzustellen ist. Geschuldet wird eine nach den Umständen angemessene Entschädigung, wobei lediglich die Grundsätze der Lizenzanalogie anwendbar sind.[14]

---

[12] *Mes*, § 33 Rn. 7.
[13] Vgl. etwa *Mes*, § 33 Rn. 6.
[14] *BGH* GRUR 1989, 411, 413 f. – Offenend-Spinnmaschine.

### 3. Ergebnis

Herbert hat gegen Franz Anspruch auf Entschädigung gemäß § 33 I PatG. 25

## III. Auskunftsanspruch

Weitergehende Ansprüche sind grundsätzlich ausgeschlossen (§ 33 I 2. Hs. PatG). 26
Die Rechtsprechung hat allerdings eine Ausnahme für Auskunftsansprüche auf Bekanntgabe des Umfangs der Benutzungshandlungen zugelassen,[15] da andernfalls die Bezifferung der Entschädigung kaum möglich wäre. Herbert kann also einen entsprechenden Auskunftsanspruch geltend machen.

**Weiterführende Hinweise:** *Heermann,* Schadensersatz und Bereicherungsausgleich bei Patentrechtsverletzungen, GRUR 1999, 625 ff.; *Melullis,* Zur Ermittlung und zum Ausgleich des Schadens bei Patentverletzungen, GRUR Int. 2008, 679 ff.; *Dörre/Maaßen,* Das Gesetz zur Verbesserung der Durchsetzung von Rechten des geistigen Eigentums – Teil I: Änderungen im Patent-, Gebrauchsmuster-, Marken- und Geschmacksmusterrecht, GRUR-RR 2008, 217 ff.; *Czychowski,* Das Gesetz zur Verbesserung der Durchsetzung von Rechten des Geistigen Eigentums – Teil II: Änderungen im Urheberrecht, in: GRUR-RR 2008, 265 ff. 27

[15] *BGH* GRUR 1989, 411, 413 f. – Offenend-Spinnmaschine.

# Teil 2. Patentrecht

## Fall 6. Suppenrezept

*Nach BGH GRUR 1966, 249 – Suppenrezept.*

### Sachverhalt

Nahrungsmittelhersteller Suppenfein (S) meldet eine Erfindung beim Deutschen Patent- und Markenamt (DPMA) bzw. beim Europäischen Patentamt (EPA) zur Erteilung eines Patents an. Der Patentanspruch lautet folgendermaßen:

*Herstellung einer Suppe aus in Öl im Ganzen gebackener unzerkleinerter Zwiebel, insbesondere spanischer Zwiebel, in Öl gebackenen oder gebratenen Pfifferlingen (oder anderen Pilzen), gekeimtem bzw. längere Zeit eingeweichtem und danach unter Erhaltung der Form der Körner gekochtem Weizen, durch Zerkleinern in vorzugsweise vermengtem Zustand und Aufkochen in Gemüsebrühe.*

1. Wird S ein Patent erteilt bekommen?
2. Welcher Rechtsweg stünde S gegen die Entscheidung des DPMA bzw. des EPA offen?

### Gliederung

## Lösung

### Frage 1: Anspruch auf Patenterteilung

1 Gemäß § 49 I PatG bzw. Art. 97 I EPÜ wird S ein Patent erteilt bekommen, wenn die formellen Voraussetzungen der §§ 34, 37f. PatG vorliegen und der Gegenstand der Anmeldung gemäß §§ 1–5 PatG patentfähig ist bzw. wenn die Anmeldung des S und die angemeldete Erfindung den Erfordernissen des EPÜ genügen. S hat, wie es § 34 I PatG bzw. Art. 58, 75 I EPÜ verlangen, seine Erfindung zur Erteilung eines Patents beim DPMA bzw. EPA angemeldet. Weitere Angaben zu formellen Fragen enthält der Sachverhalt nicht. S wird daher ein Patent erteilt bekommen, wenn die Erteilungsvoraussetzungen gemäß §§ 1–5 PatG bzw. Art. 52–57 EPÜ gegeben sind.

**Übersicht: Patenterteilungsvoraussetzungen**

1. **Erfindung** (Art. 52 EPÜ, § 1 PatG): Lehre zum praktischen Handeln, deren Gegenstand technischer Natur, realisierbar und wiederholbar ist und die Lösung einer Aufgabe durch technische Mittel darstellt
   a) Lehre zum praktischen Handeln (Gegensatz: Entdeckung, vgl. Art. 52 II lit. a EPÜ, § 1 III Nr. 1 PatG, abstrakte oder theoretische Erkenntnis)
   b) Technischer Charakter (Gegensatz: ästhetische Formschöpfungen, Anweisungen an den menschlichen Geist, wissenschaftliche Theorien, vgl. Art. 52 II lit. b–d EPÜ, § 1 III Nr. 2–4 PatG, Bestandteile des menschlichen Körpers, § 1 a I PatG)
   c) Realisierbarkeit
   d) Wiederholbarkeit
2. **Keine Ausnahme** gemäß Art. 53 EPÜ bzw. §§ 2, 2 a PatG
   a) Verstoß gegen öffentliche Ordnung oder gute Sitten (Art. 53 lit. a EPÜ, § 2 PatG)
   b) Pflanzensorten und Tierrassen (Art. 53 lit. b EPÜ, § 2 a PatG)
   c) Therapie- und Diagnoseverfahren (Art. 53 lit. c EPÜ, § 2 a I Nr. 2)
3. **Neuheit** (Art. 54, 55 EPÜ, § 3 PatG): Erfindung gehört nicht zum Stand der Technik
4. **Erfinderische Tätigkeit** (Art. 56 EPÜ, § 4 PatG): Erfindung ergibt sich nicht für Durchschnittsfachmann in naheliegender Weise aus dem Stand der Technik
5. **Gewerbliche Anwendbarkeit** (Art. 57 EPÜ, § 5 PatG)

### I. Erfindung, § 1 PatG, Art. 52 EPÜ

2 Zunächst muss es sich bei dem Suppenrezept um eine Erfindung handeln, also eine technische Lehre, die ausführbar und wiederholbar ist.

#### 1. Lehre zum planmäßigen Handeln

3 Im Gegensatz zur bloßen Entdeckung, also der reinen Erkenntnis, muss eine Erfindung eine konkrete Handlungsanweisung enthalten. Es geht also um die Lösung eines konkreten Problems (Aufgabe). Bei einem Suppenrezept, das dem Koch Anweisungen zur Herstellung einer Suppe gibt, ist dies der Fall.

4 **Hinweis:** Die Lehre kann sowohl in einem Verfahren, als auch in einem Erzeugnis bestehen. Handelt es sich bei dem Verfahren um ein Herstellungsverfahren, so genießt gemäß § 9 Nr. 3 PatG, Art. 64 II EPÜ auch das Erzeugnis Schutz, sofern es unmittelbar durch das geschützte Verfahren gewonnen wurde.

### 2. Technischer Charakter

Darüber hinaus muss es sich um eine technische Lehre handeln, § 1 I PatG. Es muss also eine technische Aufgabe mit technischen Mitteln gelöst werden. Erforderlich ist dazu der Einsatz beherrschbarer Naturkräfte zur unmittelbaren Erreichung eines kausal übersehbaren Erfolgs. 5

**Hinweis:** Unter technischer Lehre versteht der BGH eine „Lehre zum planmäßigen Handeln unter Einsatz beherrschbarer Naturkräfte zur Erreichung eines kausal übersehbaren Erfolgs".[1] 6

Das Suppenrezept enthält ein Herstellungsverfahren und gibt damit Anweisungen zur Einwirkung auf die Ausgangsstoffe, um damit die gewünschte Suppe als naturgesetzlich vorhersehbaren Erfolg zu erzielen. Es werden also beherrschbare Naturkräfte eingesetzt, um einen kausal übersehbaren Erfolg zu erzielen. Unschädlich ist, dass das Ergebnis des Verfahrens Ähnlichkeit zu den gemäß § 1 III Nr. 2 PatG, Art. 52 I lit. b EPÜ vom Patentschutz ausgeschlossenen ästhetischen Formschöpfungen aufweist: Ein technisches Verfahren zur Erzeugung eines nichttechnischen Gegenstandes kann eine Erfindung darstellen. Eine technische Lehre liegt vor. 7

### 3. Ausführbarkeit und Wiederholbarkeit

Eine patentierbare Erfindung liegt nur vor, wenn die technische Lehre auch ausführbar und wiederholbar ist. 8

Ausführbarkeit bedeutet, dass die Erreichung des naturgesetzlichen Erfolgs überhaupt möglich ist.[2] Daran fehlt es bei einem Verstoß gegen Naturgesetze, wie der Lehre zum Bau eines Perpetuum Mobile.[3] Anhaltspunkte dafür, dass das Rezept unausführbar ist, fehlen. 9

**Hinweis:** Unterscheiden Sie die materielle Voraussetzung der Ausführbarkeit von dem formellen Erfordernis der vollständigen Offenbarung, § 34 IV PatG, Art. 83 EPÜ. Kann ein Fachmann mit Hilfe der Anmeldung die Lehre nicht ausführen, obwohl dies naturgesetzlich möglich wäre, so fehlt es an der hinreichenden Offenbarung. Ähnlich wie bei den Rezepten eines Hobbykochs hat S hier keine exakten Mengen-, Temperatur- und Zeitangaben offenbart, so dass eine hinreichende Offenbarung fehlen könnte. Allerdings enthält der Sachverhalt keine weiteren Hinweise, ob dem Durchschnittsfachmann ein Nachkochen möglich ist oder nicht. 10

Wiederholbar ist eine Lehre nur dann, wenn der naturgesetzliche Erfolg reproduziert, d.h. immer wieder erreicht werden kann. Ein Herstellungsverfahren muss deshalb nach Ausgangsstoff, Behandlungsart und Erzeugnis klar umschrieben sein. Daran könnte man hier zweifeln, da als Enderzeugnis eine Pilzsuppe mit einer neuen Geschmacksnuance angegeben ist, die sich nicht präzise definieren lässt. Richtigerweise muss aber die Angabe von Ausgangsstoffen und Behandlungsart genügen, wenn sich dadurch ein bestimmtes Erzeugnis naturgesetzlich ergibt.[4] 11

Ergebnis: Eine patentfähige Erfindung liegt vor. 12

## II. Keine Ausnahmen von der Patentierbarkeit, §§ 2, 2a PatG, Art. 53 EPÜ

Das Suppenrezept ist nicht patentierbar, wenn einer der gesetzlichen Ausschlusstatbestände eingreift. Das ist hier nicht der Fall. 13

---

[1] BGHZ 52, 74 = GRUR 1969, 672 – Rote Taube.
[2] Vgl. *Benkard*/Bacher/Melullis, § 1 Rn. 70ff.
[3] *BPatG* GRUR 1999, 487 – Perpetuum mobile.
[4] *BGH* GRUR 1966, 249 – Suppenrezept.

### III. Neuheit, § 3 PatG, Art. 54 EPÜ

14 Eine Erfindung kann nur dann patentiert werden, wenn sie neu ist, also nicht zum Stand der Technik gehört. Es gilt der absolute Neuheitsbegriff. Die Erfindung darf vor dem Zeitpunkt der Anmeldung noch nie, nirgends und auf keine Weise der Öffentlichkeit zugänglich gemacht worden sein. Anderenfalls gehört sie bereits zum Stand der Technik (§ 3 I 2 PatG, Art. 54 II EPÜ). Neuheitsschädlich sind darüber hinaus auch rangältere Patentanmeldungen, unabhängig davon, ob sie bereits der Öffentlichkeit zugänglich gemacht worden sind, § 3 II PatG, Art. 54 III EPÜ.

15 **Hinweis:** Öffentlichkeit bedeutet eine Mehrzahl von Personen, die weder bestimmt abgegrenzt noch persönlich untereinander verbunden ist.[5] Auch im Rahmen einer Tagung kann eine Erfindung der Öffentlichkeit zugänglich gemacht werden, wenn der Teilnehmerkreis nicht besonders beschränkt ist.

16 Sollte das angemeldete Suppenrezept bereits als Buch, im Rahmen einer Kochsendung oder sonstwie der Öffentlichkeit zugänglich gewesen sein, würde es an der Neuheit fehlen. Der Sachverhalt liefert dafür jedoch keine Anhaltspunkte.

### IV. Erfinderische Tätigkeit, § 4 PatG, Art. 56 EPÜ

17 Die Erfindung muss nicht nur neu sein, sondern darüber hinaus auch auf einer erfinderischen Tätigkeit beruhen. Sie darf sich nicht für den Fachmann in nahe liegender Weise aus dem Stand der Technik ergeben. Häufig spricht man dabei auch von der nötigen „Erfindungshöhe".

18 Fraglich ist, ob auch eine besondere ästhetische Wirkung, wie vorliegend eine bestimmte Geschmacksnuance, zur Begründung der erfinderischen Tätigkeit herangezogen werden kann. Dies ist zu bejahen, da die Technizität der Lehre bereits geprüft wurde. Auch die besondere ästhetische Wirkung darf sich aber nicht in nahe liegender Weise aus dem Stand der Technik ergeben.

19 Bei einer Suppe, die lediglich eine neue Geschmacknuance aufweist, fehlt es an der erfinderischen Tätigkeit, da sie sich nicht hinreichend vom Stand der Technik abhebt. Der BGH fasst diesen Gedanken – ganz im Geist der 1960er Jahre – in folgende Worte: „[B]loße geschmackliche Nuancierungen, wie sie jeder Koch und jede Hausfrau, sofern sie auf eine gute und individuelle Küche bedacht sind, bei der Zubereitung der Mahlzeiten zu erreichen sich bemühen und vielfach auch zu erzielen verstehen, erfüllen [...] quantitativ nicht die Anforderungen, die an den Fortschritt zu stellen sind, der mit jeder Erfindung verbunden sein muss."[6] Damit ist das angemeldete Suppenrezept nicht patentierbar.

### V. Gewerbliche Anwendbarkeit, § 5 PatG, Art. 57 EPÜ

20 Hilfsweise ist noch zu prüfen, ob das Suppenrezept gewerblich anwendbar ist. Diese Voraussetzung ist erfüllt, wenn auch nur die Möglichkeit einer Anwendung der Lehre in einem Gewerbebetrieb besteht. Sie ist weit auszulegen und nur zu verneinen, wenn jede Nützlichkeit fehlt. Für ein Suppenrezept ist die gewerbliche Anwendbarkeit ohne weiteres zu bejahen.

### VI. Ergebnis

21 Mangels erfinderischer Tätigkeit, § 4 PatG, Art. 57 EPÜ, fehlt es an den Patenterteilungsvoraussetzungen. S wird kein Patent erteilt bekommen.

---

[5] *BGH* GRUR 1961, 24 – Holzimprägnierung.
[6] *BGH* GRUR 1966, 249 – Suppenrezept.

**Hinweis zum Gebrauchsmusterschutz:** Für den Schutz einer Erfindung als Gebrauchsmuster gelten die gleichen Voraussetzungen wie für die Patentierbarkeit. Insbesondere sind nach heutiger Rechtsprechung[7] die gleichen Anforderungen an die Erfindungshöhe zu stellen, d.h. erfinderischer Schritt, § 1 I GebrMG, und erfinderische Tätigkeit des Patentrechts sind gleich zu prüfen. Verfahren sind jedoch gemäß § 2 Nr. 3 GebrMG vom Gebrauchsmusterschutz ausgeschlossen. 22

Der wesentliche Unterschied zwischen Gebrauchsmuster und Patent besteht darin, dass das Patentamt gemäß § 8 I 2 GebrMG Gebrauchsmuster in das Register einträgt, ohne zu prüfen, ob Neuheit, erfinderischer Schritt und gewerbliche Anwendbarkeit vorliegen. S würde also - allerdings nur sofern er seine Erfindung als Erzeugnis anmeldet - ein Gebrauchsmuster erteilt bekommen. Das Gebrauchsmuster würde aber nach §§ 15 I Nr. 1, 16 GebrMG auf Antrag wieder gelöscht werden, wobei der Antrag von jedermann gestellt werden kann. Darüber hinaus entfaltet das löschbare Gebrauchsmuster gemäß § 13 I GebrMG, anders als das widerrufbare oder für nichtig erklärbare Patent, keine Schutzwirkung. 23

## Frage 2: Rechtsmittel gegen die Entscheidung des DPMA bzw. EPA

### I. Beschwerde beim DPMA

Gegen die Entscheidung des DPMA kann beim Patentamt Beschwerde eingelegt werden (§ 73 I PatG). Im Falle der Nichtabhilfe entscheidet über die Beschwerde das Patentgericht (BPatG) (§ 73 III 3 PatG). Gegen die Entscheidung des BPatG schließlich ist in bestimmten Fällen die Rechtsbeschwerde zum BGH zulässig (§ 100 PatG). 24

### II. Beschwerde beim EPA

Gegen die Entscheidung des EPA kann K Beschwerde beim EPA einlegen (Art. 106 I EPÜ), über die bei Nichtabhilfe die Beschwerdekammer (Einspruchsabteilung des EPA) entscheidet (Art. 109 II EPÜ). Als weitere Instanz steht nur noch die Große Beschwerdekammer des EPA zur Verfügung, eine Überprüfung durch ein Gericht außerhalb des EPA ist nicht vorgesehen. 25

**Hinweis:** Möchten sich Dritte gegen die Erteilung eines Patents wehren, so können sie Einspruch erheben (§ 59 PatG, Art. 99 EPÜ). Liegen die Voraussetzungen der §§ 1–5 PatG (bzw. der Art. 52ff. EPÜ)nicht vor, so wird das Patent gemäß § 21 I Nr. 1 PatG (bzw. gemäß 101 II EPÜ) widerrufen. Nach Ablauf der Einspruchsfrist kann gemäß § 81 PatG Nichtigkeitsklage zum BPatG erhoben werden. Gemäß §§ 22 I, 21 I Nr. 1 PatG wird das Patent bei Fehlen der materiellen Patenterteilungsvoraussetzungen dann für nichtig erklärt. Auch gegen europäische Patente ist gemäß § 138 I EPÜ die Nichtigkeitsklage zum BPatG statthaft, wobei das Patent nur mit Wirkung für Deutschland für nichtig erklärt werden kann.[8] 26

**Weiterführende Hinweise:** *Götting,* Gewerblicher Rechtsschutz, §§ 10, 11; *Haedicke,* 5. Kapitel; *Osterrieth,* Rn. 105–130, 200–230. 27

---

[7] BGHZ 168, 142 = GRUR 2006, 842 – Demonstrationsschrank.

[8] Grund dafür ist, dass gemäß Art. 64 I EPÜ mit der Erteilung durch das EPA ein Bündel nationaler Patente entsteht. Über die Schaffung eines europäischen Patentgerichts wird jedoch diskutiert (vgl. Fall 10).

## Fall 7. Lactobacillus bavaricus

*Nach BGHZ 64, 101 = GRUR 1975, 430 – Bäckerhefe; BPatG GRUR 1978, 586 – Lactobacillus bavaricus; BGHZ 100, 67 = GRUR 1987, 231 – Tollwutvirus.*

### Sachverhalt

**Teil 1**

Die Pharmer-AG (P) arbeitet auf dem Gebiet der Biotechnologie. Das Unternehmen hat eine neue Art von Milchsäurebakterien entwickelt, die nahezu ausschließlich L (+)-Milchsäure erzeugen. Diese gilt bei Verbrauchern als besonders „biotisch“ und erhöht daher den Wert bestimmter Nahrungsmittel.

1. Kann P beim DPMA ein Patent für die Herstellung von L (+)-Milchsäure oder von Nahrungsmitteln, die reich an L (+)-Milchsäure sind, mittels *Lactobacillus bavaricus* beanspruchen?
2. P ist in der Lage, ein genaues Verfahren anzugeben, mit dessen Hilfe sich *Lactobacillus bavaricus* aus Sauerkraut isolieren lässt.
   a) Ist das Verfahren patentierbar?
   b) Lässt sich auch das Bakterium *Lactobacillus bavaricus* als solches patentieren?
   c) Angenommen, P gelingt es zwar, ein Bakterium mit den gewünschten Eigenschaften aus der Umwelt zu isolieren und in Reinkultur zu nehmen. Eine Wiederholung der Schritte, die zu der Reinkultur geführt haben, ist jedoch nicht möglich. Kann P trotzdem ein Patent auf das Bakterium als solches bekommen?

**Teil 2**

Die Forschung geht weiter. P isoliert aus dem von ihr gezüchteten Bakterium einen DNA-Abschnitt, der für ein Schlüsselenzym bei der Herstellung von L (+)-Milchsäure codiert. Schließlich gelingt es P, Pflanzen zu züchten, in deren Erbgut die isolierte DNA eingebaut ist, so dass sie L (+)-Milchsäure produzieren.

1. Kann P die für das Schlüsselenzym codierende DNA patentieren lassen?
2. Später stellt sich heraus, dass die patentierte DNA auch für ein anderes Enzym codiert, das ebenfalls kommerziell einsetzbar ist. Umfasst das von P angestrebte Patent auch die Verwendung der DNA zur Synthese des neuen Enzyms?
3. Können die rekombinanten Pflanzen patentiert werden?

### Gliederung

## Lösung

### Teil 1

### Frage 1: Biotechnologisches Verfahren

P kann ein Patent für das Herstellungsverfahren beanspruchen, wenn die Patentierungsvoraussetzungen gegeben sind. 1

### I. Erfindung, § 1 PatG

Bei dem Verfahren zur Herstellung von L (+)-Milchsäure mittels *Lactobacillus bavaricus* müsste es sich um eine technische Erfindung handeln, die ausführbar und wiederholbar ist. 2

### 1. Technische Erfindung

3 Eine technische Erfindung ist eine Lehre zum planmäßigen Einsatz beherrschbarer Naturkräfte – auch der belebten Natur – zur Erreichung eines kausal übersehbaren Erfolgs.[1] Hier wird eine Anweisung zum Einsatz eines Bakteriums gegeben, um damit einen naturwissenschaftlich vorhersehbaren Erfolg zu erzielen. Eine technische Erfindung liegt damit vor.

### 2. Ausführbarkeit und Wiederholbarkeit

4 Die Erfindung muss auch ausführbar und wiederholbar sein, d.h. ihre Ausführung muss naturgesetzlich möglich sein und das Ergebnis der Lehre muss für jedermann reproduzierbar sein.

5 **Hinweis:** Hier stellt sich das Problem, dass die Lehre nur unter Einsatz des von P isolierten Bakteriums reproduzierbar ist. Damit ist das Herstellungsverfahren durch einen bloßen Bezug auf *Lactobacillus bavaricus* im Patentanspruch nicht hinreichend beschrieben. Das Verfahren wird aber nacharbeitbar, wenn der Organismus bei einer anerkannten Hinterlegungsstelle, wie z.B. der Deutschen Sammlung von Mikroorganismen und Zellkulturen (DSMZ) hinterlegt wird.[2] Genaueres ist in der Verordnung über die Hinterlegung von biologischem Material in Patent- und Gebrauchsmusterverfahren (BioMatHintV) geregelt, vgl. § 34 VIII PatG.

6 Durch die Hinterlegung kann jedermann das neue Bakterium erhalten und damit das zu patentierende Verfahren nacharbeiten. Eine ausführbare und wiederholbare Erfindung liegt damit vor.

## II. Keine Ausnahmen von der Patentierbarkeit, §§ 2, 2a PatG

7 Ein Ausschlussgrund liegt nicht vor. Insbesondere handelt es sich bei dem Herstellungsverfahren nicht um ein im Wesentlichen biologisches Verfahren zur Züchtung von Pflanzen oder Tieren gemäß § 2a I PatG, so dass es auf die Rückausnahme des § 2a II Nr. 2 PatG nicht ankommt.

## III. Neuheit und erfinderische Tätigkeit, §§ 3, 4 PatG

8 Um das Erfordernis der Neuheit und der erfinderischen Tätigkeit zu erfüllen, darf die Erfindung nicht zum Stand der Technik gehören und sich auch nicht aus diesem in nahe liegender Weise ergeben. Der Einsatz des bislang noch nicht isolierten Bakteriums gehörte bislang nicht zum Stand der Technik und lag für einen Durchschnittsfachmann auch nicht nahe. Neuheit und erfinderische Tätigkeit sind damit gegeben.

## IV. Gewerbliche Anwendbarkeit, § 5 PatG

9 Schließlich muss eine gewerbliche Anwendung der zu patentierenden Erfindung in irgendeiner Weise möglich sein. Da L (+)-Milchsäure einen besonderen Marktwert hat, ist dies ohne weiteres zu bejahen.

## V. Ergebnis

10 Die materiellen Patentierungsvoraussetzungen sind gegeben. Sofern P das Verfahren ordnungsgemäß anmeldet, insbesondere den neuartigen Organismus hinterlegt und damit auch das Offenbarungserfordernis des § 34 IV PatG erfüllt, wird P ein Patent erteilt bekommen.

---

[1] BGHZ 52, 74 = GRUR 1969, 672 – Rote Taube.
[2] BGHZ 64, 101 = GRUR 1975, 430 – Bäckerhefe.

### Frage 2: Patentierung von Mikroorganismen

### I. Patentierbarkeit des Herstellungsverfahrens

Unterschiede zu Frage 1 ergeben sich nur hinsichtlich der Frage, ob eine ausführbare und wiederholbare technische Erfindung vorliegt und hinsichtlich des eventuellen Vorliegens eines Ausschlussgrundes. 11

#### 1. Erfindung, § 1 PatG

Bei dem Verfahren zur Gewinnung des Bakteriums handelt es sich um eine Lehre zum planmäßigen Einsatz beherrschbarer Naturkräfte zur Erreichung eines kausal übersehbaren Erfolgs und damit um eine technische Erfindung. Diese müsste jedoch auch ausführbar und wiederholbar, also von jedermann nacharbeitbar sein. Laut Sachverhalt ist P in der Lage, ein solches Verfahren anzugeben.[3] Damit liegt eine patentfähige Erfindung gemäß § 1 PatG vor. 12

#### 2. Ausschlussgründe, §§ 2, 2a PatG

Fraglich ist, ob nicht der Ausschlussgrund des § 2a I PatG eingreift, da zumindest ein Verfahren zur Züchtung von Lebewesen patentiert werden soll. § 2a II Nr. 2, III Nr. 2 PatG stellt aber Verfahren, bei denen mikrobiologisches Material hervorgebracht wird, von dem Ausschlussgrund frei. Zu mikrobiologischem Material gehören auch Bakterienstämme. 13

#### 3. Ergebnis

Das Verfahren zur Herstellung von *Lactobacillus bavaricus* ist patentierbar. Gemäß § 9 Nr. 3, 9a II PatG schützt das Patent auf das Herstellungsverfahren auch den Bakterienstamm, also die gewonnenen Bakterien und Folgegenerationen, selbst, jedoch nur, soweit er unmittelbar mit dem patentierten Verfahren gewonnen wurde. 14

### II. Patentierbarkeit des Mikroorganismus

P könnte auch den Bakterienstamm als solchen zur Patentierung anmelden, wenn die Patentierungsvoraussetzungen gegeben sind. 15

#### 1. Erfindung, § 1 PatG

Fraglich ist, ob auch ein Erzeugnispatent auf den Bakterienstamm gewährt werden kann. Dies ist zu bejahen.[4] Ähnlich wie bei der Patentierung chemischer Stoffe besteht beim Erzeugnispatent auf Organismen die technische Lehre in der Bereitstellung eines Organismus, der bislang nicht isoliert vorhanden war. 16

Durch die Angabe des Herstellungsverfahrens ist auch das Erzeugnis selbst hinreichend genau beschrieben, sog. *Product by process*-Anspruch (Formulierung im Beispielssachverhalt: „Mikroorganismus der Art *Lactobacillus bavaricus*, erhältlich dadurch, dass …“[5]). 17

Das Erfordernis der Wiederholbarkeit ist dadurch erfüllt, dass mittels des angegebenen Verfahrens jedermann den Bakterienstamm selbst erzeugen kann. Darin liegt auch der wesentliche Unterschied zur Züchtung höherer Lebewesen.[6] 18

---

[3] So auch bei *BPatG* GRUR 1978, 586 – Lactobacillus bavaricus.
[4] BGHZ 64, 101 = GRUR 1975, 430 – Bäckerhefe.
[5] Formulierung aus *BPatG* GRUR 1978, 586 – Lactobacillus bavaricus.
[6] Vgl. BGHZ 52, 74 = GRUR 1969, 672 – Rote Taube.

### 2. Ausschlussgründe, §§ 2, 2a PatG

19 Gemäß § 2a II Nr. 2, III Nr. 2 PatG greift auch bei Patenten auf Mikroorganismen selbst kein Ausschlussgrund.

### 3. Neuheit, § 3 PatG

20 Gemäß § 3 I 1 PatG gilt eine Erfindung als neu, wenn sie nicht bereits zum Stand der Technik, § 3 I 2 PatG, gehört. Fraglich ist, ob der Umstand, dass das Bakterium bereits in der Natur existiert, der Neuheit schadet. Dies ist jedoch zu verneinen, da das Bakterium bislang unbekannt und der Öffentlichkeit nicht in isolierter Form zugänglich war, §§ 1 II 2, 2a III Nr. 1 PatG.[7] Damit gehört es nicht zum Stand der Technik.

21 **Hinweis:** Naturstoffe sind zwar bereits in der Natur vorhanden. Zum Stand der Technik gehören sie aber nur, wenn sie auch der Öffentlichkeit zur Verfügung stehen. Daran fehlt es, wenn die Existenz des Stoffes bislang nicht bekannt war. War die Existenz zwar bekannt, konnte der Stoff aber bislang nicht in Reinform dargestellt werden (sei es durch Gewinnung aus der Natur im Wege der Aufreinigung, sei es durch chemische Synthese) gehört er ebenfalls nicht zum Stand der Technik. Wird der Stoff dann erstmals der Öffentlichkeit zur Verfügung gestellt, ist er neu.

### 4. Erfinderische Tätigkeit, gewerbliche Anwendbarkeit, §§ 4, 5 PatG

22 Die Erfindung müsste darüber hinaus auf erfinderischer Tätigkeit beruhen, sich also gemäß § 4 1 PatG für den Fachmann nicht in nahe liegender Weise aus dem Stand der Technik ergeben. Hier ist unklar, ob die Isolierung des Bakteriums für den Fachmann nahelag. Die erfinderische Tätigkeit kann sich aber – wie bei Naturstoffen[8] – auch aus den wertvollen bzw. überraschenden Eigenschaften des Erzeugnisses ergeben, hier der Fähigkeit zur Erzeugung reiner L (+)-Milchsäure. Damit ist die erfinderische Tätigkeit gegeben. Wegen der wirtschaftlichen Bedeutung ist die Erfindung auch gewerblich anwendbar, § 5 PatG.

### 5. Ergebnis

23 P kann auch den Bakterienstamm patentieren lassen. Gemäß §§ 9 Nr. 1, 9a I PatG erstreckt sich der Schutzbereich eines solchen Patents auf die durch den Herstellungsprozess beschriebenen Organismen und Folgegenerationen, unabhängig davon ob diese Organismen durch denselben Prozess oder auf andere Weise erzeugt wurden.

## III. Hinterlegung statt Wiederholbarkeit

24 Eine Patentierbarkeit kommt bei der fehlenden Möglichkeit einer nacharbeitbaren Erzeugung des Bakterienstamms nur in Betracht, wenn das Erfordernis der Wiederholbarkeit durch die Hinterlegung ersetzt werden kann. Dies ist zu bejahen, da durch die Hinterlegung der neue Stamm der Allgemeinheit zur Verfügung gestellt und damit der Stand der Technik bereichert wird.[9]

## Teil 2

### Frage 1: Genpatente

25 P beantragt ein Stoffpatent auf einen DNA-Abschnitt, d.h. auf ein Molekül, das die genetische Information für ein wertvolles Protein enthält (hier das Schlüsselenzym),

---

[7] Zur Patentierung von Naturstoffen *BPatG* GRUR 1978, 238 – Naturstoffe; *BPatG* GRUR 1978, 702 – Menthonthiole.

[8] BGHZ 51, 378 = GRUR 1969, 265 – Disiloxan; *BGH* GRUR 1969, 531 – Geflügelfutter.

[9] BGHZ 100, 67 = GRUR 1987, 231 – Tollwutvirus; anders noch BGHZ 64, 101 = GRUR 1975, 430 – Bäckerhefe.

das wiederum bestimmte wertvolle Eigenschaften hat. Fraglich ist, ob die Patentierungsvoraussetzungen vorliegen.

## I. Erfindung

Bei dem Molekül müsste es sich um eine technische Erfindung handeln. Hier handelt es sich um ein Stoffpatent, d.h. die chemische Verbindung soll als Erzeugnis geschützt werden. Die technische Lehre besteht in der Bereitstellung der chemischen Verbindung. Durch Angabe z.B. der chemischen Formel, bzw. bei DNA der Sequenz, ist eine solche Erfindung auch wiederholbar. 26

## II. Ausschlussgründe

Die Patentierung von DNA ist nicht ausgeschlossen. Vielmehr stellt § 1a II PatG klar, dass auch DNA, die sich im menschlichen Körper findet, grundsätzlich der Patentierung zugänglich ist. Umso mehr gilt dies für bakterielle DNA. 27

## III. Neuheit und erfinderische Tätigkeit

Fraglich ist die Neuheit, da die DNA ja bereits in der Natur existiert. Ein Erzeugnispatent auf einen chemischen Stoff ist aber auch dann möglich, wenn der Stoff bereits in der Natur existiert, sofern er erstmals in isolierter Form bereitgestellt wird.[10] Für DNA ist dies auch in §§ 1 II 2, 2 III Nr. 1 PatG normiert. 28

Das Bereitstellen der DNA müsste darüber hinaus auch auf erfinderischer Tätigkeit beruhen, was voraussetzt, dass die Bereitstellung nach dem Stand der Technik für einen Durchschnittsfachmann, hier einen Molekulargenetiker, nicht nahe gelegen hat. Regelmäßig ist jedoch das bloße Bereitstellen von DNA einer bestimmten Sequenz nicht erfinderisch, da das Isolieren und Sequenzieren, d.h. die Bestimmung der chemischen Struktur, von DNA heute zu den Routineaufgaben eines entsprechenden Labors gehört. 29

Allerdings kann die fehlende erfinderische Tätigkeit bei der Bereitstellung eines Stoffes dadurch überwunden werden, dass der Stoff überraschende Eigenschaften oder Wirkungen aufweist.[11] Dies dürfte hier der Fall sein, da der Umstand, dass der konkrete DNA-Abschnitt für das Schlüsselenzym zur L (+)-Milchsäureherstellung codiert, für den Durchschnittsfachmann nicht nahe lag. 30

## IV. Gewerbliche Anwendbarkeit

Fraglich ist schließlich, ob die DNA gewerbliche Anwendbarkeit besitzt. Dies ist aufgrund der geklärten Rolle bei der Synthese des Schlüsselenzyms zu bejahen. Gemäß § 1a III PatG ist die Anwendbarkeit bereits bei der Anmeldung in die Beschreibung aufzunehmen[12] und kann anders als bei Stoffpatenten der Chemie[13] nicht im Laufe des Erteilungsverfahrens nachgereicht werden. 31

## V. Ergebnis

P wird ein Patent auf die DNA erteilt bekommen. 32

---

[10] Siehe oben Fn. 7.

[11] BGHZ 51, 378 = GRUR 1969, 265 – Disiloxan; *BGH* GRUR 1969, 531 – Geflügelfutter. Die Anwendung dieser Rechtsprechung auf DNA ist jedoch umstritten, vgl. demnächst *Uhrich*, Stoffschutz. Außerdem handelt es sich bei überraschenden Eigenschaften eines Stoffes genau genommen nur um ein Beweisanzeichen für erfinderische Tätigkeit.

[12] Zu den weitergehenden Erfordernissen gemäß § 1a IV PatG bei DNA, die im menschlichen Körper vorkommt, vgl. *Feldges*, GRUR 2005, 977–984; *Kilger/Jaenichen*, GRUR 2005, 984–998.

[13] Vgl. BGHZ 58, 280 = GRUR 1972, 541 – Imidazoline.

## Frage 2: Reichweite des Stoffschutzes bei Genpatenten

### I. Absoluter Stoffschutz

33 Gemäß § 9 Nr. 1, 9a III PatG ist jede Nutzung der DNA vom Schutzbereich des Patents umfasst (sog. absoluter Stoffschutz). Dies wird teilweise angegriffen, da der Anmelder überbelohnt werde. Sachgerecht sei es, nur die Verwendung zur Synthese des ersten Enzyms, die P bei ihrer Anmeldung bekannt war, zu schützen (sog. zweckgebundener Stoffschutz).

### II. Verwendungsgebundener Stoffschutz, § 1a IV PatG

34 Nach geltendem Recht besteht eine Einschränkung nur im Rahmen des § 1a IV PatG bei DNA, die auch im menschlichen Körper vorkommt.[14] Hier ist die dem Anmelder bekannte Anwendung in den Patentanspruch aufzunehmen, was schutzbereichsbegrenzende Wirkung hat (vgl. § 14 PatG). Die Differenzierung nach dem Vorkommen im menschlichen Körper erscheint indes nicht sachgerecht.

## Frage 3: Rekombinante höhere Organismen

35 Während die Patentierung von Mikroorganismen unproblematisch ist, treten bei höheren Organismen – die Abgrenzung im Einzelnen ist schwierig – Hindernisse auf. Problematisch sind hier das Erfordernis der Wiederholbarkeit und eventuelle Ausschlussgründe.

### I. Wiederholbarkeit

36 Grundsätzlich fehlt es bei Verfahren zur Züchtung höherer Organismen an der Wiederholbarkeit.[15] Beim Einsatz gentechnischer Methoden muss dies jedoch anders bewertet werden. Kennzeichen der Gentechnik ist gerade, dass die erzielten Veränderungen am Erbgut exakt beschrieben und wiederholt werden können.

37 **Hinweis:** Umstritten ist, ob bei hinterlegungsfähigen höheren Organismen (Aufbewahren von Pflanzensamen) auch eine Hinterlegung statt der ausführlichen Beschreibung der Erzeugung möglich ist. Dann wäre eine Patentierung möglich, ohne dass die exakte gentechnische Veränderung beschrieben werden müsste. Zwar schließt das Gesetz dies nicht aus; in der Praxis werden jedoch nur Mikroorganismen hinterlegt.

### II. Ausschlussgründe

38 Die Patentierung der Organismen als Erzeugnis könnte von § 2a I Nr. 1 PatG ausgeschlossen sein. Eine bestimmt Pflanzensorte kann damit nicht patentiert werden. § 2a II Nr. 1 PatG stellt aber klar, dass der Ausschluss nicht eingreift, wenn das Patent nicht auf bestimmte Pflanzensorten beschränkt ist. Damit ist ein Erzeugnispatent auf Pflanzen, die dadurch gekennzeichnet sind, dass in ihr Genom mittels gentechnischer Methoden das von P gefundene Gen eingefügt wurde, möglich.

### III. Ergebnis

39 Auch eine Patentierung der rekombinanten Pflanzen als Erzeugnis ist möglich.

---

[14] Im Rahmen des EPÜ wird diese Unterscheidung nicht vorgenommen.
[15] BGHZ 52, 74 = GRUR 1969, 672 – Rote Taube.

**Weiterführende Hinweise:** *Ensthaler/Zech,* Stoffschutz bei gentechnischen Patenten – Rechtslage nach Erlass des Biopatentgesetzes und Auswirkung auf Chemiepatente, GRUR 2006, 529; *Haedicke,* Kein Patent auf Leben? – Grundlagen des Patentrechts und der Schutz biotechnologischer Erfindungen, JuS 2002, 113; *ders.,* Patentrecht, 2009, 10. Kapitel; *Kock/Porzig/Willnegger,* Der Schutz von pflanzenbiotechnologischen Erfindungen und von Pflanzensorten unter Berücksichtigung der Umsetzung der Biopatentrichtlinie, GRUR Int. 2005, 183. 40

# Fall 8. Chinesische Schriftzeichen

*Nach BGH GRUR 1992, 36 – Chinesische Schriftzeichen.*

## Sachverhalt

Das Unternehmen Schulzesoft (S) hat eine neuartige Software entwickelt, mit deren Hilfe die Eingabe chinesischer Schriftzeichen in Computer erleichtert wird. S meldet seine Entwicklung zur Erteilung eines Patents an. Der Patentanspruch lautet folgendermaßen:

Verfahren zur Eingabe chinesischer Zeichen in Textsysteme, die mindestens eine Eingabetastatur, eine Steuer- und Speichereinheit und eine Anzeigeeinheit aufweisen, dadurch gekennzeichnet, dass sowohl für Einzelzeichen als auch für Wörter bildende Zeichenfolgen phonetische Kennzeichen und/oder graphische Kennzeichen mittels der Tasten der Eingabetastatur eingegeben werden, dass in einem ersten Speicher der Speichereinheit die phonetischen Kennzeichen und bedarfsweise die graphischen Kennzeichen von Zeichen entsprechend der Häufigkeit ihres Auftretens in der chinesischen Sprache [...] gespeichert sind, [...].

Die Innovation liegt in der Klassifikation der verschiedenen Schriftzeichen, die ein schnelleres Auswählen der einzugebenden Zeichen erlaubt. Diese ist neuartig und lag auch für einen Fachmann nicht nahe. Die softwaretechnische Umsetzung entspricht dagegen der Durchschnittsleistung eines Programmierers.

1. Wird S vom DPMA ein Patent erteilt bekommen?
2. Wie würde das EPA prüfen?

## Gliederung

## Lösung

### Frage 1: Patenterteilung durch das DPMA

S wird ein Patent erteilt bekommen, wenn die materiellen Patentierungsvoraussetzungen gemäß §§ 1 ff. PatG gegeben sind. 1

### I. Erfindung, § 1 PatG, Art. 52 EPÜ

Zunächst muss es sich bei dem angemeldeten Verfahren um eine Erfindung handeln, also eine technische Lehre, die ausführbar und wiederholbar ist. 2

Problematisch ist hier insbesondere die Technizität. Diese ist gegeben, wenn eine Lehre zum planmäßigen Handeln unter Einsatz beherrschbarer Naturkräfte zur Erreichung eines kausal übersehbaren Erfolgs vorliegt.[1] Die Regelung des § 1 III Nr. 3, IV PatG ist lediglich Ausdruck des Technizitätserfordernisses.[2] Bei softwareimplementierten Erfindungen, also Lehren, deren Ausführung mittels Software erfolgt, stellt sich die Frage, ob allein der Umstand, dass die Lehre den Einsatz eines Computers umfasst, dazu führt, dass sie technisch ist. Dies würde insbesondere bei Verfahrensansprüchen dazu führen, dass mittels Softwareimplementierung jede beliebige Lehre patentierbar wäre. 3

Der BGH hat dazu früher die sog. „Kerntheorie" vertreten.[3] Betrifft demnach bei Verfahrenspatenten[4] der Kern der Lehre eine Regel, deren Befolgung den Einsatz beherrschbarer Naturkräfte außerhalb des menschlichen Verstandes nicht erfordert, fehlt es an der Technizität. Hier wäre der Kern der Lehre die Klassifikation der Schriftzeichen. Diese setzt nicht zwingend den Einsatz eines Computers voraus. Demnach handelte es sich nicht um eine technische Lehre. 4

In seiner neueren Rechtsprechung[5] stellt der BGH nicht mehr auf den Kern der angemeldeten Lehre ab, sondern fragt, ob die Lehre über den Einsatz eines Computers hinaus weitere Anweisungen enthält, die auf technischen Überlegungen beruhen bzw. der Lösung eines konkreten technischen Problems mit technischen Mitteln dienen. Dabei unterscheidet er nicht mehr zwischen Vorrichtungs- und Verfahrensanspruch. Im vorliegenden Fall sind weitere Anweisungen, die der Lösung eines konkreten technischen Problems mit technischen Mitteln dienen, zu verneinen. Das Problem, möglichst schnell bestimmte Schriftzeichen auszuwählen, ist kein technisches. 5

Damit fehlt es an einer technischen Erfindung. 6

**Hinweis:** Fallgruppen von Erfindungen mit Softwarebezug, bei denen eine *technische Erfindung* bejaht wurde: 7
- Einbindung in technische Abläufe, Regelungs- und Steuerungssoftware,[6]
- Ermöglichung der neuartigen Nutzung eines technischen Geräts,[7]
- Computerisierung bislang mechanisch durchgeführter technischer Abläufe.[8]

---

[1] BGHZ 52, 74 = GRUR 1969, 672 – Rote Taube.
[2] BGHZ 149, 68 = GRUR 2002, 143, 144 – Suche fehlerhafter Zeichenketten.
[3] BGHZ 78, 98 = GRUR 1981, 39 – Walzstabteilung; *BGH* GRUR 1986, 531 – Flugkostenminimierung.
[4] Zu Vorrichtungspatenten BGHZ 144, 282 = GRUR 2000, 1007 – Sprachanalyseeinrichtung, wonach eine technische Erfindung unproblematisch vorliegt, wenn der Computer selbst Gegenstand der Erfindung ist.
[5] BGHZ 149, 68 = GRUR 2002, 143 – Suche fehlerhafter Zeichenketten; BGHZ 159, 197 = GRUR 2004, 667 – Elektronischer Zahlungsverkehr; *BGH* GRUR 2005, 141 – Anbieten interaktiver Hilfe; *BGH* GRUR 2009, 479 – Steuerungseinrichtung für Untersuchungsmodalitäten. Ebenso *BPatG* GRUR 2008, 330 – Expertensystem.
[6] *BGH* GRUR 1980, 849 – Antiblockiersystem.
[7] BGHZ 115, 11 = GRUR 1992, 33 – Seitenpuffer.
[8] BGHZ 143, 255 = GRUR 2000, 498 – Logikverifikation.

8 Fallgruppen, bei denen *keine technische Lehre* vorliegt:
- softwaremäßige Umsetzung kaufmännischer Abläufe, Geschäftsmethoden[9] (Verfahren für geschäftliche Tätigkeiten, § 2 III Nr. 3 PatG bzw. Art. 52 lit. c EPÜ),
- bloße Rechenregeln,[10] mathematische Methoden[11] (§ 2 III Nr. 1 PatG bzw. Art. 52 II lit. a EPÜ),
- bloße Organisations- oder Ordnungsverfahren[12] (Verfahren für gedankliche Tätigkeiten, § 2 III Nr. 3 PatG bzw. Art. 52 II lit. c EPÜ).

### II. Ergebnis

9 Mangels Vorliegens einer technischen Erfindung wird S vom DPMA kein Patent erteilt bekommen.

## Frage 2: Patenterteilung durch das EPA

10 S wird ein Patent erteilt bekommen, wenn die materiellen Patentierungsvoraussetzungen gemäß Art. 52ff. EPÜ erfüllt sind.

### I. Erfindung, Art. 52 EPÜ

11 Zunächst müsste die Anmeldung eine ausführbare und wiederholbare technische Erfindung zum Gegenstand haben. Da es sich vorliegend um eine softwareimplementierte Erfindung handelt, ist vor allem fraglich, ob diese technischen Charakter hat.

12 Nach früherer Praxis forderte das EPA für computerimplementierte Verfahren[13] entsprechend dem sog. „Beitragsansatz", dass die Erfindung einen Beitrag zum Stand der Technik auf einem vom Patentschutz nicht ausgeschlossenen Gebiet leistet.[14] Damit müssen nicht nur technische Mittel vorliegen, sondern diese müssen auch zu einem technischen Zweck verwendet werden. Hier wird ein Computer dazu eingesetzt, schneller bestimmte Schriftzeichen einzugeben. Das Auffinden der Schriftzeichen ist jedoch untechnisch. Danach wäre eine technische Erfindung zu verneinen.

13 Nach geänderter Erteilungspraxis des EPA genügt es dagegen, dass eine Lehre lediglich technische Mittel verwendet.[15] Vorrichtungs- und Verfahrensansprüche sind dabei einheitlich zu beurteilen. Ein Computer als Mittel ist technisch. Damit haben softwareimplementierte Erfindungen automatisch technischen Charakter, da sie den Einsatz eines Computers voraussetzen. Diese Beurteilung erscheint auch sachgerecht, da sie der klassischen Technikdefinition als Einsatz beherrschbarer Naturkräfte entspricht. Die Monopolisierung von Geschäftsmodellen oder anderer nichttechnischer Lehren mittels Softwareimplementierung kann dagegen effektiv durch eine entsprechende Prüfung der erfinderischen Tätigkeit verhindert werden.

---

[9] Vgl. Verfahrensanspruch in *EPA* GRUR Int. 2002, 87 – Steuerung eines Pensionssystems/PBS PARTNERSHIP; *EPA* GRUR Int. 2008, 337 – Schätzung des Absatzes/DUNS LICENSING ASSOCIATES; *BGH* GRUR 2005, 141 – Anbieten interaktiver Hilfe; *BGH* GRUR 2005, 143 – Rentabilitätsermittlung.

[10] Vgl. *BPatG*, Urteil v. 1. 3. 2007, Az.: 17 W (pat) 84/04 – Nomographischer Zeitrechner; Urteil v. 4. 11. 1999, Az.: 21 W (pat) 61/96 – Kerntechnische Meßdaten.

[11] Beispiel: „Verfahren zum digitalen Filtern von Daten", *EPA* GRUR Int. 1987, 173, 175 – Computerbezogene Erfindung/VICOM.

[12] Vgl. *EPA* GRUR Int. 1990, 465 - Zusammenfassen und Wiederauffinden von Dokumenten/IBM; 1992, 279 – Schriftzeichenform/SIEMENS; *BGH* GRUR 1992, 36 – Chinesische Schriftzeichen.

[13] Softwarebezogene Vorrichtungsansprüche galten bereits unproblematisch als technisch, *EPA* GRUR Int. 2002, 87 – Steuerung eines Pensionssystems/PBS PARTNERSHIP.

[14] *EPA* GRUR Int. 1991, 118 – Textverarbeitung/IBM.

[15] *EPA* GRUR Int. 2005, 332 – Auktionsverfahren/HITACHI. Eine neuerliche Änderung könnte allerdings die noch ausstehende Entscheidung der Großen Beschwerdekammer des EPA G 3/08 bringen.

Eine technische Erfindung liegt damit vor. Art. 52 II lit. c, III EPÜ steht dem nicht entgegen, da nicht die Software „als solche“ patentiert werden soll. Die Erfindung ist auch ausführbar und wiederholbar. 14

## II. Keine Ausnahmen von der Patentierbarkeit, Art. 53 EPÜ

Ausnahmetatbestände des Art. 53 EPÜ greifen nicht ein. 15

## III. Neuheit, Art. 54 EPÜ

Die patentierte Lehre ist auch neu i.S.d. Art 54 EPÜ, da sie zum Zeitpunkt der Anmeldung der Öffentlichkeit nicht zugänglich war. 16

## IV. Erfinderische Tätigkeit, Art. 56 EPÜ

Fraglich ist, ob die neue Lehre auch auf einer erfinderischen Tätigkeit beruht und damit die Anforderungen des Art. 56 EPÜ erfüllt. Dies ist dann der Fall, wenn sich die beanspruchte Lehre nicht in naheliegender Weise aus dem Stand der Technik ergibt. Bei der Prüfung sind jedoch nur diejenigen Merkmale der Lehre zu berücksichtigen, die zu ihrem technischen Charakter beitragen.[16] 17

**Hinweis:** Zweckmäßigerweise ist zunächst zu fragen, ob die Lehre erfinderische Merkmale aufweist. Sodann muss überprüft werden, ob diese auch zum technischen Charakter der Lehre beitragen. Beruht die erfinderische Tätigkeit auf der Leistung eines Fachmanns auf nichttechnischem Gebiet ist dies zu verneinen.[17] 18

Im Sachverhalt liegt das erfinderische Merkmal in der Klassifikation der chinesischen Schriftzeichen, während die Programmierung nahe lag. Damit beruht das erfinderische Merkmal auf der Leistung eines Sinologen und trägt gerade nicht zum technischen Charakter der Lehre bei. Die Patentierungsvoraussetzung der erfinderischen Tätigkeit ist damit zu verneinen. 19

## V. Ergebnis

Mangels erfinderischer Tätigkeit ist die Patentierbarkeit der angemeldeten Lehre zu verneinen. 20

**Hinweis:** Zum Schutz von Software durch andere Rechte des geistigen Eigentums, insbesondere durch das Urheberrecht, s. Fälle 1 und 18. 21

**Weiterführende Hinweise:** *Haedicke,* 9. Kapitel; *Ohly,* Software und Geschäftsmethoden im Patentrecht, CR 2001, 809; *Anders,* Erfindungsgegenstand mit technischen und nichttechnischen Merkmalen, GRUR 2004, 461; *Wiebe/Heidinger,* Ende der Technizitätsdebatte zu programmbezogenen Lehren? – Anmerkungen zur EPA-Entscheidung Auktionsverfahren/Hitachi, GRUR 2006, 177. 22

---

[16] *EPA* GRUR Int. 2005, 332 – Auktionsverfahren/HITACHI.

[17] Damit sind insbesondere auch softwareimplementierte Geschäftsmethoden von der Patentierung ausgeschlossen, da sie auf der Leistung eines Ökonomen beruhen. Dagegen ist z.B. bei softwareimplementierter Regel- und Steuertechnik, die auf der Leistung eines Ingenieurs beruht, die erfinderische Tätigkeit zu bejahen. Schwieriger ist die Beurteilung, wenn der erfinderische Schritt auf der Leistung eines Programmierers beruht. Die Entscheidungen Textverarbeitung/IBM (*EPA* GRUR Int. 1991, 118) und Auktionsverfahren/HITACHI (*EPA* GRUR Int. 2005, 332) lassen aber den Schluss zu, dass in diesem Fall ebenfalls die erfinderische Tätigkeit zu bejahen ist.

## Fall 9. Verletztes Erfinderrecht

*Nach OLG Frankfurt a. M. GRUR 1987, 886 – Gasanalysator.*

### Sachverhalt

Erfinder Emsig (E) hat eine moralisch wie wirtschaftlich höchst wertvolle Erfindung gemacht: Mittels eines nacharbeitbaren Verfahrens ist er im Stande, aus menschlichen Hautzellen pluripotente Stammzellen[1] bereitzustellen. Noch bevor E allerdings die neuartigen Stammzellen und das Herstellungsverfahren zum Patent anmelden kann, dringt Spion S in sein Labor ein und kopiert alle erforderlichen Angaben.

1. S lehnt die Erteilung von „Patenten auf Leben" aus Überzeugung ab. Er will verhindern, dass die Erfindung des E patentiert wird und stellt deshalb eine vollständige, nacharbeitbare Beschreibung in das Internet. Erst nach einigen Tagen gelingt es E, durch einstweilige Verfügung die entsprechende Seite sperren zu lassen.
   a) Kann E seine Erfindung noch mit Aussicht auf Erfolg zur Erteilung eines Patents anmelden?
   b) Kann E sich bei S schadlos halten?
2. S meldet die Erfindung unverzüglich als eigene beim DPMA zur Erteilung eines Patents an. Was kann E tun? Differenzieren Sie bei Ihrer Antwort, danach, ob S bei der Anmeldung schlampig oder sorgfältig gearbeitet hat.

### Gliederung



[1] Pluripotente Stammzellen können sich zu einer Vielzahl unterschiedlicher Zelltypen weiterentwickeln, was den meisten Zellen in einem erwachsenen Organismus nicht möglich ist.

## Lösung

### Frage 1: Offenbarung durch Nichtberechtigten

#### I. Anmeldung zur Patenterteilung

E wird, die Einhaltung der formellen Anforderungen vorausgesetzt, ein Patent erteilt bekommen, wenn die Erteilungsvoraussetzungen der §§ 1 ff. PatG erfüllt sind. 1

#### 1. Erfindung, §§ 1, 1a PatG

Eine ausführbare und wiederholbare technische Erfindung, § 1 PatG, liegt vor. E hat eine Lehre zum planmäßigen Einsatz biologischer Naturkräfte zur Erreichung eines kausal übersehbaren Erfolges entwickelt. 2

Da es sich bei den Hautzellen um isolierte Bestandteile des menschlichen Körpers handelt und diese darüber hinaus noch eine erfindungsgemäße Veränderung erfahren, wäre auch ein Sachanspruch gemäß § 1a II PatG zulässig. Sollten allerdings die entstehenden Stammzellen totipotent[2] und damit in der Lage sein, zu vollständigen Menschen heranzuwachsen, würde § 1a I PatG eingreifen. 3

#### 2. Keine Ausnahmen von der Patentierbarkeit, §§ 2, 2a PatG

Da bei dem von E entwickelten Verfahren keine Zellen aus Embryonen entnommen werden müssen, greift die Ausnahme des § 2 II 1 Nr. 3, II 2 PatG i.V.m. § 8 I ESchG 4

[2] Totipotente Stammzellen können sich zu sämtlichen Zelltypen und damit auch zu einem völlig neuen Organismus weiterentwickeln.

nicht ein.[3] Da zudem keine totipotenten Stammzellen entstehen, die zu einem neuen genetisch identischen Menschen heranwachsen können, liegt auch kein Verfahren zum Klonen von Menschen gemäß § 2 II 1 Nr. 1, II 2 PatG i.V.m. § 6 ESchG vor. Schließlich handelt es sich auch nicht um ein therapeutisches Verfahren i.S.d. § 2a I Nr. 2 PatG. Weitere Ausnahmen sind nicht ersichtlich.

**3. Neuheit, § 3 PatG**

5 Fraglich ist, ob die Erfindung des E noch neu i.S.d. § 3 I 1 PatG ist. Die Erfindung darf vor dem Zeitpunkt der Anmeldung noch nie, nirgends und auf keine Weise der Öffentlichkeit zugänglich gemacht worden sein. Anderenfalls gehört sie gemäß § 3 I 2 PatG bereits zum Stand der Technik. S hat durch sein Vorgehen die Erfindung des E im Internet der Öffentlichkeit zur Verfügung gestellt. Tatsächliche Kenntnisnahme durch Dritte ist nicht erforderlich. Es genügte also bereits das Online-Stellen, ohne dass es auf Downloads ankäme. Damit ist die Erfindung Stand der Technik geworden, so dass es eigentlich an der Neuheit fehlt.

6 Hier kommt jedoch die Neuheitsschonfrist des § 3 V 1 Nr. 1 PatG zur Anwendung. Ein offensichtlicher Missbrauch im Sinne dieser Regelung setzt die objektiv erkennbare Rechtswidrigkeit der Preisgabe an die Öffentlichkeit voraus.[4] Dagegen ist Vorsatz des Offenbarenden nicht erforderlich. Vorliegend wäre einem mit dem Sachverhalt vertrauten Dritten die Rechtswidrigkeit erkennbar gewesen. Ein offensichtlicher Missbrauch liegt damit vor. Die Offenbarung durch S ist daher unschädlich, wenn E binnen 6 Monaten ab Zugänglichkeit für die Öffentlichkeit anmeldet.

**4. Erfinderische Tätigkeit, § 4 PatG**

7 Die Erfindung des E beruht auch auf erfinderischer Tätigkeit, § 4, 1 PatG, da sie, wenn man auf den Stand der Technik vor der Veröffentlichung im Internet abstellt,[5] für einen Durchschnittsfachmann auf dem Gebiet der Zellbiologie nicht nahe lag.

**5. Gewerbliche Anwendbarkeit, § 5 PatG**

8 Für die Erfindung des E besteht auch die Möglichkeit einer gewerblichen Anwendung, § 5 I PatG.

**6. Ergebnis**

9 E wird das Patent erteilt bekommen, wenn er die Neuheitsschonfrist des § 3 V 1 PatG wahrt. Nach Ablauf der Frist wird die Erfindung des E gemeinfrei. Er kann sich dann nur noch an den Verletzer S halten und von diesem Schadensersatz fordern.

---

[3] § 2 II 1 Nr. 3 PatG erfasst die Gewinnung sowohl von totipotenten als auch von pluripotenten Stammzellen, wenn dazu menschliche Embryonen verbraucht werden müssen, und ist unabhängig davon, ob die Patentansprüche die Verwendung von menschlichen Embryonen selbst betreffen oder lediglich das Vorhandensein von menschlichen embryonalen Stammzellen voraussetzen, *BPatG* GRUR 2007, 1049 – Humane embryonale Stammzellen. Ebenso für Regel 28 lit. c EPÜ-AO EPA G 2/06 vom 25. 11. 2008, ABl. 2009, 306, 322ff. – Verwendung von Embryonen/WARF. Der BGH hat mit Beschluss v. 12. 11. 2009, Az.: Xa ZR 58/07 die Auslegung des Art. 6 II lit. c BioPatRL als Vorfrage zur Auslegung des § 2 II Nr. 3 PatG dem EuGH vorgelegt.

[4] *BGH* GRUR 1989, 38 – Schlauchfolie.

[5] Obwohl eine ausdrückliche gesetzliche Regelung fehlt, ist der Stand der Technik bei der Prüfung der erfinderischen Tätigkeit durch die Neuheitsschonfrist in gleicher Weise wie bei der Neuheitsprüfung einzuschränken, vgl. *BGH* GRUR 1969, 271 – Zugseilführung.

## II. Anspruch auf Schadensersatz wegen Verletzung des Erfinderrechts, §§ 823 I BGB, 6, 1 PatG

Durch die missbräuchliche Veröffentlichung hat S das Erfinderrecht des E, ein sonstiges Recht i.S.d. § 823 I BGB, schuldhaft verletzt. Die vorrangige Regelung des § 139 PatG greift nicht ein. Damit kann E von S Schadensersatz gemäß § 823 I BGB verlangen. Sofern E noch innerhalb der Schonfrist anmeldet, wird allerdings der Schaden entfallen. 10

## III. Anspruch auf Schadensersatz gemäß §§ 823 I, II BGB, 17 II Nr. 1 lit. c, Nr. 2 UWG

E könnte auch ein Anspruch wegen Verletzung eines Betriebsgeheimnisses (Know-How-Schutz) zustehen. 11

S hat sich mit der Erfindung ein Betriebsgeheimnis des E durch Wegnahme einer Sache, in der das Geheimnis verkörpert ist, nämlich der Unterlagen des E, in der Absicht E Schaden zuzufügen, unbefugt verschafft und damit § 17 II Nr. 1 lit. c UWG verwirklicht. Darüber hinaus hat er auch das Geheimnis durch Online-Stellen unbefugt jemandem mitgeteilt, § 17 II Nr. 2 Alt. 2 UWG. 12

Damit kann E von S gemäß § 823 II BGB i.V.m. § 17 II UWG Schadensersatz verlangen. Darüber hinaus steht ihm auch ein Anspruch gemäß § 823 I BGB zu, da das Geschäftsgeheimnis ein sonstiges Recht i.S.d. § 823 I BGB darstellt.[6] 13

## IV. Anspruch auf Schadensersatz gemäß §§ 9, 3 I, 4 Nr. 11, 17 II Nr. 1 lit. c, Nr. 2 UWG

Sofern S im Sinne von § 2 I Nr. 1 UWG geschäftlich handelt, kann E als Wettbewerber auch gemäß §§ 9, 3 I, 4 Nr. 11 UWG Schadensersatz verlangen. Der Anspruch unterliegt aber der kurzen Verjährung gemäß § 11 UWG.[7] 14

## Frage 2: Anmeldung durch Nichtberechtigten

Der nichtberechtigte S hat die Erfindung des E als eigene angemeldet. Gemäß § 7 I PatG gilt der Anmelder als berechtigt, die Erteilung des Patents zu verlangen, so dass S bei Vorliegen der Patentierungsvoraussetzungen das Patent erteilt bekommen wird. Fraglich ist, welche rechtlichen Optionen E zur Verfügung stehen. In Betracht kommen neben der eigenen Anmeldung die Patentvindikation, das Einlegen eines Einspruchs mit nachfolgender eigener Anmeldung (Nachanmeldung) sowie die Geltendmachung von Schadensersatzansprüchen. 15

## I. Anmeldung durch E

E könnte die Erfindung zur Erteilung eines Patents anmelden. Er wird das Patent erteilt bekommen, wenn die Erteilungsvoraussetzungen der §§ 1 ff. PatG erfüllt sind. 16

---

[6] BGHZ 16, 172 = GRUR 1955, 388 – Dücko-Geheimverfahren. Nach BGHZ 38, 391 = GRUR 1963, 367 - Industrieböden ist der Anspruch mit einem Eingriff in den eingerichteten und ausgeübten Gewerbebetrieb zu begründen. Jedenfalls führt die Anwendung des § 823 I BGB dazu, dass auch die fahrlässige Verletzung eines Betriebs- oder Geschäftsgeheimnisses Schadensersatzansprüche auslösen kann, vgl. Piper/Ohly/Sosnitza/*Ohly*, § 17 Rn. 49.

[7] Die Verjährung gemäß § 11 UWG gilt nach herrschender Ansicht nicht für die Ansprüche gemäß § 823 I, II BGB, vgl. *Westermann*, Kapitel 7 Rn. 40 m.w.N.

**1. Erfindung und Fehlen von Ausschlussgründen, §§ 1–2 a PatG**

17 Wie bereits zu Frage 1 dargestellt, liegt eine patentierbare Erfindung gemäß §§ 1, 1 a PatG vor, für die auch keine der Ausnahmen der §§ 2, 2 a PatG eingreift.

**2. Neuheit, § 3 PatG**

18 Fraglich ist jedoch die Neuheit der Erfindung gemäß § 3 PatG. Gemäß § 3 II 1 Nr. 1 PatG gehört die Anmeldung des S unabhängig davon, ob sie bereits der Öffentlichkeit zugänglich gemacht worden ist, zum Stand der Technik. Auch im Falle der Anmeldung durch einen Nichtberechtigten oder der widerrechtlichen Entnahme greift jedoch die sechsmonatige Neuheitsschonfrist des § 3 V 1 Nr. 1 PatG.[8] Meldet E seine Erfindung innerhalb dieser Frist an, so gilt sie als neu. Danach wird sie jedoch gemeinfrei.

**3. Erfinderische Tätigkeit und gewerbliche Anwendbarkeit, §§ 4, 5 PatG**

19 Die Erfindung des E beruht auch auf erfinderischer Tätigkeit. Gemäß § 4, 2 PatG bleiben unveröffentlichte Anmeldungen, die nach § 3 II PatG als zum Stand der Technik gehörend behandelt werden, bei der Frage nach der erfinderischen Tätigkeit unabhängig von § 3 V PatG außer Betracht. Sollte die Anmeldung des S schon veröffentlicht sein, hilft dem E wie bei der Neuheitsprüfung § 3 V 1 Nr. 1 PatG.

**4. Ergebnis**

20 E wird das Patent erteilt bekommen, sofern er innerhalb der Neuheitsschonfrist anmeldet. Danach wird seine Erfindung jedoch gemeinfrei.

**II. Patentvindikation, § 8 S. 1 PatG**

21 E könnte auch von der Möglichkeit der Patentvindikation Gebrauch machen und von S Abtretung des Erteilungsanspruchs verlangen, wenn die Voraussetzungen des § 8 S. 1 PatG vorliegen.

**1. Aktivlegitimation des E**

22 E ist als Erfinder gemäß § 6 S. 1 PatG Berechtigter und damit aktivlegitimiert. Er hat seine Berechtigung auch nicht verloren, z.B. durch Übertragung gemäß § 15 I 1 PatG oder unbeschränkte Inanspruchnahme eines Arbeitgebers gemäß § 7 I ArbnErfG.

**2. Nichtberechtigter**

23 Da S weder Erfinder gemäß § 6 S. 1 PatG noch sonstwie berechtigter Erfindungsbesitzer ist, hat er seine Anmeldung als Nichtberechtigter vorgenommen.

**3. Anmeldung durch den Nichtberechtigten**

24 Dem Sachverhalt ist nicht eindeutig zu entnehmen, ob S die komplette Erfindung des E angemeldet und damit die erste Alternative des § 8 S. 1 PatG verwirklicht hat oder ob er nur den wesentlichen Inhalt seines Patents den Beschreibungen des E entnommen hat (widerrechtliche Entnahme, § 21 I Nr. 3 PatG), womit § 8 S. 1 Alt. 2 PatG erfüllt wäre. In beiden Fällen ist jedoch § 8 S. 1 PatG verwirklicht.

---

[8] Schulte/*Moufang*, § 3 Rn. 140.

### 4. Ergebnis

E kann von S Abtretung des Anspruchs auf Erteilung des Patents verlangen. Wurde zwischenzeitlich das Patent erteilt, hat er gemäß § 8 S. 2 PatG einen Anspruch auf Übertragung des erteilten Patents. Hat S jedoch bei der Anmeldung schlampig gearbeitet, kann die Patentvindikation für E nachteilig gegenüber einer eigenen Anmeldung sein. 25

## III. Einspruch gegen erteiltes Patent und eigene Anmeldung (Nachanmeldung), § 7 II PatG

Bei der Frage, wie E gegen die Patenterteilung an S vorgehen kann, ist nach dem Stand des Verfahrens zu unterscheiden. 26

### 1. Vor Erteilung des Patents an S

Vor Erteilung des Patents an S ist ein Einspruch unzulässig. E hat aber einen Anspruch gegen S auf Rücknahme der Anmeldung gemäß §§ 823 I BGB, 1004 BGB analog wegen Verletzung des Erfinderrechts, § 6 S. 1 PatG. Diesen kann er auch außergerichtlich im Wege der Abmahnung verfolgen. 27

Nimmt S seine Anmeldung zurück, hätte dies aber zur Folge, dass E nicht mit der Priorität des § 7 II PatG anmelden kann. Wegen seines Wortlauts greift § 7 II PatG nicht bei Rücknahme der Anmeldung vor Erteilung.[9] Wenn zwischenzeitlich auch die Neuheitsschonfrist des § 3 V PatG abgelaufen ist, wird die Anmeldung des E erfolglos bleiben. E bleibt dann nur die Geltendmachung von Schadensersatzansprüchen gegen S. 28

### 2. Nach Erteilung des Patents an S

Nach Erteilung des Patents kann E gemäß § 59 I PatG binnen dreier Monate Einspruch erheben. Dieser wäre auch begründet. Das erteilte Patent wird gemäß §§ 61, 21 Nr. 3 PatG wegen widerrechtlicher Entnahme widerrufen werden, da der wesentliche Inhalt des Patents den Beschreibungen des E ohne dessen Einwilligung entnommen wurde. 29

E kann dann binnen eines Monats mit der Priorität des S, § 7 II PatG, selbst anmelden. Dies hat gegenüber der Patentvindikation den Vorteil, dass E eine schlampige Anmeldung des S nicht übernehmen muss, sondern seine eigene Anmeldung vornehmen kann. 30

## IV. Anspruch auf Schadensersatz wegen Verletzung des Erfinderrechts, §§ 823 I BGB, 6, 1 PatG

Durch die vorsätzliche Anmeldung als Nichtberechtigter bzw. widerrechtliche Entnahme hat S das Erfinderrecht des E schuldhaft verletzt. Damit kann E von S Schadensersatz gemäß § 823 I BGB verlangen. 31

---

[9] BGHZ 135, 298 = GRUR 1997, 890 – Drahtbiegemaschine. Dagegen lässt das EPA eine Nachanmeldung gemäß Art. 61 I lit. b, II, 76 I EPÜ unabhängig davon zu, ob die unberechtigte Anmeldung noch anhängig ist: *EPA* GRUR Int. 1995, 56 - Unberechtigter Anmelder/LATCHWAYS. Art. 61 EPÜ knüpft jedoch mit seinem Tatbestand an andere Voraussetzungen an, nämlich dass der Anspruch auf Erteilung dem Nachanmelder durch rechtskräftige Entscheidung der nationalen Gerichte zugesprochen wurde. § 7 II PatG betrifft dagegen seinem Wortlaut nach nur Fälle, in denen Einspruch gegen ein erteiltes Patent eingelegt und dieses widerrufen oder darauf verzichtet wurde.

### V. Anspruch auf Schadensersatz gemäß §§ 823 I, II BGB, 17 II Nr. 1 lit. c, Nr. 2 UWG

**32** E könnte auch ein Anspruch wegen Verletzung eines Betriebsgeheimnisses des E zustehen. S hat sich zum einen mit der Erfindung ein Betriebsgeheimnis des E durch Wegnahme einer Sache, in der das Geheimnis verkörpert ist, der Unterlagen des E, aus Eigennutz unbefugt verschafft und damit § 17 II Nr. 1 lit. c UWG verwirklicht. Darüber hinaus hat er auch das Geheimnis durch die unberechtigte Anmeldung unbefugt verwertet, § 17 II Nr. 2 Alt. 1 UWG, oder dies zumindest versucht, § 17 III UWG. Damit kann E von S gemäß § 823 II BGB sowie § 823 I BGB (Betriebsgeheimnis als sonstiges Recht) Schadensersatz verlangen.

### VI. Anspruch auf Schadensersatz gemäß §§ 9, 3 I, 4 Nr. 11, 17 II Nr. 1 lit. c, Nr. 2 UWG

**33** Sofern S im Sinne von § 2 I Nr. 1 UWG geschäftlich handelt, kann E auch Schadensersatz gemäß §§ 9, 3 I, 4 Nr. 11 UWG verlangen, muss jedoch die kürzere Verjährung gemäß § 11 UWG beachten.

**34** **Weiterführende Hinweise:** *Kraßer,* § 2 IV b 3; *Osterrieth,* Rn. 240; *Schulte/Moufang,* § 3 Rn. 137–146, § 7 Rn. 8–16.

# Fall 10. Formstein

*Nach BGHZ 98, 12 = GRUR 1986, 803 – Formstein.*

## Sachverhalt

Konrad Krill (K) ist Inhaber eines Patents betreffend einen Bordstein, der beim Bau von Entwässerungsrinnen am Straßenrand verlegt wird. Der Stein weist nicht nur eine Längsmulde (parallel zur Straße), sondern auch eine Quermulde auf, durch die Regenwasser seitlich abgeführt werden kann. Hierdurch wird die Kanalisation entlastet und vor größeren Schmutzmengen geschützt.

Die Patentansprüche 1 und 2 lauten wie folgt:

1. Einteiliger oder im Querschnitt mehrteiliger Formstein mit einer Längsmulde für Entwässerungsrinnen am Straßenrand, dadurch gekennzeichnet, dass er wenigstens eine von der Längsmulde abzweigende und in der von der Straßenmitte abgewendeten Seitenfläche mündende Querrinne aufweist.
2. Formstein nach Anspruch 1, dadurch gekennzeichnet, dass die Querrinne geringes Gefälle besitzt.

Die Figur 1 der Klagepatentschrift ist nachstehend abgebildet:

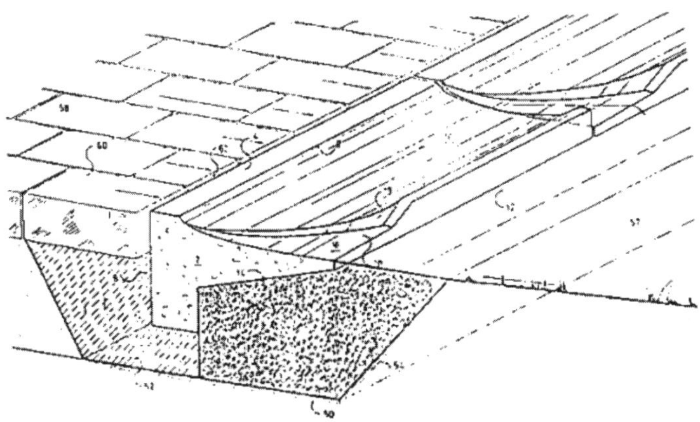

Die beklagte Stadt Baudorf (B) verlegt bei einem Straßenbau herkömmliche Bordsteine so, dass zwischen den Steinen ca. 3 cm breite Entwässerungslücken bleiben. Die nachstehend abgebildete Skizze stellt eine Draufsicht der angegriffenen Ausführungsform dar:

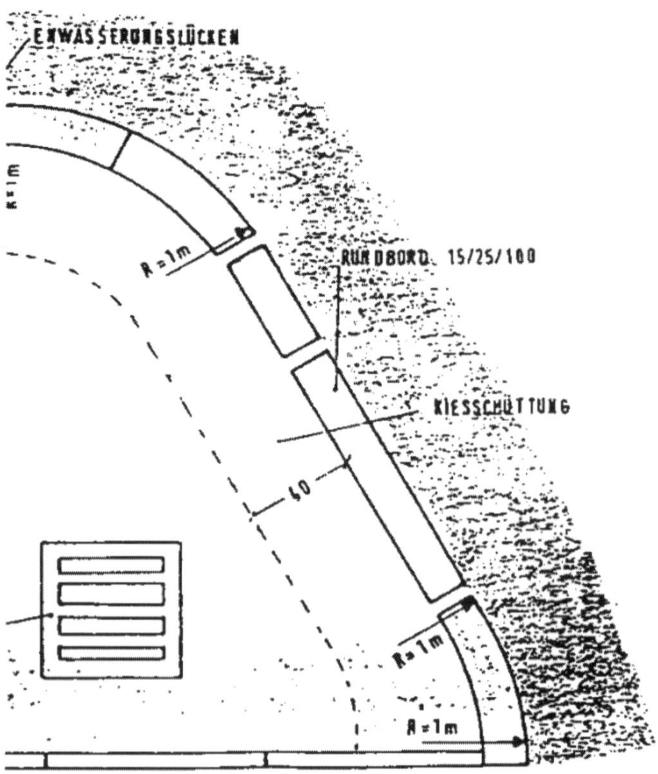


K verlangt von B Unterlassung und Schadensersatz. B wendet ein, man habe in B keine Steine mit Querrillen verwendet. Außerdem ergebe sich die in B verwendete Art des Straßenbaus aus dem Stand der Technik, ein Rückgriff auf das Patent des K sei nicht erforderlich. Schließlich sei in B schon ein Jahr vor der Anmeldung des Klagepatents eine Straße auf diese Weise gebaut worden.

1. Steht K ein Unterlassungsanspruch zu?
2. Welches Gericht wäre zuständig für die Unterlassungsklage?

## Gliederung

## Lösung

### Frage 1: Unterlassungsanspruch der K

1 K steht gegen B ein Unterlassungsanspruch gemäß §§ 139 I 1, 9, 2 Nr. 1 PatG zu, wenn K Inhaber des Rechts gemäß dem Patent ist, das Patent besteht, B dieses verletzt hat, ihm kein Rechtfertigungsgrund zur Seite steht und Wiederholungsgefahr gegeben ist.

2 **Übersicht: Voraussetzungen des Unterlassungsanspruchs gemäß § 139 I PatG und des Schadensersatzanspruchs gemäß § 139 II PatG**

Die Anspruchsgrundlage ergibt sich aus § 139 I bzw. II PatG i. V. m. der Vorschrift, die dem Patentinhaber die betreffende Benutzung zuweist, Beispiel: Der Unterlassungsanspruch wegen unerlaubter Herstellung eines patentierten Erzeugnisses ergibt sich aus §§ 139 I, 9, 2 Nr. 1 PatG.

1. **Aktivlegitimation:** Patentinhaber (§§ 9, 30 III PatG) oder ausschließlicher Lizenznehmer (§ 15 PatG)
2. **Bestand des Patents** (Verletzungsgericht ist an Bestand des Patents gebunden, keine Prüfung der Erteilungsvoraussetzungen)
   a) Erteilung
   b) kein Erlöschen, § 20 I PatG (Verzicht, fehlende rechtzeitige Erfinderbenennung, keine rechtzeitige Zahlung der Jahresgebühren)
   c) kein Widerruf, §§ 21, 61 PatG
   d) keine Nichtigerklärung, §§ 22, 81 PatG
3. **Eingriff in den Schutzbereich des Patents**
   a) wortsinngemäße Verletzung
   b) äquivalente Benutzung
   c) keine Einwendungen (z. B. freier Stand der Technik, Zustimmung des Patentinhabers)
4. **Rechtswidrigkeit:** durch Verletzung indiziert, entfällt bei Vorliegen von Schranken (z. B. Erschöpfung, Schranken der §§ 11, 12 PatG)
5. **Erstbegehungs- oder Wiederholungsgefahr,** § 139 I PatG (Unterlassungsanspruch)
6. **Verschulden,** § 276 I BGB (Schadensersatzanspruch)

**Rechtsfolge:** Unterlassungsanspruch, § 139 I PatG, bzw. Anspruch auf Schadensersatz, § 139 II PatG (dreifache Schadensberechnung: tatsächlicher Schaden, angemessene Lizenzgebühr oder Herausgabe des Verletzergewinns nach Wahl des Geschädigten)

### I. Aktivlegitimation

3 K ist Patentinhaber und damit aktivlegitimiert (§ 9, 1 PatG). Eine unbeschränkte Lizenz, die möglicherweise die Aktivlegitimation des Patentinhabers beschränken könnte, wurde, soweit ersichtlich, nicht erteilt.

## II. Bestehen des Patents

4 Das Patent des K müsste Bestand haben, also erteilt und veröffentlicht sowie nicht erloschen, widerrufen oder für nichtig erklärt worden sein.

### 1. Patenterteilung und Veröffentlichung

5 Das Patent des K wurde erteilt und veröffentlicht, §§ 49 I, 58 I PatG, womit gemäß § 58 I 3 PatG die gesetzlichen Wirkungen des Patents eintreten. Das Vorliegen der Erteilungsvoraussetzungen, hier insbesondere der erfinderischen Tätigkeit, § 4 PatG, wird nicht geprüft, da das Verletzungsgericht an die Patenterteilung gebunden ist.

6 **Hinweis:** Der Verletzungsrichter ist an die Patenterteilung gebunden. Wendet der Beklagte ein, das Patent habe nicht erteilt werden dürfen (Nichtigkeitseinwand), so darf das Verletzungsgericht darüber nicht entscheiden. Vielmehr muss der Beklagte die Aussetzung des Verfahrens gemäß § 148 ZPO beantragen und Einspruch bzw. Nichtigkeitsklage gegen das Patent erheben (vgl. Fall 6). Eine Aussetzung kommt dann in Betracht, wenn mit überwiegender Wahrscheinlichkeit eine Vernichtung des Klagepatents zu erwarten ist.[1]

### 2. Erlöschen, Widerruf oder Nichtigerklärung

7 Da weder ein Erlöschensgrund ersichtlich ist noch das Patent widerrufen oder für nichtig erklärt wurde, besteht das Patent des K.

## III. Eingriff in den Schutzbereich

8 Bei dem Patent des K handelt es sich um ein Erzeugnispatent. In Betracht kommen daher als Verletzungstatbestände das Herstellen sowie das Gebrauchen eines patentierten Erzeugnisses, § 9, 2 Nr. 1 PatG. Der Schutzbereich des Patents ergibt sich gemäß § 14, 1 PatG aus seinen Ansprüchen. Zur Auslegung der Patentansprüche sind jedoch gemäß § 14, 2 PatG die Beschreibung und Zeichnungen heranzuziehen. Die Bestimmung des Schutzbereichs ist Aufgabe des Verletzungsrichters.

### 1. Wortsinngemäße Auslegung des Patentanspruchs

9 Seinem Wortlaut nach betrifft das Patent des K einen Formstein mit Längsmulde, der wenigstens eine von der Längsmulde abzweigende Querrinne aufweist. Die angegriffene Ausführungsform besteht dagegen aus handelsüblichen Bordsteinen ohne Längsmulde und ohne Querrinne. Daher liegt bei wortsinngemäßer Auslegung der Patentansprüche keine Verletzung des Patents des K vor.

### 2. Äquivalente Benutzung

10 Denkbar wäre aber eine Verletzung durch Benutzung äquivalenter Abwandlungen, die in den gemäß § 14 PatG zu bestimmenden Schutzbereich einbezogen sind.[2] Fraglich ist, ob das Verlegen herkömmlicher Bordsteine mit Entwässerungslücken zwischen diesen ein Äquivalent zu dem erfindungsgemäßen Formstein mit Querrille darstellt. Dies ist der Fall, wenn B mit den auf Lücke verlegten herkömmlichen Bordsteinen ein gleichwirkendes Mittel gewählt hat, dieses von einem Durchschnitts-

---

[1] *Osterrieth*, Rn. 531 m. w. N.

[2] BGHZ 98, 12 = GRUR 1986, 803 – Formstein; BGHZ 105, 1 = GRUR 1988, 896 – Ionenanalyse; BGHZ 125, 303 = GRUR 1994, 597 – Zerlegevorrichtung für Baumstämme.

fachmann aufgefunden werden konnte und zwar aufgrund von Überlegungen, die am Sinngehalt der Patentansprüche anknüpfen.[3]

### a) Gleichwirkendes Mittel

Eine äquivalente Ausführungsform muss die gleiche oder im Wesentlichen gleiche Wirkung wie die Mittel nach dem Patent haben. Im Sachverhalt fließt sowohl bei den erfindungsgemäßen Formsteinen als auch bei den auf Lücke verlegten herkömmlichen Bordsteinen Wasser durch Querrinnen in der Begrenzung seitlich von der Straße weg ab. Damit liegen gleichwirkende Mittel vor. 11

### b) Vom Durchschnittsfachmann auffindbar

Ein Durchschnittsfachmann musste mit Hilfe seiner Fachkenntnisse zum Prioritätszeitpunkt das eingesetzte abgewandelte Mittel auffinden können. Die im Sachverhalt geschilderte Ersetzung der Querrinnen durch Lücken zwischen den Bordsteinen lag für den Durchschnittsfachmann zum Zeitpunkt der Patentanmeldung nahe. Sie war also für den Durchschnittsfachmann ohne erfinderisches Zutun auffindbar. 12

### c) Aufgrund von Überlegungen, die am Sinngehalt der Patentansprüche anknüpfen

Die Auffindung durch den Durchschnittsfachmann musste durch Überlegungen ermöglicht werden, die sich am technischen Sinngehalt der Patentansprüche orientieren. Die äquivalente Ausführung muss also innerhalb des Lösungsgedankens und des Lösungsprinzips des Patents liegen. 13

Sinngehalt der im Patent beschriebenen Erfindung ist, durch Einfügen von Querrinnen in Straßenbegrenzungen einen seitlichen Wasserabfluss zu ermöglichen. An diesem Sinngehalt orientierte sich auch die angegriffene Ausführungsform, indem sie durch das Freilassen von Lücken Querrinnen „nachahmt". 14

Ergebnis: Die Voraussetzungen einer äquivalenten Benutzung liegen vor. Eine Patentverletzung ist grundsätzlich gegeben. 15

## 3. Einwand des freien Stands der Technik (Formstein-Einwand)

B könnte der Einwand des freien Stands der Technik zustehen. Dieser ist nur bei Verletzungen im Äquivalenzbereich zulässig, da ansonsten im Ergebnis eine Überprüfung der Erteilungsvoraussetzungen durch das Verletzungsgericht möglich wäre. Im Äquivalenzbereich kann sich dagegen der Beklagte darauf berufen, dass die angegriffene Ausführungsform zum Prioritätszeitpunkt durch den Stand der Technik nahegelegt gewesen ist, so dass sie nicht patentfähig gewesen wäre, wenn der Patentinhaber ihren Schutz beantragt hätte.[4] 16

Im vorliegenden Fall greift der Einwand des freien Stands der Technik, da das Verlegen herkömmlicher Bordsteine mit Entwässerungslücken bereits bei der Anmeldung des Klägerpatents zum Stand der Technik gemäß § 3 I 2 PatG gehörte. Eine Verletzung ist damit zu verneinen. 17

## 4. Rechtswidrigkeit: Vorbenutzungsrecht, § 12 PatG

B könnte darüber hinaus ein Vorbenutzungsrecht gemäß § 12 PatG zustehen. Dazu müsste gemäß § 12 I 1 PatG B die Erfindung des K bereits zum Zeitpunkt der An- 18

---

[3] BGHZ 150, 161 = GRUR 2002, 511 – Kunststoffrohrteil; BGHZ 150, 149 = GRUR 2002, 515 – Schneidmesser I; *BGH* GRUR 2002, 523 – Custodiol I; *BGH* GRUR 2002, 527 – Custodiol II.

[4] BGHZ 98, 12 = GRUR 1986, 803 – Formstein.

meldung in Benutzung genommen oder die dazu erforderlichen Veranstaltungen getroffen haben.

19 Im vorliegenden Fall existierte die angegriffene Ausführungsform bereits bei der Anmeldung des Klägerpatents und wurde von B benutzt. Der Rückgriff auf das Vorbenutzungsrecht ist aber nicht erforderlich bzw. § 12 PatG tatbestandlich nicht erfüllt, da es wegen des Formstein-Einwands bereits an einer (äquivalenten) Benutzung der patentierten Erfindung, § 9, 1 PatG, fehlt.

20 Weitere Einwände, insbesondere Erschöpfung, kommen vorliegend nicht in Betracht.

### IV. Ergebnis

21 Mangels Verletzung hat K keinen Unterlassungsanspruch gegen B.

### Frage 2: Zuständigkeit

22 Sachlich sind für Verletzungsstreitigkeiten unabhängig vom Streitwert die Zivilkammern der Landgerichte (also nicht das BPatG) ausschließlich zuständig (§ 143 I PatG). Örtlich ist neben dem Gericht am Wohn- oder Geschäftssitz des Beklagten (§§ 12, 13 ZPO) insbesondere das Gericht des Verletzungsorts zuständig (§ 32 ZPO), hier das Gericht, in dessen Bezirk sich die beklagte Stadt befindet. Landesregierungen können durch Rechtsverordnung die Zuständigkeit bei einem oder mehreren Landgerichten bündeln (§ 143 II PatG). Von dieser Möglichkeit haben fast alle Bundesländer Gebrauch gemacht. Beispielsweise sind in Bayern erstinstanzlich die Landgerichte München I und Nürnberg-Fürth, in Nordrhein-Westfalen das LG Düsseldorf ausschließlich für Patentverletzungsstreitigkeiten zuständig.

23 **Weiterführende Hinweise:** *Haedicke,* 7. Kapitel; Osterrieth, Rn. 421–465; *Popp,* Formstein-Einwand: reine Theorie?, GRUR 2009, 318 ff.; *Grabinski,* „Schneidmesser" versus „Amgen" – Zum Sinn oder Unsinn patentrechtlicher Äquivalenz, GRUR 2006, 714 ff.

# Teil 3. Markenrecht

## Fall 11. Orange

*Nach EuGH Slg. 2003, I-3793 = GRUR 2003, 604 – Libertel; EuGH Slg. 2002, I-11737 = GRUR 2003, 145 – Sieckmann.*

### Sachverhalt

Das Telekommunikationsunternehmen Orange (O), das zum Konzern der France Télécom gehört, hat in mehreren europäischen Ländern einen erheblichen Anteil am Mobilfunkmarkt erlangt. Im Marketing-Mix des Unternehmens kommt der Farbe Orange maßgebliche Bedeutung zu. Sie dominiert in Broschüren, in der Internet- und Fernseh-Werbung ebenso wie bei der Aufmachung der Orange-Filialen. Die Konzernleitung überlegt, auch auf dem deutschen Markt tätig zu werden und zu diesem Zweck das deutsche Publikum mit einer aufwendigen Werbekampagne an die Marke und Farbe Orange für Telekommunikationsdienstleistungen zu gewöhnen. Bei einem Strategietreffen der Marketingabteilung schlägt ein Mitarbeiter vor, zusätzlich in den Filialen den Duft frischer Orangen verströmen zu lassen. Praktikant Wilfried Will (W), der im Rahmen seines Jurastudiums den Schwerpunkt „Geistiges Eigentum" gewählt hat, wird beauftragt, ein Gutachten zu folgenden Fragen zu erstellen:

1. Kann die Farbe Orange als Farbmarke für Mobilfunkdienstleistungen und Mobiltelefone registriert werden?
2. Wäre es möglich, die im Treffen der Marketingabteilung diskutierte Werbeidee durch eine „Geruchsmarke" abzusichern?

### Gliederung

## Lösung

### Frage 1

1 O könnte für Mobilfunkdienstleistungen und Mobiltelefone eine abstrakte Farbmarke eintragen lassen. Diese Registermarke (§ 4 Nr. 1 MarkenG) würde zur ausschließlichen Berechtigung des Markeninhabers führen, Mobilfunkdienstleistungen unter der Farbe Orange anzubieten. Voraussetzung ist jedoch, dass die Marke eintragungsfähig ist, also der Registrierung keine absoluten Schutzhindernisse entgegenstehen (vgl. §§ 33 II 2, 37 I MarkenG).[1]

2 **Übersicht: Eintragungsvoraussetzungen**

**I. Formelle Anmeldungserfordernisse (§ 36 MarkenG)**

**II. Materielle Eintragungsvoraussetzungen**

**1. Markenfähigkeit (§ 3 MarkenG)**
a) Allgemein: Eignung zur Unterscheidung von Produkten (§ 3 I MarkenG)
b) Speziell: Fehlen eines Ausschlussgrundes bei Formmarken (§ 3 II MarkenG)

**2. Fehlen absoluter Schutzhindernisse (§ 8 MarkenG)**
a) Grafische Darstellbarkeit (§ 8 I MarkenG)
b) Absolute Schutzhindernisse gemäß § 8 II MarkenG, insb. fehlende konkrete Unterscheidungskraft (Nr. 1) oder Freihaltebedürfnis (Nr. 2)
c) Überwindung der Schutzhindernisse gemäß § 8 II Nr. 1–3 MarkenG bei Verkehrsdurchsetzung (§ 8 III MarkenG)

Relative Schutzhindernisse (§§ 9–13 MarkenG) werden nicht von Amts wegen geprüft (Ausnahme: § 10 MarkenG), sondern müssen nach der Eintragung vom Berechtigten mit Widerspruch oder Löschungsverfahren geltend gemacht werden.

### I. Markenfähigkeit (§ 3 I MarkenG)

3 Die Farbe „Orange" müsste zunächst gemäß § 3 I MarkenG abstrakt markenfähig sein, also ein Zeichen darstellen, das geeignet ist, Waren oder Dienstleistungen eines Unternehmens von denjenigen anderer Unternehmen zu unterscheiden. Auch wenn Farben sich häufig bloß als Eigenschaften von Gegenständen darstellen oder in der Werbung nicht selten ohne konkreten Inhalt verwendet werden, ist nicht auszuschließen, dass eine Farbe geeignet ist, als Herkunftshinweis zu wirken.[2] § 3 I MarkenG steht damit der Eintragung einer abstrakten Farbmarke nicht entgegen.

4 **Hinweis:** Unter einer abstrakten Farbmarke versteht man ein Markenrecht an einer Farbe als solcher ohne eine räumliche Begrenzung. Beispielsweise ist die Farbe Lila als solche für Schokolade geschützt. Wer also seine Schokoerzeugnisse lila verpackt, verletzt ein Markenrecht an einer abstrakten Farbmarke.[3] Die abstrakte Farbmarke ist von zwei verwandten Markenformen zu unterscheiden. Soll eine Bildmarke oder eine Wort-/Bildmarke mit farbigen Elementen registriert werden, so bestehen regelmäßig keine „farbspezifischen" Besonderheiten.[4] Hingegen ist die Eintragung einer form- und konturlosen Zusammenstellungen von zwei oder mehreren Farben (etwa der Hausfarben eines Mineralölkonzerns) „in jeglichen denkbaren Formen" nach der Rechtsprechung des EuGH nicht möglich.[5]

---

[1] Ausführlich dazu auch Fall 12.
[2] *EuGH* Slg. 2003, I-3793 = GRUR 2003, 604 Tz. 27 und Tz. 41 – Libertel.
[3] *BGH* GRUR 2005, 427 – Lila-Schokolade.
[4] *Götting*, Gewerblicher Rechtsschutz, § 47 Rn. 29.
[5] *EuGH* Slg. 2004, I-6152 = GRUR 2004, 858 – Heidelberger Bauchemie.

## II. Grafische Darstellbarkeit (§ 8 I MarkenG)

Damit die Öffentlichkeit über bestehende Markenrechte zuverlässig informiert werden kann, verlangt § 8 I MarkenG, dass sich das begehrte Zeichen grafisch darstellen lässt.[6] Der EuGH hat sich bereits mit der Frage befasst, wie dieses durch Art. 2 MarkenRL europarechtlich vorgegebene Kriterium auszulegen ist: Ein Zeichen kann, selbst wenn es als solches nicht visuell wahrnehmbar ist, eine Marke sein, sofern es insbesondere mit Hilfe von Figuren, Linien oder Schriftzeichen grafisch dargestellt werden kann und die Darstellung klar, eindeutig, in sich abgeschlossen, leicht zugänglich, verständlich, dauerhaft und objektiv ist.[7] Man spricht insoweit von den sieben *Sieckmann-Kriterien*. 5

**Hinweis:** Das deutsche Markenrecht basiert, soweit es den Schutz eingetragener Marken regelt, auf der MarkenRL 2008/954/EG vom 22. 10. 2008 (ursprüngliche Fassung 21. 12. 1988) und ist daher richtlinienkonform auszulegen. Vor allem kommt der Rechtsprechung des EuGH zentrale Bedeutung zu. Typischerweise werden Streitfragen durch den EuGH im Wege des Vorabentscheidungsverfahrens gemäß Art. 234 EG a. F. = Art. 267 AEUV geklärt. 6

Bei abstrakten Farbmarken sind verschiedene Arten der grafischen Darstellung denkbar. So könnte die Farbe verbal beschrieben, ein entsprechendes Farbmuster hinterlegt oder ein international anerkannter Farbcode zur Identifizierung herangezogen werden. Wendet man die *Sieckmann-Kriterien* an, so ist eine rein sprachliche Beschreibung oft nicht eindeutig genug. Auch die bloße Hinterlegung eines Farbmusters ist problematisch. Insbesondere wenn die Farbe auf Papier eingereicht wird, lässt sich nicht ausschließen, dass während des Alterungsprozesses Veränderungen auftreten. Folglich wäre keine dauerhafte Darstellung gegeben. Allerdings ist es nicht auszuschließen, dass es Trägerstoffe gibt, die dieses Argument als überholt erscheinen lassen; das gilt insbesondere für elektronische Darstellungen. Wenn beides jedoch verknüpft wird, soll nach der Ansicht des EuGH regelmäßig den Anforderungen an die grafische Darstellbarkeit Genüge getan sein. Um ganz sicher zu gehen, ist der Anmelder gleichwohl gut beraten, zusätzlich einen international anerkannten Farbkennzeichnungscode einzureichen. Ein solcher gilt als genau und dauerhaft.[8] Genügt die Anmeldung diesen Anforderungen, so steht § 8 I MarkenG der Eintragung einer abstrakten Farbmarke nicht entgegen. 7

## III. Konkrete Unterscheidungskraft (§ 8 II Nr. 1 MarkenG)

Eine Marke ist von der Eintragung ausgeschlossen, wenn ihr für die betreffenden Produkte die Unterscheidungskraft fehlt (§ 8 II Nr. 1 MarkenG). Da es für diese Beurteilung im Gegensatz zur Prüfung des § 3 I MarkenG auf die Waren und Dienstleistungen ankommt, für die Schutz begehrt wird, spricht man von der konkreten Unterscheidungskraft. Ob der Verkehr in einer Farbe einen Herkunftshinweis für Telekommunikationsdienstleistungen oder Telefone sieht, erscheint zunächst als zweifelhaft. Abnehmer sehen die Farbe regelmäßig lediglich als Eigenschaft des Produkts an und sind nicht daran gewöhnt, aus der Farbe auf den Anbieter zu schließen. Allerdings meint der EuGH, dass einer Farbe als solcher unabhängig von ihrer Benutzung (und der damit verbundenen „Erziehung" der Kunden) zumindest in seltenen Ausnahmefällen konkrete Unterscheidungskraft zukommen kann. Dies soll etwa dann der Fall sein, wenn die Waren oder Dienstleistungen, für welche die Marke angemeldet wird, sehr beschränkt sind und der maßgebliche Markt sehr spezifisch ist.[9] 8

---

[6] *Götting*, Gewerblicher Rechtsschutz, § 48 Rn. 3.
[7] *EuGH* Slg. 2002, I-11737 = GRUR 2003, 145 Tz. 55 – Sieckmann.
[8] *EuGH* Slg. 2003, I-3793 = GRUR 2003, 604 Tz. 31 ff. – Libertel.
[9] *EuGH* Slg. 2003, I-3793 = GRUR 2003, 604 Tz. 66 – Libertel.

9 Im Bereich des Mobilfunks sind die deutschen Verbraucher mit der Tatsache, dass Farben als Herkunftshinweis eingesetzt werden, durchaus vertraut. Als Beispiel lässt sich das „Telekom-Magenta“ nennen. Ungeachtet dessen wird aber auch in dieser Branche einer neu auftretenden Farbe, an die sich die Verbraucher noch nicht gewöhnen konnten, die konkrete Unterscheidungskraft zunächst fehlen. Der Markt ist bereits nicht spezifisch genug, um einen der vom EuGH angesprochenen seltenen Ausnahmefälle anzunehmen. Außerdem wird Markenschutz nicht nur für Mobilfunkdienstleistungen, sondern auch für Mobiltelefone selbst und damit keineswegs nur für einen beschränkten Waren- bzw. Dienstleistungsbereich beansprucht. Die Eintragung der von O begehrten Farbmarke scheitert damit an § 8 II Nr. 1 MarkenG (a. A. vertretbar).

## IV. Freihaltebedürfnis gemäß § 8 II Nr. 2 MarkenG

10 Als weiteres absolutes Schutzhindernis könnte hier das Freihaltebedürfnis für beschreibende Angaben gemäß § 8 II Nr. 2 MarkenG der Eintragung entgegenstehen. Hinter dieser Bestimmung verbirgt sich der Gedanke, dass die Mitbewerber ein legitimes Interesse daran haben, dass beschreibende Angaben nicht zugunsten eines Einzelnen monopolisiert werden.[10] Hier könnte an der Farbe Orange im Bereich von Mobilfunkdienstleistungen und Mobiltelefonen ein solches Freihaltebedürfnis bestehen, wenn die Mitbewerber auf die entsprechende Farbe zur Produktbeschreibung oder einfach deshalb, weil das Produkt aus ästhetischen Gründe eine bestimmte Farbe haben soll, angewiesen sind. In diesem Zusammenhang ist in Rechnung zu stellen, dass die Zahl der tatsächlich verfügbaren Farben äußerst gering ist. Schon wenige Eintragungen hätten zur Folge, dass der Bestand erschöpft wäre und neue Marktteilnehmer von der Nutzung einschlägiger zugkräftiger Farben ausgeschlossen wären. Dies gilt umso mehr, wenn das Zeichen für eine große Anzahl von Waren oder Dienstleistungen beansprucht wird. Nach der Rechtsprechung des EuGH bedarf es insoweit einer Einzelfallabwägung unter Berücksichtigung des Allgemeininteresses.[11]

11 Seit längerem ist der Mobilfunkmarkt in Deutschland liberalisiert. Mehrere Wettbewerber haben sich bereits etabliert. Der vorliegende Fall zeigt, dass nach wie vor neue Marktteilnehmer auftauchen können, die dann möglicherweise auf geeignete Farben zurückgreifen wollen. Da sich nur wenige besonders attraktive Farben für die verfolgten Kennzeichnungszwecke eignen, ist trotz der auch in Zukunft sicherlich überschaubaren Zahl der Mobilfunkanbieter ein Freihaltebedürfnis zu bejahen. Dies gilt vor allem, wenn berücksichtigt wird, dass die Marke für die breite Dienstleistungsklasse der Mobilfunkdienstleistungen sowie für Mobilfunktelefone beansprucht wird. Damit steht der Eintragung auch § 8 II Nr. 2 MarkenG entgegen.

## V. Verkehrsdurchsetzung (§ 8 III MarkenG)

12 Dieser Befund ist jedoch nur vorläufig. Gemäß § 8 III MarkenG kann ein Zeichen selbst dann, wenn sowohl § 8 II Nr. 1 MarkenG als auch § 8 II Nr. 2 MarkenG eigentlich einer Eintragung entgegenstehen, Markenschutz erlangen. Dies setzt voraus, dass sich das entsprechende Zeichen infolge seiner Benutzung für die beanspruchten Waren und Dienstleistungen in den beteiligten Verkehrskreisen durchgesetzt hat. Das Zeichen muss also geeignet sein, die Produkte für die es verwendet wird, aus einem bestimmten Unternehmen stammend zu kennzeichnen.[12] Um dies festzustellen, sind sämtliche Ge-

---

[10] *EuGH* Slg. 1999, I-2779 = GRUR 1999, 723 Tz. 25 – Chiemsee.
[11] *EuGH* Slg. 2003, I-3793 = GRUR 2003, 604 Tz. 54 ff. – Libertel.
[12] *EuGH* Slg. 1999, I-2779 = GRUR 1999, 723 Tz. 46 – Chiemsee.

sichtspunkte des Falles zu prüfen. So können beispielsweise der Marktanteil, die Intensität und Dauer der Benutzung und Werbeaufwendungen berücksichtigt werden. Die Argumentation darf jedoch nicht allein auf Verkehrsbefragungen gestützt werden, wenngleich diese ein wichtiges Indiz für die Verkehrsdurchsetzung darstellen können.[13]

O beabsichtigt, die Markteinführung intensiv zu bewerben. Es spricht daher einiges dafür, dass sich die Verbraucher an die Farbe Orange als Herkunftshinweis gewöhnen werden. Sobald O dieser Nachweis gelingt, ist die Eintragung doch möglich. 13

**Hinweis:** Die Beurteilung der Schutzfähigkeit bemisst sich nicht nach dem Anmeldetag sondern nach dem Tag der Eintragung.[14] Sofern umgekehrt festgestellt wird, dass die Anforderungen an § 8 III MarkenG zwar zum Eintragungszeitpunkt, jedoch nicht am Anmeldetag erfüllt waren, kommt es zu einer Prioritätsverschiebung (vgl. § 37 II MarkenG). 14

## VI. Ergebnis

O kann die Farbe Orange für Mobilfunkdienstleistungen und Mobiltelefone als Marke gemäß § 4 Nr. 1 MarkenG schützen lassen, sobald O der Nachweis der Verkehrsdurchsetzung (§ 8 III MarkenG) gelingt. 15

## Frage 2

Es gilt nun zu untersuchen, ob ein Duft als Marke (olfaktorische Marke) geschützt werden kann. 16

## I. Markenfähigkeit (§ 3 I MarkenG )

Zunächst müssten die Anforderungen an die abstrakte Markenfähigkeit gemäß § 3 I MarkenG erfüllt sein. Dass sich Düfte innerhalb der Aufzählung im Grundsatz schutzfähiger Zeichen nicht finden, darf nicht stören. Der Beispielkatalog ist nach dem Gesetzeswortlaut („insbesondere") nicht abschließend. Der weite Markenbegriff ist vielmehr für „exotische" Markenformen offen.[15] Weiter lässt sich festhalten, dass Düfte durchaus geeignet sein können, Waren oder Dienstleistungen eines Unternehmens von denjenigen anderer Unternehmen zu unterscheiden. Die Eignung als Herkunftshinweis lässt sich Düften nicht generell absprechen. 17

## II. Grafische Darstellbarkeit (§ 8 I MarkenG)

Ungleich schwieriger gestaltet sich die Prüfung der grafischen Darstellbarkeit gemäß § 8 I MarkenG. Es bietet sich an, den Geruch mit einer chemischen Formel zu bestimmen, eine Geruchsprobe zu hinterlegen oder den Duft mit Worten zu beschreiben. Denkbar ist auch eine Kombination der einzelnen Elemente. Fraglich ist jedoch, ob auf diese Weise die in § 8 I MarkenG aufgestellte Hürde der grafischen Darstellbarkeit für die Eintragung einer Registermarke überwunden werden kann. An dieser Stelle sind erneut die *Sieckmann-Kriterien* in Erinnerung zu rufen. Um dem Kriterium der grafischen Darstellbarkeit zu genügen, muss ein Zeichen mit Hilfe von Figuren, Linien oder Schriftzeichen dargestellt werden können und die Darstellung muss klar, eindeutig, in sich abgeschlossen, leicht zugänglich, verständlich, dauerhaft und objektiv sein.[16] 18

---

[13] *EuGH* Slg. 1999, I-2779 = GRUR 1999, 723 Tz. 49ff.
[14] *Götting*, Gewerblicher Rechtsschutz, § 49 Rn. 11.
[15] Dazu ausführlich *Fezer*, WRP 1999, 575ff.
[16] *EuGH* Slg. 2002, I-11737 = GRUR 2003, 145 Tz. 55 – Sieckmann.

19 Eine chemische Formel erlaubt es dem Leser des Registers nicht, den Duft in verständlicher Weise zu identifizieren. Auch fehlt es an der nötigen Klarheit, da die Formel nicht den Geruch selbst, sondern nur die entsprechend riechende Substanz verkörpert. Bei einer hinterlegten Geruchsprobe mangelt es hingegen an der nötigen Stabilität und Dauerhaftigkeit. Im Lauf der Zeit mag sich der Duft verändern oder gar verflüchtigen. Schließlich ist die bloße verbale Beschreibung weder eindeutig und klar noch objektiv. Wenn bereits die einzelnen Elemente nicht geeignet sind, als solche den Anforderungen an die grafische Darstellbarkeit nur annähernd nachzukommen, liefert auch die Kombination kein anderes Ergebnis.[17] Gegen die Eintragungsfähigkeit lässt sich weiter vortragen, dass die kaum mögliche objektive Fixierung Probleme bei der Bestimmung des Schutzbereichs nach sich zieht. Wie soll dann beispielsweise die Verwechslungsgefahr bestimmt werden?[18] Die Gegenansicht, wonach § 8 I MarkenG im Lichte von Art. 14 GG auszulegen sei,[19] überzeugt vor diesem Hintergrund nicht.

### III. Überwindung durch Verkehrsdurchsetzung

20 Anders als im Ausgangsfall kann dieses Kriterium auch nicht durch Verkehrsdurchsetzung überwunden werden. § 8 III MarkenG verweist nicht auf § 8 I MarkenG.

21 **Hinweis:** O bleibt damit auf den Erwerb einer Benutzungsmarke gemäß § 4 Nr. 2 MarkenG verwiesen. Dort gilt das Erfordernis der grafischen Darstellbarkeit nach der Systematik des MarkenG nicht, auch wenn seine entsprechende Anwendung auf Benutzungsmarken in der Literatur teilweise befürwortet wird.[20]

### IV. Ergebnis

22 O kann ihre Marketingstrategie im Hinblick auf den Wiedererkennungseffekt durch Düfte nicht mit einer Registermarke absichern. Die Registrierung scheitert daran, dass ein Duft, obwohl ein an sich schutzfähiges Zeichen, nicht grafisch dargestellt werden kann.

23 **Weiterführende Hinweise:** *EuGH* GRUR 2004, 54 – Shield Mark/Kist (Hörzeichen); *BGH* GRUR 2007, 148 – Tastmarke; *Baechler,* Sinn und Unsinn abstrakter Farbmarken, GRUR Int. 2006, 115; *Hacker,* Eintragungsvoraussetzungen und Schutzumfang von nicht-konventionellen Marken, GRUR Int. 2004, 215; *Heise,* Positionsmarke und Disclaimer, GRUR 2008, 286.

---

[17] *EuGH* Slg. 2002, I-11737 = GRUR 2003, 145 Tz. 69ff. – Sieckmann.
[18] *Götting,* Gewerblicher Rechtsschutz,§ 47 Rn. 30.
[19] *Fezer,* WRP 1999, 575, 578.
[20] *Götting,*Gewerblicher Rechtsschutz, § 48 Rn. 4.

## Fall 12. Porsche Boxster

*Nach BGHZ 166, 65 = GRUR 2006, 679 – Porsche Boxster.*

### Sachverhalt

Die Porsche-AG (P) begleitet die Markteinführung ihres neuen Sportwagenmodells Boxster mit umfangreichen Werbemaßnahmen, beispielsweise ganzseitigen Annoncen in überregionalen Tageszeitungen. Der neue Roadster stößt dabei nicht nur auf ein breites Interesse der Öffentlichkeit, sondern löst auch ein breites Medienecho aus.

Die P-AG möchte ihre Marketingstrategie durch die Eintragung einer dreidimensionalen Marke absichern. Die folgende Form soll zur Kennzeichnung für die Waren Kraftfahrzeuge geschützt werden:

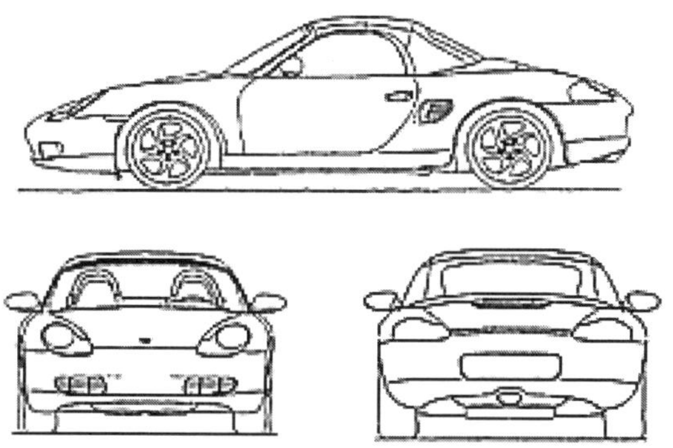

Die zuständige Markenstelle im DPMA verweigert jedoch die Eintragung als Marke. Die Rechtsabteilung der P-AG fragt, was sie gegen diesen Beschluss unternehmen kann.

### Gliederung

## Lösung

1 Der P-AG ist zur Einleitung eines Beschwerdeverfahrens zu raten, wenn der die Eintragung der Marke zurückweisende Beschluss zu Unrecht erging. Dies wäre dann der Fall, wenn die P-AG einen Anspruch auf Eintragung der dreidimensionalen Gestaltung als Marke gemäß § 33 II 1 MarkenG hätte. Es müssten demnach die Anmeldungserfordernisse erfüllt sein und der Eintragung dürften keine absoluten Schutzhindernisse entgegenstehen (§ 33 II 2 MarkenG).

2 **Hinweis:** Rechtsschutz gegen zurückgewiesene Markenanmeldungen ist mittels der Erinnerung (§ 64 MarkenG) und mittels der Beschwerde (§ 66 MarkenG) gegeben. Welcher der beiden Rechtsbehelfe statthaft ist, beurteilt sich danach, ob die Zurückweisung durch ein Mitglied des Patentamts oder durch einen Beamten des gehobenen Dienstes ergangen ist. Im ersteren Falle kommt es sogleich zum Beschwerdeverfahren vor dem BPatG, während im Letzteren zunächst eine erneute Prüfung durch das DPMA erfolgt (vgl. auch § 56 II MarkenG).

### I. Prüfung der Anmeldungserfordernisse

3 Fraglich ist, ob die formalen Anmeldungserfordernisse beachtet worden sind. Welche Anmeldungserfordernisse vom DPMA im Rahmen des Registrierungsverfahrens geprüft werden, richtet sich nach § 36 I MarkenG. Besondere Bedeutung kommt gemäß § 36 I Nr. 1 MarkenG der Frage zu, ob die Anmeldung der Marke den Erfordernissen für die Zuerkennung eines Anmeldetags gemäß § 33 I i.V.m. § 32 II MarkenG genügt. Dies ist für den Zeitrang der Marke (§ 6 II MarkenG) wichtig. Weiter müssen die Gebühren in ausreichender Höhe gezahlt worden sein (§ 36 I Nr. 3 MarkenG) und die sonstigen Anmeldungserfordernisse, wie sie in der deutschen Markenverordnung festgelegt sind, eingehalten worden sein (§§ 36 I Nr. 2, 65 I Nr. 2 MarkenG). Mangels gegenteiliger Sachverhaltsangaben ist zu unterstellen, dass die P-AG keinen Formfehler begangen hat. Als juristische Person kann sie zudem gemäß § 7 Nr. 2 MarkenG Inhaberin einer Marke sein. Auch dies wird vom DPMA gemäß § 36 I Nr. 4 MarkenG geprüft.

### II. Prüfung absoluter Schutzhindernisse

4 Gemäß § 37 I MarkenG prüft das DPMA, ob der Markenanmeldung absolute Schutzhindernisse entgegenstehen.

5 **Hinweis:** Relative Schutzhindernisse werden vom DPMA nicht geprüft. Es obliegt dem Inhaber eines älteren Rechts sich mittels Widerspruchs (§ 42 MarkenG) gegen die Eintragung einer prioritätsjüngeren Marke zu wehren oder alternativ ein Löschungsverfahren (§§ 55, 51 MarkenG) anzustrengen. Der kostengünstigere Widerspruch ist jedoch befristet.[1]

[1] Zum Verhältnis beider Verfahren Ströbele/Hacker/*Hacker*, § 55 Rn. 4.

### 1. Markenfähigkeit gemäß § 3 MarkenG

#### a) Grundsätzliche Eignung des Zeichens als Marke

Fraglich ist, wie es um die abstrakte Unterscheidungskraft gemäß § 3 I MarkenG bestellt ist. Demnach können als Marke alle Zeichen geschützt werden, die geeignet sind Waren oder Dienstleistungen eines Unternehmens von denjenigen anderer Unternehmen zu unterscheiden. Das Zeichen muss losgelöst vom konkreten Bezug auf bestimmte Waren oder Dienstleistungen generell geeignet sein eine Unterscheidungsfunktion zu erfüllen.[2] Hier bestehen keine Zweifel, dass die eingereichte dreidimensionale Gestaltung abstrakt geeignet ist irgendwelche Produkte – man denke an den Vertrieb von Schokolade in entsprechender Form – als solche eines bestimmten Unternehmens zu kennzeichnen.[3] 6

Der BGH und die h.M. verlangen darüber hinaus die Selbständigkeit der Marke gegenüber der Ware. Die Marke müsse über die technisch bedingte Grundform hinausreichende Elemente aufweisen, die zwar nicht physisch, doch aber gedanklich von der Ware abstrahierbar sind und die Identifizierungsfunktion der Marke erfüllen könnten.[4] Gegen diese Ansicht spricht allerdings, dass der konkrete Produktbezug für die abstrakte Unterscheidungskraft des § 3 I MarkenG keine Rolle spielen kann. Ob die Form eines Autos sich von dessen Grundform unterscheiden lässt, kann sinnvoll nur geprüft werden, wenn die Form gerade für Autos angemeldet wird.[5] Zudem erscheint das Kriterium neben der Spezialregelung des § 3 II Nr. 1 MarkenG überflüssig. Unabhängig von diesem Meinungsstreit kann der Gestaltung des Porsche Boxsters aber, wegen der Vielzahl seiner besonderen Gestaltungselemente, die Selbständigkeit nicht abgesprochen werden, so dass beide Ansichten zum selben Ergebnis gelangen. 7

#### b) Schranken der Markenfähigkeit gemäß § 3 II MarkenG

In § 3 II MarkenG finden sich zusätzliche Schranken der Markenfähigkeit von Formmarken. Zeichen die ausschließlich aus einer Form bestehen, die durch die Art der Ware selbst bedingt ist, die zur Erreichung einer technischen Wirkung erforderlich ist oder die der Ware einen wesentlichen Wert verleiht, sind dem Markenschutz nicht zugänglich. Dahinter steht der Gedanke, dass ein Markeninhaber nicht die Möglichkeit haben soll, technische Lösungen oder Eigenschaften einer Ware für sich zu monopolisieren und damit Mitbewerber aufgrund der Markeneintragung daran hindern kann, bei der Gestaltung ihrer Produkte eine bekannte technische Lösung einzusetzen oder ihren Produkten bestimmte vorteilhafte Eigenschaften zu verleihen.[6] Hier spiegelt sich die Abgrenzung zu anderen Immaterialgüterrechten, insbesondere zum Patentrecht. 8

##### aa) Form durch Art der Ware bedingt

Durch die Art der Ware selbst bedingt ist eine Form, die funktionell notwendiger Bestandteil der Ware ist und die deshalb jedes generische Produkt dieser Gattung auf- 9

---

[2] *Götting*, Gewerblicher Rechtsschutz, § 47 Rn. 21.

[3] Siehe dazu auch *EuGH* Slg. 2002, I-5475 = GRUR 2002, 804 Tz. 39 – Philips/Remington.

[4] *BGH* GRUR 2004, 502, 503 – Gabelstapler II; etwas anders *EuGH* Slg. 2007, I-712 = GRUR 2007, 231 Tz. 39 – Dyson: eine bloße Produkteigenschaft (im Fall der durchsichtige Staubbehälter eines Staubsaugers) ist kein „Zeichen" i.S.d. § 3 I MarkenG.

[5] Ströbele/Hacker/*Kirschneck*, § 3 Rn. 22; *Hacker*, GRUR Int. 2004, 215, 219; ähnlich *Ingerl/Rohnke*, § 3 Rn. 47.

[6] *EuGH* Slg. 2002, I-5475 = GRUR 2002, 804 Tz. 78 – Philips/Remington; *BGH* GRUR 2004, 502, 504 – Gabelstapler II.

weist.[7] Bei der hier beanspruchten Form handelt es sich nicht um den Prototyp eines Sportwagens oder Kraftfahrzeugs schlechthin. Es finden sich mehrere ästhetische Elemente, wie beispielsweise die konkrete Anordnung der Lichter oder die Gestaltung des Hecks, die über die warenbedingte Gestaltung hinausgehen. Damit ist die Form nicht durch die Art der Ware bedingt.

### bb) Form zur Erreichung einer technischen Wirkung

10 Fraglich ist weiter, ob die gewählte Form zur Erreichung einer technischen Wirkung erforderlich ist. So muss ein Sportwagen beispielsweise bestimmten aerodynamischen Anforderungen genügen oder Stabilitätserwägungen Rechnung tragen. Auch die Reparaturfreundlichkeit setzt dem Designer Grenzen. Ungeachtet dessen bleiben, wie ein Blick auf die Sportwagenlandschaft zeigt, genügend Variationsmöglichkeiten für eine eigenständige individualisierende Formgebung. Die Eintragung des angemeldeten Zeichens würde insoweit keine blockierende Wirkung entfalten.

11 **Hinweis:** Paradebeispiel für eine Form, die zur Erreichung einer technischen Wirkung erforderlich ist, ist der Legostein. Die Noppen auf der Oberseite dienen im Zusammenwirken mit der Innenseite des Steins dazu, eine stabile und dennoch für Kinderhände lösbare Klemmverbindung zu ermöglichen.[8]

### cc) Form verleiht der Ware wesentlichen Wert

12 Zuletzt dürfte die Form der Ware nicht einen wesentlichen Wert verleihen. Der Wert eines Sportwagens gründet jedoch weniger auf seiner Form, als vielmehr auf seinen technischen Daten.

13 **Hinweis:** Im Zweifel sollte von abstrakter Markenfähigkeit ausgegangen werden.[9] Die noch durchzuführende Prüfung absoluter Schutzhindernisse bildet den besseren Filter, um Monopolisierungen, die den Interessen der Allgemeinheit zuwider laufen, zu verhindern. Die Verortung in § 8 MarkenG hat vor allem den Vorteil, dass die Eintragung im Falle der Verkehrsdurchsetzung doch möglich ist, was bei Versagung der abstrakten Markenfähigkeit ausgeschlossen wäre.

## 2. Grafische Darstellbarkeit, § 8 I MarkenG

14 Gemäß § 8 I MarkenG setzt die Registrierung voraus, dass sich das abstrakt markenfähige Zeichen grafisch darstellen lässt.[10] Dreidimensionale Gestaltungen lassen sich durch Fotografien oder grafische Strichzeichnungen darstellen; die Einzelheiten regelt § 9 MarkenVO.

## 3. Fehlende Unterscheidungskraft, § 8 II Nr. 1 MarkenG

15 Weiter stellt sich die Frage, ob absolute Schutzhindernisse gemäß § 8 MarkenG die Eintragung der begehrten Formmarke verhindern. Näherer Betrachtung bedarf die konkrete Unterscheidungskraft im Sinne von § 8 II Nr. 1 MarkenG. Unterscheidungskraft im Sinne dieser Vorschrift ist die einer Marke innewohnende konkrete Eignung, vom Verkehr als Unterscheidungsmittel für die von der Marke erfassten Produkte eines Unternehmens gegenüber den Produkten anderer Unternehmen aufgefasst zu werden. Wie bei jeder anderen Markenkategorie ist auch bei Formmarken zu prüfen, ob der Verkehr in dem angemeldeten Zeichen für die in Rede stehenden Waren oder

---

[7] *Götting*, Gewerblicher Rechtsschutz, § 47 Rn. 40.

[8] *BGH* v. 16. 7. 2009, I ZB 53/07 und I ZB 55/07 (bisher unveröffentlicht).

[9] S. aber *EuGH* Slg. 2007, I-7709 = GRUR 2007, 970 – Benetton/G-Star: keine Eintragung der Form einer Jeans wegen § 3 II Nr. 3 MarkenG.

[10] Näher hierzu Fall 11.

Dienstleistungen einen Herkunftshinweis sieht.[11] Bei dreidimensionalen Marken ist es allerdings im Allgemeinen schwieriger, die erforderliche Unterscheidungskraft festzustellen als beispielsweise bei Wort- oder Bildmarken. Gewöhnlich schließen Durchschnittsverbraucher nicht aus der Form der Ware auf deren Herkunft.[12] Selbst wenn die Form über typische Gestaltungselemente hinausgeht, ist noch nicht gesagt, ob der Verkehr diese als Herkunftshinweis versteht oder diese eher dem Ziel, ästhetisch ansprechende Produkte zu schaffen, geschuldet sieht.[13] Es ist nicht ausreichend, wenn sich die Form lediglich als eine Variante der branchenüblichen Gestaltungsformen präsentiert.[14] Nur eine Marke, die erheblich von der Norm oder der Branchenüblichkeit abweicht und deshalb ihre wesentliche herkunftskennzeichnende Funktion erfüllt, besitzt auch Unterscheidungskraft.[15] Da der Verkehr beispielsweise an unterschiedlichste Pralinenformen gewöhnt ist, wird eine neu eingeführte Form also typischerweise gerade nicht als Herkunftshinweis verstanden.[16]

Fraglich ist jedoch, ob dies auch für den Bereich der Automobilindustrie gilt. Die **16** Autohersteller bemühen sich, verschiedenen von ihnen hergestellten Modellen durch herstellertypische Gestaltungsmerkmale den eigenen Stempel aufzudrücken. Markante Gestaltungsmerkmale finden sich oft bei verschiedenen Fahrzeugen derselben Modellfamilie und werden in der Werbung als Erkennungsmerkmal herausgestellt. Hier misst der Verkehr der Fahrzeuggestaltung gerade einen solchen Hinweis über die Herkunft bei.[17] Hier ist die konkrete Linienführung (vgl. auch die eigentümliche Vorder- oder Heckansicht) geeignet, vom Verkehr als Herkunftshinweis aufgefasst zu werden und für einen entsprechenden Wiedererkennungseffekt zu sorgen. Damit scheitert die Eintragung der Porsche Boxster Form nicht am Fehlen der konkreten Unterscheidungskraft (a. A. vertretbar).

### 4. Freihaltebedürfnis, § 8 II Nr. 2 MarkenG

Mit § 8 II Nr. 2 MarkenG wird das im Allgemeininteresse stehende Ziel verfolgt, **17** dass beschreibende Zeichen oder Angaben von jedermann frei verwendet werden können.[18] Hier erschöpft sich das beanspruchte Zeichen darin, die Form der Ware wiederzugeben. Damit beschreibt die begehrte Gestaltung Eigenschaften der beanspruchten Ware, nämlich die äußere Gestaltung. Zudem ist im Lichte des Schutzzwecks von § 8 II Nr. 2 MarkenG zu berücksichtigen, dass dem Erhalt der Formenvielfalt gerade im Bereich der Automobilindustrie erhebliche Bedeutung zukommt, während gleichzeitig wegen der technischen Vorgaben dem Gestaltungsspielraum Grenzen gesetzt sind. Wegen der drohenden Einschränkung der Gestaltungsfreiheit ist damit das absolute Schutzhindernis gemäß § 8 II Nr. 2 MarkenG gegeben.

**Hinweis:** Diese Lösung des BGH ist auf den ersten Blick überraschend, da eine Form als solche nichts **18** „beschreibt" und da der BGH keineswegs jede Formmarke als per se beschreibend ansieht. Letztlich dehnt der BGH den Grundsatz des Freihaltebedürfnisses, auf dem § 8 II Nr. 2 MarkenG beruht, über den Wortlaut der Vorschrift aus. Der EuGH würde Fälle wie den vorliegenden wohl in erster

---

[11] *EuGH* Slg. 2003, I-3161 = GRUR 2003, 514 Tz. 49 – Linde, Winward u. Rado.

[12] *EuGH* Slg. 2004, I-9165 = GRUR Int. 2005, 135 Tz. 30 – Maglite; *EuGH* Slg. 2006, I-5719 = GRUR 2006, 1022, Tz. 27 – Storck.

[13] *BGH* GRUR 2004, 329, 330 – Käse in Blütenform.

[14] *EuGH* Slg. 2004, I-9165 = GRUR Int. 2005, 135 Tz. 32 – Maglite.

[15] *EuGH* Slg. 2004, I-5089 = GRUR Int. 2004, 631 Tz. 39 – Henkel/Dreidimensionale Tablettenform I.

[16] *BGH* GRUR 2007, 780 Tz. 27 – Pralinenform.

[17] Vgl. *Ullmann*, GRUR 2005, 89, 90f.

[18] *EuGH* Slg. 2003, I-3161 = GRUR 2003, 514 Tz. 73 – Linde, Winward u. Rado; Ströbele/Hacker/*Ströbele*, § 8 Rn. 177.

Linie auf der Grundlage des § 8 II Nr. 1 MarkenG (bzw. der entsprechenden gemeinschaftsrechtlichen Vorschriften) lösen.[19]

### 5. Überwindung durch Verkehrsdurchsetzung, § 8 III MarkenG

19 Jedoch können die Schutzhindernisse des § 8 II Nr. 1–3 MarkenG gemäß § 8 III MarkenG überwunden werden, wenn sich die Marke vor ihrer Eintragung in den beteiligten Verkehrskreisen durchgesetzt hat. Die betroffene Angabe muss nach dem EuGH eine neue Bedeutung erlangt haben, die nicht mehr nur beschreibend ist.[20] Selbst das Freihaltebedürfnis hat dann zurückzustehen. Um dies festzustellen, sind sämtliche Umstände in Betracht zu ziehen. Allein auf demoskopische Überlegungen abzustellen, ist nicht ausreichend.[21] Die P-AG hat eine intensive Werbekampagne durchgeführt. In Tageszeitungen wurden ganzseitige Annoncen geschaltet. Die Markteinführung wurde von einem breiten Medienecho begleitet und stieß auf ein lebendiges Verbraucherinteresse. Es darf daher angenommen werden, dass die angesprochenen Verbraucher die angemeldete dreidimensionale Gestaltung aus dem Hause der P-AG stammend erkennen. Damit sind die einschlägigen Schutzhindernisse gemäß § 8 II Nr. 1 und Nr. 2 MarkenG durch Verkehrsdurchsetzung überwunden.

### III. Ergebnis

20 Die P-AG hat einen Anspruch auf Eintragung einer entsprechenden dreidimensionalen Marke. Damit lohnt es sich, ein Beschwerdeverfahren vor dem Bundespatentgericht einzuleiten.

21 **Weiterführende Hinweise:** *Born*, Anm. zu *BGH* GRUR 2006, 679 – Porsche Boxster; LMK 2006 Heft 8; *Hager*, Verletzung von Formmarken, GRUR 2002, 566.

---

[19] Vgl. *EuGH* Slg. 2004, I-5089 = GRUR Int. 2004, 631 Tz. 32ff. – Henkel/Dreidimensionale Tablettenform I; Ströbele/Hacker/*Ströbele*, § 8 Rn. 179, 187.
[20] *EuGH* Slg. 1999, I-2779 = GRUR 1999, 723 Tz. 47 – Chiemsee.
[21] *Götting*, Gewerblicher Rechtsschutz, § 48 Rn. 13.

## Fall 13. Cambridge Institute

*Nach BGHZ 173, 57 = GRUR 2007, 884 – Cambridge Institute.*

### Sachverhalt

Maximilian Meier (M) betreibt seit 1961 in München unter der Bezeichnung „Cambridge Institut" eine Sprachschule für Englisch, deren Angebot sich an Englischlernende aus München und Umgebung richtet. Es werden weder Fernkurse angeboten noch wird überregional geworben. In dieser Sprachschule können nicht nur Sprachkurse belegt werden, sondern auch international anerkannte, von der Universität Cambridge organisierte Sprachprüfungen wie das „Cambridge First Certificate in English" oder das „Cambridge Certificate of Proficiency in English" abgelegt werden. M hat sich unter ausdrücklicher Zustimmung der Universität Cambridge folgende Wort-/Bildmarke unter anderem für Ausbildung und die Erteilung von Sprachunterricht sowie für die Durchführung von Sprachkursen mit Priorität vom 21. 9. 2000 schützen lassen:

Cambridge
Institut

Die Anton-GmbH (A) bietet in Freiburg ebenfalls Sprachkurse zur Vorbereitung auf die oben genannten Sprachtests an, die sie dann auch abnimmt. Sie wirbt regional mit dem Zeichen „The Cambridge Institute". Auch die A-GmbH hat sich ein entsprechendes Markenrecht gesichert. Unter anderem für Sprachkurse wurde folgende Wort-/Bildmarke eingetragen. Tag der Anmeldung war der 5. 3. 1998:

THE CAMBRIDGE INSTITUTE
BRITISH & AMERICAN ENGLISH
FOR
PLEASURE & BUSINESS

M erfährt im Sommer 2008 von der Freiburger Sprachschule. Er fragt sich, ob er gegen die Benutzung „seines" Kennzeichens vorgehen kann. Insbesondere stört ihn, dass A eine Website betreibt, auf der mit dem Slogan „Cambridge Institute – auch in Ihrer Nähe" geworben wird. Am liebsten wäre es M, wenn die Marke des A gelöscht werden könnte.

Wie ist die Rechtslage?

## Gliederung



## Lösung

### I. Anspruch auf Unterlassung aus § 14 II Nr. 2, V MarkenG

1 M könnte gegen A einen Unterlassungsanspruch aus § 14 II Nr. 2, V MarkenG haben.

### 1. Bestand einer Marke gemäß § 4 Nr. 1 MarkenG

2 M ist Inhaber einer Registermarke gemäß § 4 Nr. 1 MarkenG.

### 2. Eingriff in den Schutzbereich

3 Fraglich ist, ob zwischen der Klagemarke und der von A verwendeten Kennzeichnung Verwechslungsgefahr besteht. Dies bräuchte hier jedoch nicht beantwortet zu werden, wenn eine Markenrechtsverletzung bereits aus Prioritätserwägungen ausscheiden würde. Im Kennzeichenrecht gilt der Prioritätsgrundsatz (vgl. § 6 I MarkenG). Das bedeutet, dass sich das ältere Zeichen grundsätzlich gegen ein jüngeres Zeichen durchsetzt.[1] Die Priorität einer eingetragenen Marke richtet sich gemäß § 6 II MarkenG nach dem Anmeldetag. Da M seine Marke erst später als A angemeldet hat, scheidet ein Unterlassungsanspruch aus § 14 II Nr. 2, V MarkenG aus.

### II. Anspruch auf Unterlassung aus § 15 II, IV MarkenG

4 Allerdings könnte M gegen A gemäß § 15 II, IV MarkenG vorgehen.

[1] *Ingerl/Rohnke*, § 6 Rn. 1, § 14 Rn. 21.

### 1. Bestehen einer geschäftlichen Bezeichnung, § 5 I, II MarkenG

M müsste Inhaber einer geschäftlichen Bezeichnung gemäß § 5 I MarkenG sein. Gemäß § 5 I 1. Alt. MarkenG werden Unternehmenskennzeichen als geschäftliche Bezeichnung geschützt. Gemäß § 5 II 1 MarkenG sind Unternehmenskennzeichen Zeichen, die im geschäftlichen Verkehr als Name, als Firma oder als besondere Bezeichnung eines Geschäftsbetriebs oder eines Unternehmens benutzt werden. Es muss sich um ein Zeichen handeln, das unmittelbar auf das Unternehmen hinweist. Sofern einem Zeichen eine solche Namensfunktion zukommt und es eine hinreichende Unterscheidungskraft aufweist, ist das entsprechende Zeichen ohne weiteres schutzfähig.[2] 5

**Hinweis:** Daneben können auch Unternehmenskennzeichen geschützt werden, denen keine Namensfunktion zukommt. Es wird also auf ein Unternehmen hingewiesen, ohne es ausdrücklich zu benennen. Gemäß § 5 II 2 MarkenG können derartige Kennzeichen durch Verkehrsgeltung als geschäftliche Bezeichnung geschützt werden. Beispielhaft lässt sich dabei an eine einheitliche Kleidung von Angestellten denken. Sofern sich derartige Kennzeichnungen innerhalb der beteiligten Verkehrskreise durchgesetzt haben, kommt ebenfalls ein Schutz als geschäftliche Bezeichnung in Betracht. 6

M verwendet die Bezeichnung „Cambridge Institut" zur Kennzeichnung seines Unternehmens. Sein Geschäft wird durch dieses Kennzeichen individualisiert. 7

Ein Unternehmenskennzeichen wird nur dann geschützt, wenn es originäre namensmäßige Unterscheidungskraft aufweist oder wenn es Verkehrsgeltung erlangt hat. Für die Beurteilung der Unterscheidungskraft gilt ein großzügiger Maßstab, grundsätzlich kann sie nur rein beschreibenden Angaben abgesprochen werden.[3] Da die Bezeichnung „Cambridge Institute" einen unternehmensbezeichnenden Sinngehalt aufweist und nicht rein die Tätigkeit der Sprachenschule beschreibt, ist hier hinreichende Unterscheidungskraft gegeben. Ein als geschäftliche Bezeichnung geschütztes Unternehmenskennzeichen liegt vor. 8

### 2. Territorialer Schutzbereich

Fraglich ist jedoch, ob sich der räumliche Schutzbereich dieser geschäftlichen Bezeichnung bis nach Freiburg erstreckt. Im Grundsatz besteht bei geschäftlichen Bezeichnungen ein bundesweiter Geltungsbereich. Dies gilt jedoch nicht, wenn sich das Unternehmen auf eine lokale Tätigkeit beschränkt und nicht auf Expansion angelegt ist. Dann ist das Unternehmenskennzeichen nur im Aktionsradius des Unternehmens geschützt.[4] Die Münchner Sprachschule wendet sich nur an Lernende aus der Umgebung. Es werden keine Fernkurse angeboten und nur regional geworben. Damit ist der Schutzbereich dieser geschäftlichen Bezeichnung auf München und Umgebung beschränkt. 9

### 3. Ergebnis

Ein Unterlassungsanspruch gemäß § 15 II, IV MarkenG besteht nicht. 10

## III. Anspruch auf Unterlassung aus §§ 127 I, IV, 128 I MarkenG

M könnte jedoch gemäß §§ 127 I, I, 128 I MarkenG verlangen, dass es A unterlässt, die wie oben gezeigt gestaltete Bezeichnung „The Cambridge Institute" zu benutzen. 11

---

[2] *Götting*, Gewerblicher Rechtsschutz, § 55 Rn. 2; Ströbele/Hacker/*Hacker*, § 5 Rn. 6.
[3] *BGH* GRUR 2008, 1104 Rn. 17 – Haus & Grund II; Ströbele/Hacker/*Hacker* § 5 Rn. 32.
[4] Ströbele/Hacker/*Hacker*, § 5 Rn. 55f.

### 1. Geographische Herkunftsangabe, § 126 I MarkenG

12 Es müsste sich bei der Bezeichnung Cambridge um eine geographische Herkunftsangabe im Sinne von § 126 I MarkenG handeln. Cambridge ist der Name eines englischen Ortes, in dem sich die berühmte University of Cambridge befindet. In der Sprachausbildung werden mit dem Begriff Cambridge Sprachprüfungen, die von der in Cambridge ansässigen Universität entwickelt und durchgeführt werden, verbunden. Es handelt sich dabei nicht um eine Gattungsbezeichnung, so dass der Schutz nicht gemäß § 126 II MarkenG ausgeschlossen ist. Das führt zum Ergebnis, dass eine geographische Herkunftsangabe besteht.

### 2. Benutzung im geschäftlichen Verkehr

13 A benutzt die Bezeichnung „The Cambridge Institute", um seine kommerzielle Sprachschule zu bewerben. Damit handelt er im geschäftlichen Verkehr.

### 3. Eingriff in den Schutzbereich gemäß § 127 I, IV MarkenG

14 Eine geographische Herkunftsangabe darf gemäß § 127 I MarkenG nicht für Dienstleistungen benutzt werden, die nicht aus dem Ort stammen, der durch die geographische Herkunftsangabe bezeichnet wird, wenn bei der Benutzung dieser Bezeichnung für Dienstleistungen anderer Herkunft eine Gefahr der Irreführung über die geographische Herkunft besteht. Im Hinblick auf die Irreführung kommt es auf eine Interessenabwägung an.[5] Es wird also der kollektive Goodwill geschützt, der allen Unternehmern gemeinsam für Produkte zusteht, die aus einem bestimmten Ort oder Gebiet stammen.[6] Gemäß § 127 IV MarkenG gilt dies im Grundsatz auch dann, wenn die Herkunftsangabe mit Zusätzen verwendet wird.

15 A bietet ebenfalls Sprachunterricht zur Vorbereitung auf Tests wie das „Cambridge Certificate in Proficiency of English" an und nimmt entsprechende Prüfungen ab. Er suggeriert, dass dies mit dem Know-How der berühmten University of Cambridge durchgeführt wird. Eine solche Verbindung besteht jedoch nicht. Damit kommt es zu einer Irreführung über die geographische Herkunft der angebotenen Dienstleistungen. Ein entlokalisierender Zusatz, der möglicherweise geeignet wäre, eine derartige Irreführung zu verhindern,[7] wird von A nicht verwendet.

16 Allerdings erfasst das Markengesetz nicht den Fall, dass eine geographische Herkunftsangabe nicht zur Bezeichnung von Waren oder Dienstleistungen, sondern zur Bezeichnung eines Unternehmens verwendet wird. Ein derartiger Fall wäre gemäß §§ 3, 5 UWG zu beurteilen.[8] Hier wendet sich aber A dagegen, dass die Bezeichnung Cambridge Institute für einen Geschäftsbetrieb im Zusammenhang mit bestimmten Dienstleistungen, nämlich der Durchführung von Sprachkursen, eingesetzt wird. Ein generelles Verbot für die Verwendung der in Rede stehenden Bezeichnung für einen Geschäftsbetrieb wird nicht angestrebt.

### 4. Aktivlegitimation, § 128 I 1 MarkenG

17 A müsste gemäß § 128 I 1 MarkenG aktivlegitimiert sein, um einen Anspruch auf Unterlassung geltend zu machen. § 128 I 1 MarkenG verweist dazu auf § 8 III UWG.

---

[5] Ströbele/Hacker/*Hacker*, § 127 Rn. 18.

[6] *Götting*, Gewerblicher Rechtsschutz, § 56 Rn. 1.

[7] Für den Ausschluss einer Irreführung durch entlokalisierende Zusätze gelten strenge Anforderungen. Er kommt insbesondere in Betracht, wenn der Irreführungsgefahr ein eigener Besitzstand dessen gegenübersteht, der die Bezeichnung benutzt. Dazu lesenswertes Beispiel: *BGH* GRUR 2002, 160, 162 – Warsteiner III.

[8] *BGH* GRUR 2001, 73, 76 – Stich den Buben.

### a) Aktivlegitimation als Mitbewerber

A könnte als Mitbewerber aktivlegitimiert sein. Der Begriff des Mitbewerbers ist in § 2 Nr. 3 UWG legal definiert. Erforderlich ist dabei ein konkretes Wettbewerbsverhältnis. Hier ist jedoch problematisch, dass die beiden Parteien nicht versuchen, gleichartige Dienstleistungen innerhalb derselben Verkehrskreise abzusetzen. Während A um Kunden in Freiburg wirbt, beschränkt sich der Geschäftsbereich von M auf München und Umgebung. Damit besteht nicht die Gefahr, dass das beanstandete Wettbewerbsverhalten den anderen beeinträchtigen kann. 18

### b) Aktivlegitimation als Berechtigter einer geographischen Herkunftsangabe

Fraglich ist, ob M als Berechtigter an einer geographischen Herkunftsangabe zur Durchsetzung des Unterlassungsanspruchs aktivlegitimiert ist. Schließlich nutzt M die Bezeichnung „Cambridge Institut" mit Zustimmung der University of Cambridge. Dabei ist zunächst zu fragen, ob selbst jene, die eine geographische Herkunftsangabe zulässigerweise nutzen, aktivlegitimiert sind, selbst dann, wenn kein konkretes Wettbewerbsverhältnis vorliegt. Der Wortlaut spricht zunächst gegen ein solches Verständnis. Bevor die Regelungen über geographische Herkunftsangaben in das Markengesetz aufgenommen wurden, war es jedoch anerkannt, dass dieser Personenkreis Ansprüche geltend machen kann. Durch die Reform sollten die Rechte nicht beschnitten werden. Daher gesteht der BGH den berechtigten Nutzern einer geographischen Herkunftsangabe die Klageberechtigung zu.[9] 19

M selbst ist jedoch kein berechtigter Nutzer dieser geographischen Herkunftsangabe. Er erbringt seine Dienstleistungen gerade nicht in Cambridge und ist kein Teil dieser Universität. Allerdings nehmen die angesprochenen Verkehrskreise an, dass das Kursangebot mit der Universität Cambridge abgestimmt ist. Doch auch dies ist für eine Aktivlegitimation nicht ausreichend. Der Schutz geographischer Herkunftsangaben ist wettbewerbsrechtlicher Natur. Es handelt sich nicht um ein subjektives Kennzeichenrecht, das übertragen oder lizenziert werden kann.[10] Damit ist M nicht aktivlegitimiert. 20

### 5. Ergebnis

M stehen keine Unterlassungsansprüche gegen A zu. 21

## IV. Anspruch auf Löschung der Marke aus §§ 51, 55 MarkenG

Fraglich bleibt, ob M von A die Löschung der Marke im Markenregister verlangen kann. Dazu könnte M ein Löschungsverfahren (§§ 51, 55 MarkenG) anstrengen. 22

### 1. Bestehen eines älteren Rechts

Die von A verletzte geographische Herkunftsangabe stellt ein älteres Recht dar. Dieses kann der eingetragenen Marke gemäß §§ 51, 13 Nr. 5 MarkenG entgegengehalten werden. 23

### 2. Aktivlegitimation

Erneut stellt sich jedoch das Problem der Aktivlegitimation. Anders als im Nichtigkeitsverfahren wegen absoluter Schutzhindernisse vor dem Patentamt (§§ 50, 54 Mar- 24

---

[9] BGHZ 173, 57 = GRUR 2007, 884, 886 f. – Cambridge Institute.

[10] *Götting*, Gewerblicher Rechtsschutz, § 56 Rn. 4.

kenG) kann ein Löschungsverfahren wegen älterer Rechte vor den ordentlichen Gerichten nicht von jedermann eingeleitet werden. Es gilt § 55 II Nr. 3 MarkenG. Insoweit kann nach oben verwiesen werden.

### 3. Ergebnis

25 M wird es nicht gelingen, die Marke des A zu Fall zu bringen.

26 **Weiterführende Hinweise:** *Büscher,* Neuere Entwicklungen in der Rechtsprechung des Europäischen Gerichtshofs und des Bundesgerichtshofs zu den geographischen Herkunftsangaben, GRUR Int. 2005, 801; *Hacker/Kunz-Hallstein/Loschelder/Spuhler,* Das Verhältnis zwischen Marken und geographischen Herkunftsangaben, GRUR Int. 2006, 697.

# Fall 14. G-Mail

*Nach OLG Hamburg GRUR-RR 2007, 319 – G-Mail.*

## Sachverhalt

Der Jungunternehmer Daniel Giersch (D) versucht sein Glück in der Internetbrache. Nachdem er bereits Erfahrungen im herkömmlichen Postgewerbe gesammelt hat, fasst er den Plan, einen Webmailservice aufzubauen. Daher lässt er sich die in gelber Farbe gestaltete Wort-/Bildmarke „G-mail … und die Post geht richtig ab" (Nr. 30.025697.3) mit Priorität vom 3. 4. 2000 für den Dienstleistungsbereich Telekommunikation, insbesondere elektronische Post, eintragen:

Ein Widerspruch gegen die Eintragung der Marke wird am 12. 11. 2003 zurückgewiesen. Noch bevor D aber seine Tätigkeit aufnimmt, muss er im Sommer 2005 feststellen, dass der Internetkonzern Google (G) die Einführung eines werbefinanzierten E-Mail-Dienstes unter der Bezeichnung „Gmail" vorbereitet. Kurze Zeit später beginnt Google, seinen Dienst unter dem folgenden, in der klassischen „Google-Farbkombination" gestalteten Zeichen anzubieten:

D möchte sich gegen die Benutzung „seines" Zeichens durch G wehren: Sie verletze seine Marke und sei zudem unlauter. G wendet ein, dass keine Verwechslungsgefahr bestehe. Außerdem habe D seine Marke bisher nicht benutzt.

Wie ist die Rechtslage?

## Gliederung

## Lösung

### I. Markenrechtliche Ansprüche

1 D könnte gegen G ein Unterlassungsanspruch gemäß § 14 II, V MarkenG zustehen.

2 **Übersicht: Voraussetzungen des Unterlassungsanspruchs gemäß § 14 II, V MarkenG und des Schadensersatzanspruchs gemäß § 14 II, VI MarkenG**

Die Anspruchsgrundlage ergibt sich aus der Bestimmung, die die erstrebte Rechtsfolge regelt, und dem Kollisionstatbestand, Beispiel: Anspruch auf Unterlassung der Nutzung eines identischen Zeichens für identische Produkte: §§ 14 V, II Nr. 1 MarkenG

1. **Aktivlegitimation**: Markeninhaber (§§ 7 I, 14 I MarkenG) oder Lizenznehmer mit Zustimmung des Markeninhabers (§ 30 III MarkenG)
2. **Bestehen des Markenrechts**
3. **Eingriff in den Schutzbereich**
   a) inländische Benutzungshandlung (§ 14 III, IV MarkenG)
   b) Handeln im geschäftlichen Verkehr
   c) ohne Zustimmung des Markeninhabers
   d) markenmäßige Benutzung
   e) Kollisionstatbestand gemäß § 14 II MarkenG
4. **Einwendungen und Einreden**
   a) Verjährung (§ 20 MarkenG), Verwirkung (§ 21 MarkenG), Bestandskraft (§ 22 MarkenG), Rechtsmissbrauch
   b) Schranken des Markenrechts (§§ 23, 24 MarkenG, § 6 UWG)
   c) Einrede der mangelnden Benutzung (§§ 25, 26 MarkenG)
   d) Bestehen eines eigenen prioritätsälteren Rechts
5. a) bei Unterlassungsanspruch: Erstbegehungs- bzw. Wiederholungsgefahr (§ 14 V MarkenG)
   b) bei Schadensersatzanspruch: **Verschulden** (§§ 14 VI MarkenG, 276 I BGB)

**Rechtsfolge:** Unterlassung (§ 14 V MarkenG) bzw. Schadensersatz (§ 14 VI: dreifache Schadensberechnung)

### 1. Bestehen einer Marke

Zugunsten von D ist die Wort-/Bildmarke Nr. 30.025697.3 eingetragen. Ein Widerspruchsverfahren verlief ohne Erfolg. Die Marke wurde bisher nicht gelöscht. Damit ist das Verletzungsgericht an die Eintragung gebunden.[1] 3

### 2. Eingriff in den Schutzbereich

#### a) Inländische Benutzungshandlung

G bietet unter dem Zeichen „Gmail" Waren an und verwendet das Zeichen in der Werbung (§ 14 III Nr. 2 und 5 MarkenG). Die Marke muss zudem gerade im Inland verwendet werden, was bei der Verwendung von Zeichen auf ausländischen Websites fraglich sein kann.[2] G bietet seinen Webmailservice aber auf dem deutschen Markt an. Die Marke wird also im inländischen Verkehr verwendet. 4

#### b) Benutzung im geschäftlichen Verkehr

Da der von G aufgebaute E-Mail Dienst werbefinanziert ist, geschieht die Benutzung im geschäftlichen Verkehr. 5

#### c) Ohne Zustimmung des Markeninhabers

D hat der Nutzung des Zeichens durch G nicht zugestimmt. 6

#### d) Markenmäßige Benutzung

G müsste das Zeichen markenmäßig benutzt haben.[3] G verwendet die Bezeichnung „Gmail", um Dienstleistungen als solche seines Unternehmens zu kennzeichnen. Unabhängig von allen Zweifeln über die genauen Voraussetzungen einer „markenmäßigen Benutzung" ist sie hier eindeutig zu bejahen. 7

#### e) Verletzungstatbestand des § 14 II Nr. 1 MarkenG

Als nächstes kann somit geprüft werden, ob einer der Kollisionstatbestände des § 14 II MarkenG erfüllt ist. Sowohl G als auch D verwenden ihre Zeichen für Webmaildienstleistungen. Jedoch sind die Zeichen nicht identisch. Zwar verwenden G und D dieselbe Buchstabenkombination, die Marke des D ist aber als Wort-/Bildmarke nur in ihrer konkreten grafischen Ausgestaltung geschützt, die sich von derjenigen des G unterscheidet. 8

#### f) Verletzungstatbestand des § 14 II Nr. 2 MarkenG

Allerdings könnte wegen § 14 II Nr. 2 MarkenG ein Eingriff in den Schutzbereich des Klagezeichens bejaht werden. Es ist zu diesem Zwecke zu untersuchen, ob zwischen den beiden Zeichen eine Verwechslungsgefahr besteht. Die Beurteilung einer solchen Verwechslungsgefahr erfolgt unter Berücksichtigung aller Umstände des Einzelfalls aus der Sicht des verständigen und durchschnittlich informierten Durch- 9

---

[1] Die Bindung des Verletzungsgerichts an die Einteilung besteht so lange, bis die Marke rechtskräftig gelöscht wird: *BGH* GRUR 2008, 798 Rn. 14 – POST.

[2] Zur grenzüberschreitenden Benutzung von Marken im Internet *BGH* GRUR 2005, 431 – HOTEL MARITIME; *Ohly*, JZ 2005, 738.

[3] Zu diesem Erfordernis ausführlich Fall 15.

schnittsverbrauchers. Im Wesentlichen beruht die Verwechslungsgefahr auf den Faktoren *Zeichenähnlichkeit*, *Produktähnlichkeit* und der *Kennzeichnungskraft*. Zwischen diesen einzelnen Elementen besteht eine Wechselwirkung, beispielsweise kann also eine geringe Warenähnlichkeit durch eine hohe Kennzeichnungskraft ausgeglichen werden.[4]

10 **Hinweis:** Wie ein Blick in einen beliebigen Kommentar eindrucksvoll vor Augen führt, gibt es zu der Problematik der Verwechslungsgefahr eine nicht nur für den Studenten kaum zu überschauende Kasuistik. In der Prüfungssituation gilt es daher weniger das „richtige" Ergebnis zu ermitteln, als auf Basis dieser Grundsätze sauber zu argumentieren.

### aa) Zeichenähnlichkeit

11 Im Rahmen der Zeichnähnlichkeit ist darauf abzustellen, wie die Zeichen auf die verschiedenen Sinne wirken. Neben der Bildwirkung oder der Wirkung des Klanges des ausgesprochenen Wortes kann auch der Sinngehalt des Zeichens eine Zeichenähnlichkeit konstituieren.[5] Im Grundsatz ist dabei auf den Gesamteindruck der Kollisionszeichen abzustellen. Es kommt also darauf an, wie die gegenüberstehenden Zeichen dem Verkehr in ihrer Gesamtheit entgegentreten.[6]

12 Bei zusammengesetzten Zeichen ist denkbar, dass ein Zeichenbestandteil das Gesamtzeichen prägt oder doch maßgeblich mitbestimmt („Prägetheorie").[7] Davon zu unterscheiden ist der Fall, dass eine ältere Marke in ein jüngeres Kombinationszeichen übernommen wird und dabei eine selbständig kennzeichnende Stellung behält.[8]

13 Im vorliegenden Fall besteht die von D eingetragene Registermarke aus mehreren Bestandteilen, nämlich der Bezeichnung „G-mail" und dem Slogan „... und die Post geht richtig ab". Einer Übereinstimmung mit dem von G verwendeten Zeichen scheint auf den ersten Blick entgegenzustehen, dass G nur die Bezeichnung „Gmail" verwendet, gleichzeitig aber auf den Werbespruch verzichtet.

14 Doch wird das Zeichen des D durch die Bezeichnung „G-mail" geprägt. Sie ist optisch dominant und wirkt gerade durch die Anspielung auf den Begriff „E-Mail" sehr prägnant. Demgegenüber wird der Satz „... und die Post geht richtig ab" eher als untergeordneter Werbespruch aufgefasst. Daher kann bereits eine Übereinstimmung zwischen dem prägenden Bestandteil „G-mail" und dem von G verwendeten Zeichen die Zeichenähnlichkeit begründen.

15 Gegen eine solche Übereinstimmung spricht zunächst die deutlich unterschiedliche grafische Gestaltung beider Zeichen. So ist die originelle Kombination der Farben blau, rot, gelb und grün ausschließlich im Verletzungszeichen zu finden, auch ist der Buchstabe „M" abweichend in Briefform gestaltet. Die Bildwirkung ist insoweit unterschiedlich. Allerdings wird das angegriffene Zeichen nicht stets in dieser farblichen Gestaltung genutzt. Dieser Umstand muss berücksichtigt werden, da eine Ähnlichkeit der Marke mit dem Verletzungszeichen nur in Bezug auf die konkrete Form, in der es verwendet wird, festgestellt werden kann.[9] Wenn „Gmail" beispielsweise in die Suchmaske einer Internetsuchmaschine eingegeben wird, beschränkt sich die Wiedergabe auf die Buchstabenkombination ohne farbliche Ausgestaltung.

---

[4] *EuGH* Slg. 1999, I-3819 = GRUR Int. 1999, 734 Tz. 19 – Lloyd; *Götting*, Gewerblicher Rechtsschutz, § 50 Rn. 16.

[5] *Götting*, Gewerblicher Rechtsschutz, § 50 Rn. 19ff.

[6] *EuGH* Slg. 1997, I-6191 = GRUR 1998, 387 Tz. 23 – Sabèl/Puma.

[7] „Prägetheorie", vgl. *BGH* GRUR 2006, 60 Rn. 19 – cocodrillo; *BGH* GRUR 2008, 505 Tz. 35 – TUC-Salzcracker.

[8] *EuGH* Slg. 2005, I-8551 = GRUR 2005, 1042 Tz. 29ff. – Thomson Life.

[9] *Ingerl/Rohnke*, § 14 Rn. 517.

Daneben kommt eine identische Klangwirkung in Betracht. Beide Begriffe werden gleich ausgesprochen. Daran vermag auch der von G verwendete Bindestrich nichts ändern. Da die Marke häufig, beispielsweise bei einem mündlichen Austausch von E-Mail Adressen, nur akustisch wahrgenommen wird, genügt die klangliche Ähnlichkeit bzw. Identität, um eine Verwechslungsgefahr der Zeichen zu begründen. **16**

**bb) Kennzeichnungskraft**

Die Eignung eines Zeichens, die Waren oder Dienstleistungen, für die es eingetragen ist, als von einem bestimmten Unternehmen stammend zu kennzeichnen und damit diese Waren oder Dienstleistungen von denen anderer Unternehmen zu unterscheiden, nennt man Kennzeichnungskraft. Wenn eine Marke zur Unterscheidung von Produkten uneingeschränkt geeignet ist, verfügt sie über normale Kennzeichnungskraft. Besonders prägnanten Zeichen kommt starke, nahezu beschreibenden Angaben schwache Kennzeichnungskraft zu. Die Kennzeichnungskraft kann im Laufe der Zeit durch intensive Werbung gestärkt oder durch das Aufkommen ähnlicher Marken geschwächt werden.[10] **17**

Hier ist die Bezeichnung „G-mail" an das Wort „E-Mail" angelehnt. Die angesprochenen Verkehrskreise erkennen, dass es sich um Dienstleistungen im Rahmen elektronischer Post handelt, wobei das vorangestellte „G" als Hinweis auf den Anbieter aufgefasst wird. Da damit im Zeichen von Natur aus ein Herkunftshinweis gesehen wird, kann von durchschnittlicher Kennzeichnungskraft ausgegangen werden. Dass eine Vielzahl von Wortkombinationen mit dem Bestandteil „mail" bestehen, vermag demgegenüber keine Schwächung der Kennzeichnungskraft zu begründen, da diese regelmäßig nur beschreibend verwendeten Kombinationen nicht als Herkunftshinweis aufgefasst werden. **18**

**cc) Produktähnlichkeit**

Da beide Zeichen für E-Mail Dienste verwendet werden, besteht Dienstleistungsidentität. **19**

**dd) Wechselwirkung**

Die drei soeben geprüften Kriterien stehen zueinander in Wechselwirkung. Produktidentität und eine hohe Zeichenähnlichkeit bei gleichzeitiger durchschnittlicher Kennzeichnungskraft lassen im Ergebnis auf eine Verwechslungsgefahr schließen. **20**

**3. Einrede mangelnder Benutzung**

Gegen den Verletzungsanspruch des D könnte dem G die Einrede der mangelnden Benutzung zustehen (§ 25 II MarkenG). Marken unterliegen einem Benutzungszwang (§ 25 I, 26 I MarkenG); lediglich für die Dauer von fünf Jahren besteht eine Benutzungsschonfrist. **21**

Da die Marke bereits am 3. 4. 2000 eingetragen wurde, scheint die Benutzungsschonfrist im Sommer 2005 abgelaufen zu sein. Zu beachten ist aber, dass gegen die Marke ein Widerspruchsverfahren betrieben wurde. Gemäß § 26 V MarkenG beginnt in diesem Fall die Benutzungsschonfrist nicht vor dem Zeitpunkt, zu dem das Widerspruchverfahren abgeschlossen wurde. Hintergrund dieser Regelung ist es, dass es vor **22**

[10] *EuGH* Slg. 1999, I-3819 = GRUR Int. 1999, 734 Tz. 22f. – Lloyd; Ströbele/Hacker/*Hacker*, § 9 Rn. 104.

dem Abschluss des Widerspruchsverfahrens dem Markeninhaber nicht zugemutet werden kann, mit der Marke zu wirtschaften, da durch den Widerspruch eine konkrete Gefahr besteht, dass seine Marke gelöscht wird. Da dieses Verfahren erst am 12. 11. 2003 abgeschlossen wurde, kann sich D auf die Benutzungsschonfrist berufen. Der Einwand fehlender Benutzung ist damit ohne Erfolg.

#### 4. Rechtsmissbrauch

23 Dem Kläger lässt sich schließlich auch kein rechtsmissbräuchliches Verhalten vorwerfen. Es ergeben sich keine Anhaltspunkte, dass es sich beispielsweise um eine „Sperrmarke" handelt und aus diesem Grund nach den Grundsätzen von Treu und Glauben (§ 242 BGB) ein Unterlassungsanspruch ausscheiden müsste.[11]

24 **Hinweis:** Weiß der Anmelder, dass die Marke bereits von einem anderen Unternehmen benutzt wird, und meldet er sie an, um dieses von der Markennutzung auszuschließen, so kann der Registrierung das absolute Eintragungshindernis der Bösgläubigkeit (§ 8 II Nr. 10 MarkenG) entgegenstehen.[12] Nach der Eintragung kann der betroffene Mitbewerber Löschung verlangen (§§ 50 I, 54 MarkenG) oder lauterkeitsrechtliche Ansprüche geltend machen (§§ 3 I, 4 Nr. 10, 8 f. UWG).[13]

#### 5. Wiederholungsgefahr

25 Materielle Voraussetzung des Unterlassungsanspruchs ist die Wiederholungsgefahr. Wurden, wie hier, bereits einschlägige Verletzungshandlungen begangen, so wird die Wiederholungsgefahr vermutet.

### II. Lauterkeitsrechtliche Ansprüche

26 Die Verwendung des Zeichens „Gmail" durch G könnte zudem eine unlautere geschäftliche Handlung darstellen. In diesem Fall könnten D, der als Mitbewerber der G aktivlegitimiert ist (§ 8 III Nr. 1 UWG), lauterkeitsrechtliche Unterlassungsansprüche zustehen.

#### 1. §§ 5 II, 3 I, 8 I UWG

27 Dem D könnte gegen G ein Unterlassungsanspruch wegen irreführender geschäftlicher Handlungen gemäß §§ 5 II, 3 I, 8 I UWG zustehen.

28 G verwendete das Zeichen „Gmail" zu Werbezwecken, also geschäftlich (§ 2 I Nr. 1 UWG). Das Verhalten des G ist unlauter, wenn es als irreführend zu beurteilen ist. Das Hervorrufen von Verwechslungsgefahr stellt seit der UWG-Reform von 2008 einen Unterfall der Unlauterkeit dar (§ 5 II), auch § 5 I 2 Nr. 1 UWG verbietet Irreführungen über die betriebliche Herkunft. Ansprüche aus § 5 II UWG können neben markenrechtlichen Ansprüchen bestehen. Ein Vorrang des Markenrechts besteht nicht, weil Verbraucherinteressen im Markenrecht nur mittelbar geschützt sind und das UWG daher zusätzliche, vom Markenrecht nicht erfasste Aspekte berücksichtigt.[14]

29 Eine Verwechslungsgefahr wurde oben aus markenrechtlicher Sicht bereits bejaht. Fraglich und umstritten ist aber, ob die Verwechslungsgefahr unter § 14 II Nr. 2 MarkenG einerseits und unter § 5 II UWG andererseits gleich zu beurteilen ist. Dafür spricht der Gesichtspunkt, dass gleiche Rechtsbegriffe nach Möglichkeit gleich auszulegen sind. Dagegen sprechen aber die Funktionsunterschiede zwischen Marken- und

---

[11] Vgl. *BGH* GRUR 2001, 242 – Classe E.
[12] *EuGH* GRUR 2009, 763 – Lindt & Sprüngli/Hauswirth.
[13] *BGH* GRUR 2008, 621 – AKADEMIKS; Piper/Ohly/Sosnitza/*Ohly*, § 4 Rn. 10/78 ff.
[14] *Büscher*, GRUR 2009, 230, 236; *Fezer*, WRP 2008, 1, 8; a. A. aber Piper/Ohly/*Sosnitza*, § 5 Rn. 701.

Lauterkeitsrecht. Im Markenrecht bestehen gute Gründe dafür, die Verwechslungsgefahr im Eintragungsverfahren (§ 9 I Nr. 2 MarkenG) und im Verletzungsverfahren (§ 14 II Nr. 2 MarkenG) gleich zu behandeln.[15] Da aber im Eintragungsverfahren noch nicht bekannt ist, in welcher konkreten Form die kollidierenden Zeichen verwendet werden, wird die Verwechslungsgefahr abstrakt anhand der Kriterien der Zeichenähnlichkeit, der Produktähnlichkeit und der Kennzeichnungskraft beurteilt. Hingegen greift § 5 UWG nur ein, wenn die konkrete geschäftliche Handlung zur Irreführung der angemessen aufmerksamen und informierten Abnehmer führen kann. Dabei sind sämtliche Fallumstände zu würdigen. Beide Beurteilungsmaßstäbe weichen also voneinander ab (a. A. vertretbar).

Legt man die unter § 5 UWG üblichen Kriterien zugrunde, so ist zu berücksichtigen, dass durchschnittliche Internetnutzer das Zeichen „Gmail" in seiner konkreten Farbgestaltung der überragend bekannten Suchmaschine Google zurechnen und daher schwerlich mit dem Angebot des D verwechseln werden (a. A. vertretbar). Damit besteht jedenfalls kein lauterkeitsrechtlicher Anspruch darauf, die Verwendung des farbigen „Gmail"-Zeichens völlig zu unterlassen. 30

### 2. §§ 4 Nr. 9a, 3 I, 8 I UWG

Außerdem könnte die Verwendung des Zeichens „Gmail" unter dem Gesichtspunkt der vermeidbaren Herkunftstäuschung eine unlautere Produktnachahmung darstellen. Der Vertrieb nachgeahmter Waren oder Dienstleistungen kann wettbewerbswidrig sein, wenn diese von wettbewerblicher Eigenart sind und besondere Umstände hinzutreten, die ihre Nachahmung als unlauter erscheinen lassen. Dabei besteht eine Wechselwirkung zwischen dem Grad der wettbewerblichen Eigenart, der Art und Weise und der Intensität der Übernahme sowie den besonderen wettbewerblichen Umständen.[16] 31

Hier erscheint aber bereits fraglich, ob Kennzeichen als „Waren oder Dienstleistungen" i.S.d. § 4 Nr. 9 UWG angesehen werden können. Die ältere Rechtsprechung nahm dies an. Dagegen spricht aber, dass das Markenrecht die Verletzung geschützter Marken vorrangig regelt. Würde jede „Nachahmung" einer Marke als unlauter angesehen, so würden die speziellen Voraussetzungen des § 14 MarkenG unterlaufen. Zudem kann eine Nachahmung nur vorliegen, wenn dem Nachahmer das Original bekannt ist. Auch wenn bei großer Warenähnlichkeit die Nachahmung vermutet wird, liegt es hier doch erheblich näher, dass Google die Bezeichnung „Gmail" und die farbliche Gestaltung unabhängig von der Marke des D selbständig entwickelt hat. Schließlich ist die Herkunftstäuschung unter § 4 Nr. 9a UWG ebenso wie die Irreführung unter § 5 II UWG konkret zu beurteilen. Sie liegt daher aus den oben genannten Gründen nicht vor (a. A. vertretbar). 32

## III. Ergebnis

D kann von G gemäß § 14 II Nr. 2, V MarkenG verlangen, das entsprechend gestaltete „Gmail" Zeichen nicht im Rahmen seines Webmailservices zu verwenden. Lauterkeitsrechtliche Ansprüche bestehen dagegen nicht. 33

**Weiterführende Hinweise:** *OLG Hamburg* GRUR-RR 2009, 224 – YOGHURT GUMS; Tilmann, Thomson Life – Nachbemerkungen, GRUR 2007, 99; *Büscher*, Schnittstellen zwischen Markenrecht und Wettbewerbsrecht, GRUR 2009, 230. 33

---

[15] Anders aber wohl *EuGH* Slg. 2008, I-04231 = GRUR 2008, 698 Tz. 66f. – O2/Hutchison 3G.
[16] *BGH* GRUR 2007, 339 Rn. 27 – Stufenleitern.

## Fall 15. Abi-T-Shirt

*Nach OLG Hamburg GRUR-RR 2006, 224 – Trabi 03.*

### Sachverhalt

Der Verein „Internationales Trabantregister e.V." (I) hat sich der Erhaltung des Kulturguts Trabant verschrieben. Zu diesem Zweck hat sich der Verein die folgende Wort-/Bildmarke (Nr. 39.921284) u.a. für Bekleidungsstücke schützen lassen:

Dieser Schriftzug war bereits vorher vom Volkseigenen Betrieb (VEB) Sachsenring Automobilwerk Zwickau für Kraftfahrzeuge markenrechtlich geschützt. 1998 wurde diese Wort-/Bildmarke (Nr. 623.115) auf den Verein „Internationales Trabantregister e.V." übertragen.

Vereinen oder Organisationen, die sich ebenfalls der Traditionspflege und Öffentlichkeitsarbeit im Zusammenhang mit der „Legende auf Rädern" verpflichtet haben, gewährt das Internationale Trabantregister regelmäßig einfache Lizenzen an ihren Marken.

Die Abiturienten des Bayreuther Richard-Wagner-Gymnasiums finden ebenfalls Gefallen am Namen des DDR-Standardfahrzeugs. Um ihre Jahrgangskasse zu füllen, vermarkten sie ein Abi-T-Shirt mit folgendem Aufdruck:

Die „Trabi-Freunde Coburg" (T), Inhaber jeweils einer einfachen Lizenz an den Wort-/Bildmarken Nr. 39.921284 und Nr. 623.115, fürchten um den guten Ruf ihres geliebten Kulturguts. Mit Verweis auf die einschlägigen Marken verlangen sie von den Abiturienten, den Verkauf der Abi-T-Shirts sofort einzustellen. Diese halten dem entgegen, dass ihr Vorgehen von der Kunstfreiheit gedeckt sei.

Welche markenrechtlichen Ansprüche stehen T zu?

## Gliederung



## Lösung

T könnte ein Unterlassungsanspruch gemäß § 14 II, V MarkenG zustehen. 1

### I. Bestehen der Marken

Es bestehen zwei Registermarken gemäß § 4 Nr. 1 MarkenG. Während die Wort-/Bildmarke Nr. 39921284 u.a. für Bekleidungsstücke eingetragen ist, genießt der entsprechend gestaltete Schriftzug Trabant über die Wort-/Bildmarke Nr. 623115 für Kraftfahrzeuge Schutz. Ob die Marken wegen des Bestehens absoluter Schutzhindernisse zum Eintragungszeitpunkt zu Unrecht eingetragen wurden, wird im Verletzungsprozess nicht überprüft. Das Verletzungsgericht ist an den Bestand der Eintragung gebunden. Der Markenverletzer ist auf die Möglichkeit, einen Löschungsantrag gemäß §§ 50, 54 MarkenG beim hierfür ausschließlich zuständigen DPMA zu stellen, verwiesen.[1] 2

**Hinweis:** Der Verletzungsprozess kann jedoch gemäß § 148 ZPO ausgesetzt werden, um die Entscheidung des Löschungsverfahrens abzuwarten. 3

[1] Ströbele/Hacker/*Hacker*, § 14 Rn. 18.

### II. Aktivlegitimation

4 Beide einschlägigen Marken stehen jedoch nicht T, sondern dem Verein „Internationales Trabantregister e.V." zu. Die Marke Nr. 39.921284 hat der Verein selbst angemeldet. Die Traditionsmarke Nr. 623.115 des Automobilherstellers war hingegen Gegenstand eines rechtsgeschäftlichen Erwerbs (§ 27 I MarkenG).

5 **Hinweis:** Ins Markenregister können nicht nur Informationen zu den Zeichen selbst, den entsprechenden Waren bzw. Dienstleistungsklassen, zu Anmeldetag und Markeninhaber eingetragen werden, das Register gibt auch Aufschluss über frühere Inhaber der Marke, eventuelle Widerspruchsverfahren oder Belastungen des entsprechenden Rechts. Die Einsicht in das Register steht jedermann frei. Lohnend ist ein Stöbern über die offizielle Suchmaske des DPMA unter https://dpinfo.dpma.de/.

6 T wiederum wurde jedoch vom Markeninhaber jeweils eine einfache Lizenz eingeräumt (vgl. § 30 I MarkenG). Allerdings kann der Lizenznehmer laut § 30 III MarkenG Klage wegen Verletzung einer Marke nur mit Zustimmung des Markeninhabers erheben. Vorausgesetzt es besteht das Einverständnis des I, kann T die Verletzung des fremden Rechts im eigenen Namen geltend machen.[2]

### III. Verletzung der Marken

#### 1. Inländische Benutzungshandlung

7 Die Bayreuther Abiturienten haben ein möglicherweise in den Schutzbereich der Klagemarken eingreifendes Zeichen auf den von ihnen vertriebenen Waren, den Abi-T-Shirts angebracht. Eine einschlägige Benutzungshandlung im Sinne von § 14 III Nr. 1 MarkenG liegt damit vor.

#### 2. Handeln im geschäftlichen Verkehr

8 Die Schüler müssten gemäß § 14 II MarkenG im geschäftlichen Verkehr gehandelt haben. Darunter versteht man jede wirtschaftliche Betätigung, mit der in Wahrnehmung oder Förderung eigener oder fremder Geschäftsinteressen am Erwerbsleben teilgenommen wird.[3] Hätten die Abiturienten die T-Shirts lediglich zum eigenen Gebrauch hergestellt, so läge keine Markenverletzung vor. Hier wurden die Abi-T-Shirts aber verkauft, um die Jahrgangskasse zu füllen.

#### 3. Ohne Zustimmung des Markeninhabers

9 Offensichtlich ist das „Internationale Trabantregister e.V." bereit, die für den Verein registrierten Marken zu lizenzieren. Jedoch haben die Abiturienten weder eine (einfache) Lizenz erworben noch sonst das Einverständnis des Markeninhabers eingeholt. Folglich handelten sie ohne Zustimmung im Sinne von § 14 II MarkenG.

#### 4. Kollisionstatbestand des § 14 II Nr. 1 MarkenG

10 Es müsste einer der Kollisionstatbestände des § 14 II MarkenG erfüllt sein. Da der Aufdruck auf dem Abi-T-Shirt, insbesondere der Schriftzug Trabi, vom registrierten Zeichen Trabant – wenn auch nur geringfügig – abweicht, kommt eine Verletzung der Marke im Identitätsbereich schon aus diesem Grund nicht in Betracht.[4] Da mit § 14 II Nr. 2 MarkenG ein eigener Verletzungstatbestand für Fälle im Ähnlichkeitsbereich

---

[2] Vgl. Ströbele/Hacker/*Hacker*, § 30 Rn. 65.
[3] Ströbele/Hacker/*Hacker*, § 14 Rn. 36; *Götting*, Gewerblicher Rechtsschutz, § 50 Rn. 5.
[4] Vgl. Ströbele/Hacker/*Hacker*, § 14 Rn. 191.

bereitsteht, gibt es keinen Grund, von der engen Auslegung des Identitätsbegriffs abzuweichen.

## 5. Kollisionstatbestand des § 14 II Nr. 2 MarkenG

### a) Markenmäßige Benutzung

Sowohl der Verletzungstatbestand gemäß § 14 II Nr. 1 MarkenG als auch der Verletzungstatbestand gemäß § 14 II Nr. 2 MarkenG setzen voraus, dass eine markenmäßige Benutzung vorliegt, das Verletzungszeichen also als Marke benutzt wird.[5] Nach der Rechtsprechung des EuGH kann eine rechtsverletzende Benutzung nur vorliegen, wenn die Marke erstens zur Unterscheidung von Produkten, also herkunftshinweisend, und nicht lediglich beschreibend oder ornamental eingesetzt wird. Dabei kommt es auf die Sicht der angesprochenen Verkehrskreise, regelmäßig also des durchschnittlich informierten, aufmerksamen und verständigen Verbrauchers an.[6] Zweitens muss die Benutzung geeignet sein, die Funktionen der Marke zu beeinträchtigen.[7] 11

**Hinweis:** Hauptfunktion der Marke ist die Gewährleistung der Herkunft des Produkts (Herkunftsfunktion).[8] Zu den durch § 14 II Nr. 1 und 2 MarkenG geschützten Funktionen der Marke gehören nach der neuesten Rechtsprechung des EuGH aber auch die Gewährleistung der Qualität des Produkts, die Kommunikations-, Investitions- oder die Werbefunktion.[9] Bisher ist aber unklar, unter welchen Voraussetzungen eine „Beeinträchtigung" dieser Funktionen anzunehmen ist. Außerdem ist diese Rechtsprechung Bedenken ausgesetzt, weil sie § 14 II Nr. 1 MarkenG weit in den Bereich des Schutzes gegen Rufschädigung und -ausbeutung ausdehnt. Hier ist aber stets eine Interessenabwägung erforderlich, wie sie § 14 II Nr. 3 MarkenG ausdrücklich vorsieht (s. auch unten, 6). § 14 II Nr. 1 MarkenG ist aber abwägungsresistent formuliert. 12

Hier bestehen erhebliche Zweifel, ob die Abiturienten das T-Shirt herkunftshinweisend einsetzen. Ihnen geht es um die ironische Auseinandersetzung mit dem eben erworbenen Abitur. Das Trabant-Zeichen wird von Käufern des T-Shirts nicht als Hinweis auf dessen betriebliche Herkunft verstanden, sondern es ist Bezugspunkt einer Parodie, die nicht zuletzt auf die Parallele zwischen der langen Lieferzeit des damaligen DDR-Fahrzeugs und der Schuldauer anspielt. 13

Andererseits darf nach Ansicht des EuGH nicht nur auf das Verkehrsverständnis im Zeitpunkt des Kaufs abgestellt werden. Auch mögliche Täuschungen von Verbrauchern nach dem Kauf, insbesondere beim Weiterverkauf, sind zu berücksichtigen.[10] So hat der Gerichtshof die Verwendung des markenrechtlich geschützten Namens und der Logos des FC Arsenal auch dann als Markenverletzung angesehen, wenn sämtlichen Käufern aufgrund der Fallumstände klar war, dass es sich nicht um offizielle Merchandising-Artikel handelte. Hier ist denkbar, dass Dritte zu einem späteren Zeitpunkt das T-Shirt dem Inhaber der Marke „Trabant" zurechnen, zumal die Buchstabenfolge „abi" nicht hervorgehoben wird, sondern im Wort „Trabi" verschwindet. 14

Obwohl eine satirische Verwendung des Zeichens beabsichtigt war, ist das OLG Hamburg in dem Fall, der unserem Übungsfall zugrunde liegt, doch von einer markenmäßigen Benutzung ausgegangen. Die angesprochenen Verkehrskreise sähen im 15

---

[5] *EuGH* Slg. 1999, I-905 = GRUR Int. 1999, 438 Tz. 38 – BMW/Deenik; *EuGH* Slg. 2002, I-4187 = GRUR 2002, 692 Tz. 17 – Hölterhoff; *BGH* GRUR 2002, 814 – Festspielhaus; *BGH* GRUR 2007, 780 – Pralinenform; guter Überblick über die Rechtsprechung des EuGH bei *Kur*, GRUR Int. 2008, 1 ff.

[6] Ströbele/Hacker/*Hacker*, § 14 Rn. 83; *Götting*, § 50 Rn. 9.

[7] *EuGH* Slg. 2002, I-10273 GRUR 2003, 55 Tz. 48 ff. – Arsenal; *EuGH* Slg. 2007, I-1017 = GRUR 2007, 318 Tz. 21 – Opel/Autec.

[8] *EuGH* Slg. 2002, I-10273 GRUR 2003, 55 Tz. 48 ff. – Arsenal.

[9] *EuGH* GRUR 2009, 756 Tz. 58 – L'Oréal/Bellure.

[10] *EuGH* Slg. 2002, I-10273 GRUR 2003, 55 Tz. 57 – Arsenal.

Zeichen – anders als von den Absolventen intendiert – eben doch einen Herkunftshinweis. Eine Distanzierung oder Verfremdung des Kennzeichens Trabant, die auf eine nicht herkunftshinweisende, sondern satirische Verwendung im Zusammenhang mit dem Abitur 2003 hindeuten könnte, werde der überwiegende Teil des Verkehrs nicht erkennen (a. A. gut vertretbar).[11]

16 **Hinweis:** Auch in anderem Zusammenhang hat der BGH eine markenmäßige Benutzung im Fall einer Markenparodie bejaht und dabei einen einheitlichen, weiten Benutzungsbegriff angewandt, der für sämtliche Kollisionstatbestände des § 14 II MarkenG gilt.[12] Überzeugender erscheint es, § 14 II Nr. 1 und 2 auf einen eng verstandenen Schutz der Herkunftsfunktion zu begrenzen, für den es nur auf das Verkehrsverständnis zur Zeit des Kaufs ankommt.[13] Hingegen schützt § 14 II Nr. 3 MarkenG den guten Ruf bekannter Marken unabhängig von jeder Verwechslungsgefahr. Hier genügt es für die markenmäßige Benutzung, dass Abnehmer eine gedankliche Verbindung zur bekannten Marke herstellen.[14] Die generalklauselartige Formulierung des § 14 II Nr. 3 MarkenG erlaubt die weite, einzelfallbezogene Interessenabwägung, die für eine sachgerechte Beurteilung der Markenparodie erforderlich ist.

### b) Verwechslungsgefahr

17 Die Verwechslungsgefahr bestimmt sich aus einem beweglichen System zwischen der Kennzeichnungskraft der älteren Marke, der Zeichenähnlichkeit und der Warenähnlichkeit. Zwischen den Faktoren besteht Wechselwirkung.[15]

#### aa) Marke Nr. 623115 für Kraftfahrzeuge

18 Im Hinblick auf die Registermarke Nr. 623.115 besteht keine Verwechslungsgefahr. Das der Eintragung zugrunde liegende Zeichen ist lediglich für die Warenklasse Kraftfahrzeuge und nicht für Bekleidungsstücke geschützt. Damit kommt eine Kollision mangels Warenähnlichkeit von vorneherein nicht in Betracht.

#### bb) Marke Nr. 39921284 u. a. für Bekleidungsstücke

19 Es könnte aber eine Verwechslungsgefahr mit der Marke Nr. 39921 284 bestehen. Die ältere Marke genießt für Bekleidungsstücke durchschnittliche Kennzeichnungskraft.[16] Daneben besteht Identität zwischen den durch die Marken erfassten Waren. Wegen der Wechselwirkung der einzelnen Faktoren ist daher ein größerer Abstand der Zeichen notwendig, um eine Verwechslungsgefahr zu vermeiden.

20 Der Aufdruck wird durch das Zeichen Trabi geprägt, was wiederum als Abkürzung für die Bezeichnung Trabant verstanden wird. Die Zahlen 03 und der Spruch stellen sich dem Verkehr demgegenüber als bloßes Beiwerk dar, während das Element „Trabi“ als die eigentliche Produktbezeichnung aufgefasst wird. Neben der Bekanntheit dieser Bezeichnung als Kennzeichen spricht die Übung in der Modebranche, Markennamen auffällig auf Brust oder Rücken zu positionieren, für dieses Verständnis. Dieses Zeichen ähnelt jedoch dem Klagezeichen. Zum einen wird die gleiche Schriftart verwendet, so dass eine optische Ähnlichkeit besteht. Zum anderen handelt es sich bei der Bezeichnung Trabi um die Abkürzung von Trabant. Dies wiederum führt dazu, dass das Zeichen dem Sinn nach wie die Marke von I wahrgenommen wird. Es besteht mithin Verwechslungsgefahr. Die Abiturienten greifen damit in den Schutzbereich der

---

[11] *OLG Hamburg* GRUR-RR 2006, 224, 225 – Trabi 03.
[12] *BGH* GRUR 2005, 583 – Lila Postkarte.
[13] Ströbele/Hacker/*Hacker*, § 14 Rn. 81; *Ohly*, GRUR 2009, 709, 711 f.
[14] Das entspricht zu § 14 II Nr. 3 ständiger Rechtsprechung, siehe *EuGH* GRUR 2004, 58 Tz. 29 – Adidas/Fitnessworld; *BGH* GRUR 2005, 583, 584 – Lila Postkarte.
[15] Dazu Fall 14.
[16] Dazu Fall 14.

älteren Marke ein. Ein Unterlassungsanspruch gemäß § 14 II Nr. 2, V MarkenG gestützt auf die Marke Nr. 39921284 besteht.

**Aufbautipp:** Da die Schranke des § 23 MarkenG beim Schutz der bekannten Marke bereits in die Prüfung des Kollisionstatbestandes (§ 14 II Nr. 3 MarkenG) einzubeziehen ist, wird hier von dem in Fall 14 vorgeschlagenen Aufbauschema abgewichen und § 23 MarkenG vor § 14 II Nr. 3 MarkenG geprüft. 21

### c) Schranken des Markenrechts

Schranken des Markenrechts greifen nicht ein. Insbesondere handelt es sich hier nicht um eine lediglich beschreibende Benutzung (§ 23 Nr. 2 MarkenG). 22

Hier zeigt sich ein Problem des deutschen und europäischen Markenrechts: Anders als etwa im US-Recht fehlt eine generalklauselartige Schranke des „fair use“, in deren Rahmen sich eine sehr geringe Verwechslungsgefahr gegen das verfassungsrechtlich geschützte (s. unten, 6b) Interesse an der Freiheit von Parodien abwägen ließe. Auch aus diesem Grund erscheint die großzügige Annahme einer markenmäßigen Benutzung durch die Rechtsprechung als wenig sachgerecht. 23

## 6. Kollisionstatbestand des § 14 II Nr. 3 MarkenG

### a) Markenmäßige Benutzung

Zunächst stellt sich die Frage, ob auch im Rahmen des Bekanntheitsschutzes gemäß § 14 II Nr. 3 MarkenG das ungeschriebene Tatbestandsmerkmal der markenmäßigen Benutzung zu prüfen ist. Da § 14 II MarkenG wie auch Art. 5 I, II MarkenRL in sämtlichen Tatbestandsvarianten von „benutzen“ sprechen, gilt das Erfordernis der markenmäßigen Benutzung auch im Rahmen von § 14 II Nr. 3 MarkenG. Allerdings genügt es, wenn die beteiligten Verkehrskreise das Kollisionszeichen zwar als Verzierung auffassen, es wegen der hochgradigen Ähnlichkeit jedoch gedanklich mit der bekannten Marke verknüpfen.[17] Selbst jene, die wissen, dass es sich bei der vorliegenden streitigen Gestaltung um ein Abi-T-Shirt handelt, werden den Aufdruck mit der Traditionsmarke Trabant gedanklich verknüpfen. Eine markenmäßige Benutzung im Sinne von § 14 II Nr. 3 MarkenG ist gegeben. 24

### b) Marke Nr. 623.115 für Kraftfahrzeuge

#### aa) Bekannte Marke

Bei der Marke Nr. 623.115 müsste es sich um eine bekannte Marke handeln. Die Bekanntheit lässt sich nur nach Maßgabe der besondern Umstände des Einzelfalls festlegen. Allgemeingültige Aussagen verbieten sich. Insbesondere Bekanntheit im demoskopischen Sinne ist dabei für sich genommen nur ein Indiz im Rahmen einer umfassenden wertenden Beurteilung.[18] Die Bekanntheit der Trabant-Marke kann hier jedoch ohne weiters unterstellt werden. 25

**Hinweis:** „Bekanntheitsüberlegungen“ tauchen im MarkenG an unterschiedlichster Stelle auf. Es gilt jedoch streng zu unterscheiden zwischen der Bekanntheit gemäß § 14 II Nr. 3 MarkenG, der Verkehrsgeltung gemäß § 4 Nr. 2 MarkenG, der Verkehrsdurchsetzung im Sinne von § 8 III MarkenG und schließlich der notorischen Bekanntheit (§ 4 Nr. 3 MarkenG). Es gelten jeweils eigene Maßstäbe. 26

---

[17] *EuGH* GRUR 2004, 58 Tz. 29, 39 – Adidas/Fitnessworld; *BGH* GRUR 2005, 583, 584 – Lila-Postkarte.

[18] *Götting*, Gewerblicher Rechtsschutz, § 50 Rn. 30; Ströbele/Hacker/*Hacker*, § 14 Rn. 212.

#### bb) Zeichenähnlichkeit

27 Es wurde bereits festgestellt, dass zwischen dem Klagezeichen und dem Aufdruck der Absolventen Ähnlichkeit besteht. Auf eine Warenähnlichkeit kommt es demgegenüber im Rahmen des § 14 II Nr. 3 MarkenG nicht an.

#### cc) Ausnutzen der Wertschätzung

28 Fraglich ist, ob die Wertschätzung der bekannten Marke ausgenutzt wurde. Davon ist auszugehen, wenn ein Wettbewerber sich mit der Kennzeichnung seiner Waren einer fremden Marke angenähert hat, um Gütevorstellungen, die der Verkehr mit den unter der Marke vertriebenen Erzeugnissen verbindet, für sich auszunutzen.[19] Ein solcher Imagetransfer ist hier jedoch weder bezweckt noch ersichtlich.

#### dd) Ausnutzen der Unterscheidungskraft

29 Die Abiturienten könnten jedoch die Unterscheidungskraft der bekannten Marke ausgenutzt haben.

30 **Hinweis:** Der EuGH fasst die Ausnutzung der Wertschätzung und der Unterscheidungskraft zusammen und nimmt beides an, wenn sich der Verletzer „in den Bereich der Sogwirkung der Marke [begibt], um von ihrer Anziehungskraft, ihrem Ruf und ihrem Ansehen zu profitieren, und ohne jede finanzielle Gegenleistung und ohne dafür eigene Anstrengungen machen zu müssen, die wirtschaftlichen Anstrengungen des Markeninhabers zur Schaffung und Aufrechterhaltung des Images dieser Marke auszunutzen".[20] Allerdings hatte der EuGH bisher, soweit ersichtlich, noch keine Fälle einer reinen Aufmerksamkeitsausbeutung zu entscheiden.

31 Unter Unterscheidungskraft versteht man dabei die gerade durch die Bekanntheit vermittelte besondere Kennzeichnungs- und Werbekraft der Marke.[21] Durch die Verwendung des Schriftzugs „Trabi" in der markanten Schreibweise erreichen die Schüler dann auch deshalb Aufmerksamkeit, weil die Betrachter den Schriftzug bereits kennen. Damit liegt eine Ausnutzung der Unterscheidungskraft im Sinne einer Aufmerksamkeitsausbeutung vor.

#### ee) Unlauterkeit

32 Dies müsste ohne rechtfertigenden Grund in unlauterer Weise geschehen. Es bedarf einer Güterabwägung.[22] Die Abiturienten könnten sich auf die Kunstfreiheit gemäß Art. 5 III 1 GG berufen, die regelmäßig Parodien rechtfertigt, die nicht lediglich als Vorwand dazu dienen, die bekannte Marke als Vorspann für die eigenen Absatzbemühungen zu verwenden. Das OLG Hamburg ließ diese Rechtfertigung im zugrunde liegenden Fall nicht zu, weil die Schüler nicht hinreichend deutlich gemacht hätten, dass es sich bei ihrer Gestaltung um eine humorvolle Anspielung handeln soll.[23] Diese Beurteilung der Parodie erscheint zu engherzig. Da der Trabant nicht mehr hergestellt wird, sondern nur noch als vielzitierte Stilikone in Erscheinung tritt, ist die praktische Gefahr einer Herkunftstäuschung gering. Demgegenüber ist die Freiheit, auf identitätsbildende Gegenstände der deutschen Geschichte in ironischer Weise zurückgreifen zu können, als höher zu bewerten.

---

[19] *BGH* GRUR 2005, 583, 584 – Lila-Postkarte.
[20] *EuGH* GRUR 2009, 756 Tz. 49 – L'Oréal/Bellure.
[21] BGHZ 149, 191 = GRUR 2002, 622, 625 – shell.de.
[22] *BGH* GRUR 2005, 583, 584 f. – Lila-Postkarte.
[23] *OLG Hamburg* GRUR-RR 2006, 224, 225 – Trabi 03.

### c) Marke Nr. 39921284 u.a. für Bekleidungsstücke

Bei der für Bekleidungsstücke registrierten Marke Nr. 39.921284 handelt es sich keinesfalls um eine bekannte Marke im Sinne von § 14 II Nr. 3 MarkenG. Die Bekanntheit des Zeichens allein genügt nicht, da der Gesetzeswortlaut von berühmten *Marken* spricht. Eine Marke wird jedoch durch den Bezug des Zeichens zu bestimmten Waren oder Dienstleistungen konstituiert. Die Lösung bekannter Marken von den zugrunde liegenden Waren- bzw. Dienstleistungen ist wiederum lediglich für den erweiterten Schutzbereich gemäß § 14 II Nr. 3 MarkenG relevant. 33

## IV. Wiederholungsgefahr

Ein Unterlassungsanspruch setzt schließlich Erstbegehungs- bzw. Wiederholungsgefahr voraus. Da jedoch bereits eine Markenverletzung begangen wurde, besteht eine Vermutung, dass weitere Beeinträchtigungen anstehen. 34

## V. Ergebnis

T kann von den Abiturienten verlangen, dass sie den Vertrieb ihrer Abi-T-Shirts einstellen. Allerdings kann er diesen Anspruch nur gemäß § 14 II Nr. 2 MarkenG auf die Marke Nr. 39921284 stützen. Ein Anspruch aus § 14 II Nr. 3 MarkenG wegen Verletzung der Registermarke Nr. 623115 besteht nicht. 35

**Weiterführende Hinweise:** *BGH* GRUR 2005, 583 – Lila-Postkarte; *EuGH* GRUR 2003, 55 – Arsenal Football Club; *EuGH* GRUR 2009, 756 – L'Oréal/Bellure; *Born,* Zur Zulässigkeit einer humorvollen Markenparodie – Anm. zum Urteil des BGH „Lila-Postkarte", GRUR 2006, 192ff.; *Kur,* Confusion Over Use? – Die Benutzung „als Marke" im Lichte der EuGH-Rechtsprechung, GRUR Int. 2008, 1ff. 36

# Fall 16. Handyladen

*Nach BGH GRUR 2005, 160 – SIM-Lock; BGH GRUR 2005, 163 – Aluminiumräder.*

## Sachverhalt

Der weltweit tätige Elektronikkonzern Samson (S) vertreibt unter anderem das auf dem deutschen Markt höchst erfolgreiche Handy S-HX 3. Diese Bezeichnung hat sich S als eingetragene Marke für Geräte und Anlagen zur Übertragung von Sprache, Daten und Bildern sowie deren Zubehörteile schützen lassen. S-HX 3-Mobiltelefone werden von S mit einem SIM-Lock-Schutz versehen. Er bewirkt, dass der Erwerber des Mobiltelefons nur über das Mobilfunknetz eines bestimmten Betreibers telefonieren kann. So wird ein im Telekommunikationsbereich weit verbreitetes Geschäftsmodell abgesichert: Mobiltelefone können deutlich unter den Herstellungskosten abgegeben werden, wenn über den SIM-Lock-Schutz sichergestellt ist, dass der Käufer nur in einem bestimmten Netz telefonieren kann.

Auch Händler Bernd Bauernschlau (B) erwirbt mehrere mit einem SIM-Lock-Schutz versehene Mobiltelefone der Marke S-HX 3. Um seinen Chef, der gerade für zwei Wochen Urlaub auf Mallorca macht, durch besonderen persönlichen Einsatz zu beeindrucken, hebt der im Laden des B angestellte Martin Moser (M) den SIM-Lock-Schutz eigenmächtig auf und bewirbt die Entsperrung auf einem Plakat vor dem Geschäft. Als S davon erfährt, macht er Schadensersatzansprüche gegen B geltend.

Zu Recht?

### Abwandlung

B bietet in seinem Laden auch eigene Gehäuse für Mobiltelefone an. Dadurch können beispielsweise besondere Farbwünsche von Kunden erfüllt werden. In einem Werbeprospekt weist B darauf hin, dass die von ihm angebotenen Gehäuse für das S-HX 3-Mobiltelefon geeignet sind. Um dies zu illustrieren, hat B eigens für den Prospekt ein Bild angefertigt, auf dem eines seiner Gehäuse auf ein S-HX 3 Handy aufgesetzt ist. Die S-HX 3-Marke bleibt jedoch erkennbar. S mahnt B wegen der Verletzung seiner Markenrechte ab. Er verlangt, dass B eine strafbewehrte Unterlassungserklärung unterschreibt.

Was ist B aus markenrechtlicher Sicht zu raten?

## Gliederung

## Lösung

S könnte von B Schadensersatz gemäß § 14 II Nr. 1, VI MarkenG verlangen. 1

### I. Bestehen einer Registermarke

S ist Inhaber einer deutschen Registermarke gemäß § 4 Nr. 1 MarkenG. 2

### II. Eingriff in den Schutzbereich

#### 1. Inländische Benutzungshandlung

Das Zeichen S-HX 3wurde im Laden des B gemäß § 14 III Nr. 2 MarkenG zur Kennzeichnung von Mobiltelefonen verwendet, die anschließend in den Verkehr gebracht wurden. Daneben tauchte das Zeichen S-HX 3 auf dem Werbeplakat auf (§ 14 III Nr. 5 MarkenG). 3

#### 2. Handeln im geschäftlichen Verkehr

Die Mobiltelefone werden im Laden des B gewinnbringend vertrieben. Daraus folgt, dass ein Handeln im geschäftlichen Verkehr vorliegt. 4

#### 3. Ohne Zustimmung des Markeninhabers

S hat nicht zugestimmt, dass Geräte, deren SIM-Lock-Schutz aufgehoben wurde, unter dem Kennzeichen S-HX 3 vertrieben werden. Selbst wenn es in der Branche üblich ist, dass nach Ablauf einer 2-jährigen Bindungsfrist an einen bestimmten Anbieter der SIM-Lock-Schutz deaktiviert werden kann, ändert dies nichts daran, dass im vorliegenden Fall zum Zeitpunkt als die Sperre aufgehoben wurde, dieses Einverständnis noch nicht vorlag. 5

#### 4. Markenmäßige Benutzung

6 Das ungeschriebene Tatbestandsmerkmal der markenmäßigen Benutzung ist ebenfalls erfüllt.[1] Das Zeichen S-HX 3 wird zur Unterscheidung von Waren eines Herstellers von denjenigen eines anderen Herstellers und damit als Herkunftshinweis verwendet.

#### 5. Verletzungstatbestand § 14 II Nr. 1 MarkenG

7 Weiter müsste der Kollisionstatbestand gemäß § 14 II Nr. 1 MarkenG erfüllt sein. Die Marke S-HX 3 wird hier eingesetzt, um Mobiltelefone zu verkaufen, während dieses Zeichen für Geräte zur Übertragung von Sprache, Daten und Bildern geschützt ist. Es wird damit ein mit der Marke identisches Zeichen für Waren benutzt, die mit denjenigen identisch sind, für welche die Klagemarke Schutz genießt. Folglich liegt gemäß 14 II Nr. 1 MarkenG ein Eingriff in den Schutzbereich der Marke des S vor.

### III. Schranken des Schutzes

#### 1. Erschöpfung gemäß § 24 I MarkenG

8 Möglicherweise ist der festgestellte Eingriff in den Schutzbereich des Klagekennzeichens dennoch nicht geeignet, einen Unterlassungsanspruch zu begründen. Markenschutz besteht nicht schrankenlos. Hier könnte der Erschöpfungsgrundsatz bewirken, dass der Weiterverkauf, obwohl er unter Rückgriff auf das für S monopolisierte Zeichen erfolgt, rechtmäßig ist. Gemäß § 24 I MarkenG hat der Inhaber einer Marke nicht das Recht, einem Dritten zu untersagen, die Marke für Waren zu benutzen, die unter dieser Marke von ihm oder mit seiner Zustimmung im Inland in den Verkehr gebracht worden sind. Dahinter steht folgender Gedanke: Sobald der Markeninhaber Produkte unter der entsprechenden Kennzeichnung in den Verkehr gegeben hat und auf diese Weise den wirtschaftlichen Wert der Marke realisiert hat, ist es nicht mehr gerechtfertigt, dass er den weiteren Vertrieb der Markenware kontrollieren kann.[2] Von einem Inverkehrbringen spricht man dann, wenn der Markeninhaber die rechtliche oder tatsächliche Verfügungsgewalt über die markierte Ware im Inland bzw. innerhalb des Europäischen Wirtschaftsraumes willentlich aufgegeben, also auf einen anderen übertragen hat.[3] Hier hat S die Geräte an den Händler B verkauft und übergeben. Die Voraussetzungen des § 24 I MarkenG liegen also vor.

9 Daneben bedient sich der Angestellte des B des S-HX 3 Zeichens auf Plakaten, um den (Weiter-)Verkauf der Handys zu bewerben. Wenn aber der Weiterverkauf der entsprechenden Handys gestattet ist, muss es auch möglich sein, dies zu bewerben, wofür ein Rückgriff auf das Markenzeichen unentbehrlich ist. Auch das sog. Ankündigungsrecht wird damit im Grundsatz vom Erschöpfungsgrundsatz erfasst.[4]

#### 2. Schranken der Erschöpfung gemäß § 24 II MarkenG

10 Der Erschöpfungsgrundsatz gilt jedoch selbst nicht uneingeschränkt. Sofern sich der Markeninhaber aus berechtigten Gründen gegen die Benutzung der Marke im Zusammenhang mit dem weiteren Vertrieb der Waren widersetzt, findet der Erschöpfungsgrundsatz gemäß § 24 II MarkenG keine Anwendung. Dies ist insbesondere der

---

[1] Dazu Fall 15.

[2] *Götting*, Gewerblicher Rechtsschutz, § 50 Rn. 40; der Grundsatz der Erschöpfung findet sich nicht nur im Markenrecht, sondern auch bei den anderen Ausschließlichkeitsrechten des Geistigen Eigentums; s. Fälle 2 und 18.

[3] Ströbele/Hacker/*Hacker*, § 24 Rn. 21.

[4] *EuGH* Slg. 1999, I-905 = GRUR Int. 1999, 438 Tz. 47 – BMW/Deenik.

Fall, wenn der Zustand der Waren nach ihrem Inverkehrbringen verändert oder verschlechtert wird. Die Vertrauensfunktion (bzw. Qualitäts- und Garantiefunktion) soll dadurch abgesichert werden.[5] Im Einzelfall bedarf es einer Interessenabwägung.

Zunächst kann gefragt werden, ob die Plakatwerbung unter Rückgriff auf das S-HX 3-Zeichen berechtigten Interessen des Markeninhabers zuwiderläuft. Nach der Rechtsprechung des EuGH kann der Erschöpfung des Ankündigungsrechts beispielsweise entgegenstehen, dass der Wiederverkäufer durch die konkrete Verwendung den Eindruck erweckt, mit dem Zeicheninhaber in einer besonderen Geschäftsbeziehung zu stehen bzw. dessen Vertriebsnetz anzugehören.[6] Der Sachverhalt gibt jedoch keine Hinweise auf derartige Umstände. 11

Denkbar ist aber, dass die Waren durch Aufhebung des SIM-Lock-Schutzes verändert wurden. Ohne die Sperre ist die Einsatzmöglichkeit der angebotenen Handys eine andere. Der Verwendungszweck ist insoweit verändert, als das Produkt dann beispielsweise nicht mehr für das in der Mobilfunkbranche gängige Geschäftsmodell (insbesondere im Bereich von Prepaid-Angeboten) verwendet werden kann, Handys deutlich unter den Herstellungskosten zu vertreiben, während gleichzeitig durch den SIM-Lock-Schutz eine Anbindung an einen bestimmten Netzanbieter mit entsprechenden Gewinnmöglichkeiten sichergestellt ist. Die Netzbetreiber, Großkäufer entsprechender Mobiltelefone, erwarten, dass durch den bei S-HX 3-Geräten eingebauten SIM-Lock-Schutz dieser Verwendungszweck möglich ist. Für sie stellt dies ein Qualitätskriterium dar. Wenn nun unter derselben Bezeichnung Produkte auf dem Markt sind, die diese Erwartungshaltung frustrieren, wird die Qualitäts- und Garantiefunktion der Marke beeinträchtigt.[7] Daher greift die Gegenausnahme des § 24 II MarkenG ein, die der Erschöpfung im Wege steht. Entsprechendes gilt für die Werbung, da auch dort auf die Entsperrung hingewiesen wird. 12

**Hinweis:** Ungeachtet dessen können Privatpersonen stets Veränderungen an Markenprodukten vornehmen. Es mangelt dann an einem Handeln im geschäftlichen Verkehr.[8] 13

## IV. Passivlegitimation

Problematisch bleibt, dass B nicht selbst gehandelt hat. Es war der Angestellte M, der die Mobiltelefone eigenmächtig entsperrt hat. Gemäß § 14 VII MarkenG kann der Schadensersatzanspruch auch gegen den Inhaber des Betriebs geltend gemacht werden, wenn die Verletzungshandlung in einem geschäftlichen Betrieb von einem Angestellten schuldhaft begangen wurde. 14

**Hinweis:** Das MarkenG geht hier über das UWG hinaus, das eine strenge Haftung des Betriebsinhabers nur für Abwehransprüche (Unterlassungs- und Beseitigungsansprüche) vorsieht (§ 8 II UWG). 15

M nimmt eine Verletzung der Markenrechte des S in Kauf. Selbst wenn er einem Rechtsirrtum unterlegen sein sollte, handelt er schuldhaft. Da die Bestimmung keine Exkulpationsmöglichkeit vorsieht, ist es unerheblich, ob B von den Machenschaften seines Angestellten Kenntnis hatte.[9] Er muss sich dessen Verhalten zurechnen lassen. 16

## V. Haftungsumfang gemäß §§ 249ff. BGB

Der Umfang des Schadensersatzes bemisst sich gemäß §§ 249ff. BGB. Da der Nachweis eines konkreten Schadens schwierig sein dürfte, kann sich S auch einer der 17

[5] *Götting*, Gewerblicher Rechtsschutz, § 47 Rn. 9.
[6] *EuGH* Slg. 1999, I-905 = GRUR Int. 1999, 438 Tz. 51 – BMW/Deenik.
[7] *BGH* GRUR 2005, 160, 161 – SIM-Lock.
[8] Siehe etwa *BGH* GRUR 1998, 696 – Rolex-Uhr mit Diamanten.
[9] Ströbele/Hacker/*Hacker*, § 14 Rn. 424.

weiteren anerkannten Methoden der immaterialgüterrechtlichen Schadensberechnung bedienen.[10] Neben der Gewinnherausgabe kommt eine Lizenzanalogie in Betracht.

### VI. Ergebnis

18 S macht gegen B zu Recht Schadensersatzansprüche geltend.

19 **Weiterführende Hinweise:** *Sack,* GRUR Int. 2000, 610ff.; *EuGH* GRUR 2009, 593 – Copad/Dior; *BGH* GRUR 2007, 882 – Parfümtester; *BGH* GRUR 2002, 1063 – Aspirin.

## Abwandlung

20 Wenn die Abmahnung berechtigt ist, so ist B gut beraten, den Vordruck zu unterzeichnen. Ist sie hingegen unbegründet, so können dem B gegen den S Ansprüche wegen unberechtigter Schutzrechtsverwarnung zustehen.[11] Die Abmahnung ist rechtmäßig, wenn S von B gemäß § 14 II, V MarkenG Unterlassung der Verwendung des Zeichens S-HX 3 in den Werbeprospekten für Handygehäuse verlangen kann.

21 **Hinweis:** Eine strafbewehrte Unterlassungserklärung ist ein abstraktes Schuldanerkenntnis (§ 781 BGB), mit dem der Verletzte den Unterlassungsanspruch anerkennt und sich für den Fall einer erneuten Verletzung zur Zahlung einer Vertragsstrafe verpflichtet. Die Abgabe einer solchen Unterwerfungserklärung lässt für künftige Unterlassungsansprüche die Wiederholungsgefahr entfallen.[12] Der Rechtsinhaber hat gegen den Verletzer zwar keinen Anspruch auf Abgabe einer Unterlassungserklärung, sie erspart Letzterem aber die Kosten eines Prozesses, da nach Abgabe der Erklärung eine Verletzungsklage mangels Wiederholungsgefahr unbegründet wäre.

### I. Bestehen einer Marke

22 Wie gesehen, besteht am Zeichen S-HX 3 zugunsten von S Markenschutz gemäß § 4 Nr. 1 MarkenG.

### II. Verletzung gemäß § 14 II Nr. 1 MarkenG

#### 1. Benutzungshandlung

23 B benutzt das Zeichen in Deutschland in einem seiner Werbekataloge (vgl. § 14 III Nr. 2 und Nr. 5 MarkenG). Dies geschieht im geschäftlichen Verkehr, ohne dass S zugestimmt hat.

#### 2. Markenmäßige Benutzung

24 Zweifel bestehen aber daran, dass eine markenmäßige Benutzung vorliegt. B müsste das Zeichen S-HX 3 dazu verwenden, um Produkte als solche eines bestimmten Unternehmens zu kennzeichnen. Der Händler B verwendet die Klagemarke jedoch nicht als Hinweis auf die Herkunft seiner Gehäuse, sondern nur zur Illustration, dass seine Produkte mit dem entsprechenden Markenhandy kompatibel sind. Mit diesem Argument könnte vertreten werden, dass ein solcher Hinweis auf die Bestimmung keine markenmäßige Benutzung darstellt.[13]

25 Nach der Rechtsprechung des EuGH genügt es für eine potentiell rechtsverletzende Benutzung, wenn das Zeichen zur Unterscheidung von Produkten verwendet wird

---

[10] Dazu ausführlich Fall 5.

[11] Dazu ausführlich Fall 3.

[12] Näher zur Bedeutung und Rechtsnatur der Unterlassungserklärung Piper/Ohly/Sosnitza/*Ohly*, § 8 Rn. 11ff., 48ff.; s. a. *Förster/Dornis*, GRUR 2006, 159ff.

[13] Vgl. Ströbele/Hacker/*Hacker*, § 14 Rn. 95.

und wenn die Benutzung eine der geschützten Markenfunktionen beeinträchtigen kann.[14] Hier dient die Marke immerhin dazu, das Handy S-HX 3, für das die Gehäuse geeignet sind, von anderen Geräten zu unterscheiden. Auch eine Beeinträchtigung geschützter Markenfunktionen, etwa der Qualitäts- oder Investitionsfunktion, lässt sich nicht ausschließen. Dementsprechend hat der EuGH eine markenmäßige Benutzung etwa für die Fälle angenommen, dass sich eine freie Werkstatt als Spezialistin für die Reparatur von BMW-Fahrzeugen bezeichnet[15] oder dass Rasierklingen als kompatibel mit Gillette-Rasierern bezeichnet werden.[16]

**Hinweis:** Daher sollte man bei der Verwendung eines Zeichens als Hinweis auf die Zubehör- oder Ersatzteileigenschaft einer Ware im Zweifel die markenmäßige Benutzung bejahen und den Aspekt, dass hier das Zeichen nicht als Hinweis auf die Herkunft der eigenen Produkte, sondern als Information über die Bestimmung bestimmter Waren verwendet wird, in der ausdifferenzierten Regelung des § 23 Nr. 3 MarkenG verorten.[17] **26**

### 3. Kollisionstatbestand des § 14 II Nr. 1 MarkenG

B verwendet ein identisches Zeichen für identische Produkte. Damit liegen die Voraussetzungen des § 14 II Nr. 1 MarkenG vor. **27**

### 4. Schutzschranke des § 23 Nr. 3 MarkenG

Gemäß § 23 Nr. 3 MarkenG ist es zulässig, die Marke als Hinweis auf die Bestimmung einer Ware zu benutzen, soweit die Benutzung zum einen notwendig ist und zum anderen nicht gegen die guten Sitten verstößt. B präsentiert seine Gehäuse nicht isoliert, sondern zeigt, wie sie aussehen, wenn sie auf ein Mobiltelefon aufgesetzt sind. Damit macht er deutlich, dass seine Ware als Austauschteil mit dem S-HX 3-Handy kompatibel ist. Der BGH hat sich bereits mit einem ähnlichen Sachverhalt beschäftigt: Der beklagte Reifenhersteller hatte seine Reifen beworben, indem er sie in einem Prospekt auf einen Porsche montiert dargestellt hatte. In diesem Fall urteilte der BGH, dass wegen der Art des Produktes eine solche Darstellung notwendig war. Denn nur so könne der ästhetische Eindruck, auf den es den Käufern ankomme, in vollem Umfang vermittelt werden.[18] **28**

Auch die hier angebotenen Handygehäuse dienen vorwiegend ästhetischen Zwecken. Der Kunde kann sich hier nur dann ein optimales Bild machen, wenn er das Gehäuse montiert sehen kann. Da B gerade die Zielgruppe der S-HX 3-Käufer ansprechen will, ist es notwendig, diese gerade auf einem S-HX 3-Mobiltelefon anzubringen. Ferner kann B dadurch herausstellen, dass seine Ersatzgehäuse nicht für irgendwelche, möglicherweise bereits veraltete Handys taugen, sondern auch auf die neuste Generation passen. Aus diesem Grund kann es B nicht zum Vorwurf gemacht werden, dass er das Zeichen S-HX 3 nicht unkenntlich gemacht hat. **29**

Weiter dürfte dieses Handeln nicht gegen die guten Sitten verstoßen. Das ist nach der Rechtsprechung des EuGH der Fall, wenn eine Handelsbeziehung zwischen dem Benutzer und dem Markeninhaber vorgetäuscht wird, wenn die Unterscheidungskraft oder Wertschätzung der Marke in unlauterer Form ausgenutzt wird, wenn der Ruf der Marke geschädigt wird oder wenn der Benutzer seine Ware als Imitation des Originals darstellt.[19] B macht deutlich, dass es sich um seine Gehäuse und nicht etwa um von S **30**

---

[14] Hierzu ausführlich Fall 15.
[15] *EuGH* Slg. 1999, I-905 = GRUR Int. 1999, 438 Tz. 39 – BMW/Deenik.
[16] *EuGH* Slg. 2005, I-2337 = GRUR 2005, 509 – Gillette/LA Laboratories.
[17] Ströbele/Hacker/*Hacker*, § 14 Rn. 95.
[18] *BGH* GRUR 2005, 163, 164 – Aluminiumräder.
[19] *EuGH* Slg. 2005, I-2337 = GRUR 2005, 509 Tz. 49 – Gillette/LA Laboratories.

angebotene Alternativgehäuse handelt. Die Darstellung im Werbeprospekt erweckt auch nicht den Eindruck, dass es sich um Austauschteile handelt, die mit der Billigung von S hergestellt wurden. Die Rufausnutzung, die in der optischen Präsentation des Zubehörteils mit dem Originalprodukt besteht, ist aus den oben genannten Gründen nicht unlauter und daher vom Markeninhaber hinzunehmen. Damit sind keine Aspekte ersichtlich, die einen Verstoß gegen die guten Sitten begründen. Die Schutzschranke des § 23 Nr. 3 MarkenG greift ein. Damit fehlt es an einer Markenverletzung gemäß § 14 II Nr. 1 MarkenG.

### III. Eingriffstatbestand gemäß § 14 II Nr. 3 MarkenG

31 Auch eine Markenverletzung gemäß § 14 II Nr. 3 MarkenG scheidet aus. Selbst für den Fall, dass die Marke S-HX 3 bekannt sein sollte, ist die mit der Präsentation des Gehäuses verbundene Ausnutzung der Wertschätzung und Unterscheidungskraft der Marke aus den oben genannten Gründen nicht als unlauter zu beurteilen. Darüber hinaus sind die Wertungen des § 23 Nr. 3 MarkenG in die Unlauterkeitserwägungen des § 14 II Nr. 3 MarkenG hineinzulesen.[20]

32 **Hinweis:** Nach lauterkeitsrechtlichen Ansprüchen ist hier nicht gefragt. Dennoch sei darauf hingewiesen, dass es aus den oben genannten Gründen auch an der Unlauterkeit i. S. d. § 3 I UWG fehlt. Es handelt sich nicht um unlautere vergleichende Werbung, da keine Kaufalternative zwischen den Gehäusen und den Handys aufgezeigt wird und da im Übrigen der gute Ruf des S nicht in unlauterer Weise ausgenutzt wird (§ 6 II Nr. 4 UWG). Auch gegen. § 4 Nr. 9b UWG verstößt B aus diesem Grunde nicht.[21]

### IV. Ergebnis

33 Die Abmahnung erfolgt aus markenrechtlicher Sicht zu Unrecht. S steht gegen B kein Unterlassungsanspruch zu. Daher ist B gut beraten, die strafbewehrte Unterlassungserklärung nicht zu unterzeichnen. Sollte B ein Schaden entstanden sein (etwa für Rechtsverfolgungskosten), so kann B diesen Schaden von S gemäß § 823 I BGB bzw. §§ 9, 3 I, 4 Nr. 10 UWG nach den Grundsätzen über unberechtigte Schutzrechtsverwarnungen ersetzt verlangen.

34 **Weiterführende Hinweise:** Zur Vertiefung: *EuGH* Slg. 2005, I-2337 = GRUR 2005, 509 – Gillette; *Hotz,* Rechtsverletzende Markenbenutzung, GRUR 2003, 993.

---

[20] Ströbele/Hacker/*Hacker*, § 14 Rn. 250.
[21] Vgl. *BGH* GRUR 2005, 163, 165 – Aluminiumräder.

# Teil 4. Urheberrecht

## Fall 17. Röhrender Hirsch

*Nach LG Leipzig GRUR 2002, 424 – Hirschgewand.*

### Sachverhalt

A ist Modedesignerin und fertigt ausschließlich Einzelstücke nach individueller Beratung. Auf einer Modenschau zeigt sie eines ihrer Kleider. Die Besonderheit des von A ausgestellten Kleides liegt darin, dass A für die Herstellung ausschließlich hochwertige Materialien mit Jugendstilmotiven verwendet. Sie nimmt ein – üblicherweise in die Kategorie „Kitsch“ eingeordnetes – Motiv (Röhrender Hirsch) und kombiniert dies mit einem für Abendgarderobe ganz ungewöhnlichen Gobelin-Stoff. B fotografiert das Kleid der A und verwendet das Bild in einer Präsentationsmappe, mit der für eine Modemesse (Ordermesse für Konfektionsware) geworben wird. Das Bild dient der Illustration und soll auf A als potentielle Ausstellerin hinweisen. A wusste nichts von der Fotografie und hätte der Ablichtung und der Verwendung in der Präsentationsmappe nie zugestimmt. Außerdem ist A der Ansicht, durch die Präsentationsmappe würden falsche Tatsachen vermittelt. Insbesondere entstehe der Eindruck, sie nehme mit ihren hochwertigen Einzelstücken an einer Messe für Konfektionsware teil. Es sei daher durch die Veröffentlichung ihr Ruf gefährdet und es könnten Kunden abwandern. B meint, mit der Originalität des Kleides sei es nicht weit her. A habe das Kleid so ähnlich schon mehrfach geschneidert und da sie es nun auf der Modenschau öffentlich präsentiert habe, könne sie gegen die Fotografie und deren Verwendung in der Präsentationsmappe nichts unternehmen. Außerdem sei A auch gar nicht berechtigt, irgendwelche Ansprüche geltend zu machen, da nicht sie, sondern ihre Gehilfin G das Kleid (allerdings nach den Plänen der A) geschneidert hätte.

Steht der A ein urheberrechtlicher Unterlassungsanspruch zu?

### Gliederung

## Lösung

### I. Urheberrechtlicher Unterlassungsanspruch

1 Der A könnte gegen B ein Unterlassungsanspruch gemäß § 97 I UrhG zustehen.

2 **Übersicht: Voraussetzungen des Unterlassungsanspruchs gemäß § 97 I UrhG und des Schadensersatzanspruchs gemäß § 97 II UrhG**

Die Anspruchsgrundlage ergibt sich aus § 97 I bzw. II UrhG i.V.m. der Vorschrift, die das verletzte Verwertungsrecht bzw. die verletzte urheberpersönlichkeitsrechtliche Befugnis regelt, Beispiel: Der Unterlassungsanspruch wegen unerlaubter Vervielfältigung ergibt sich aus §§ 97 I, 16 I UrhG.

1. **Urheberrechtlich geschütztes Werk (§ 2 UrhG)**
   a) Werkkategorie (§ 2 I UrhG): keine echte Voraussetzung, auch ein nicht vom Katalog erfasstes Werk kann geschützt sein
   b) persönliche geistige Schöpfung (§ 2 II UrhG)
   c) Schutzfrist (§ 64 UrhG) nicht abgelaufen
2. **Aktivlegitimation:** Urheber (§ 7 UrhG), Miturheber (§ 8 UrhG) oder Inhaber eines ausschließlichen Nutzungsrechts (§ 31 III UrhG)
3. **Eingriff in den Schutzbereich**
   a) Eingriff in das Urheberpersönlichkeitsrecht (§§ 12ff. UrhG) oder ein Verwertungsrecht (§§ 15ff. UrhG)
   b) ohne Zustimmung des Urhebers
4. **Einwendungen und Einreden**
   a) Schranken des Urheberrechts (§§ 44a ff. UrhG)
   b) Einreden (z.B. Verjährung, § 102 UrhG)
5. a) bei Unterlassungsanspruch **Erstbegehungs- bzw. Wiederholungsgefahr** (§ 97 I UrhG)
   b) bei Schadensersatzanspruch Verschulden (§§ 97 II UrhG, 276 I BGB)

**Rechtsfolge:** Unterlassung (§ 97 I UrhG) bzw. Schadensersatz (§ 97 II UrhG: dreifache Schadensberechnung, Geldentschädigung für Nichtvermögensschäden)

### 1. Urheberrechtlich geschütztes Werk

Ein Unterlassungsanspruch gemäß § 97 I UrhG kommt nur in Betracht, wenn es sich bei dem Kleid der A um ein urheberrechtlich geschütztes Werk handelt. Im vorliegenden Fall könnte das Kleid als Werk der angewandten Kunst (§ 2 I Nr. 4 UrhG) geschützt sein.[1] Hierzu müsste es sich bei dem Kleid um eine „persönliche geistige Schöpfung" (§ 2 II UrhG) handeln. 3

**Hinweis:** Die Einordnung eines Werkes in eine der sieben nicht abschließenden Werkkategorien (vgl. das „insbesondere" in § 2 I UrhG) ist für die Entstehung des Urheberschutzes im Grunde ohne Bedeutung, da es lediglich darauf ankommt, dass eine „persönliche geistige Schöpfung" i.S.d. § 2 II UrhG vorliegt. Dennoch ist es aus zwei Gründen sinnvoll, das zur Prüfung anstehende Werk vorab in eine der sieben Werkkategorien einzuordnen: Erstens ist es denkbar, dass bei bestimmten Werkkategorien erhöhte Anforderungen an die Gestaltungshöhe gestellt werden (So genießt die „kleine Münze" bei Werken der angewandten Kunst nach h.M. keinen Schutz, s. dazu I 1 d). Zweitens ist zu beachten, dass manche Urheberrechtsschranken auf die Werkkategorien Bezug nehmen (z.B. § 51 S. 2 Nr. 2 UrhG). 4

#### a) Persönliche Schöpfung

Bei dem Kleid der A müsste es sich zunächst um eine persönliche Schöpfung handeln. Hierunter fallen alle Werke, an deren Entstehung ein Mensch steuernd mitgewirkt hat. Dieses Erfordernis ist im vorliegenden Fall problemlos erfüllt. Weder ist das Kleid von einer Maschine konzipiert worden, noch begehrt die A Urheberrechtsschutz ausschließlich für ein vorbestehendes (Natur-)Produkt.[2] Stattdessen hat die A das bereits existierende Hirschmotiv selbst mit einem neuen Stoff kombiniert und hieraus ein individuell gestaltetes Kleid und damit ohne weiteres eine persönliche Schöpfung hervorgebracht. 5

#### b) Geistiger Inhalt

Das Kleid der A müsste zudem einen geistigen Inhalt aufweisen. Dieses Erfordernis ist erfüllt, wenn durch das Werk ein vom Urheber stammender Gedanken- oder Gefühlsinhalt übermittelt wird. Im vorliegenden Fall zeichnet sich das von A geschaffene Kleid vor allem durch seine Ästhetik aus. Da hierdurch der Form- und Farbsinn des Betrachters angesprochen wird, übermittelt das Kleid einen entsprechenden geistigen Inhalt. 6

#### c) Formgebung/Wahrnehmbarkeit

Ferner müsste der im Werk enthaltene Inhalt für den Betrachter wahrnehmbar sein. Das deutsche Urheberrecht erfordert hier – in Abweichung von anderen Rechtsordnungen[3] – nicht, dass der Inhalt des Werkes in einem körperlichen Werkstück manifestiert ist. Ausreichend ist es vielmehr, wenn die Aussage des Werkes insoweit Gestalt angenommen hat, dass sie auf irgendeine Weise vom Hörer, Leser oder Betrachter wahrgenommen werden kann.[4] Auch spontane und nicht aufgezeichnete Darbietungen (z.B. eine Jazz-Improvisation) genießen daher urheberrechtlichen Schutz. Für das Kleid der A sind diese sehr geringen Voraussetzungen an die Wahrnehmbar- 7

---

[1] Zur Einordnung von Modekreationen in diese Werkkategorie siehe Dreier/Schulze/*Schulze*, § 2 Rn. 170.

[2] Zu diesen beiden Problemfällen der persönlichen Schöpfung siehe Dreier/Schulze/*Schulze*, § 2 Rn. 8f.

[3] Siehe etwa die Vereinigten Staaten von Amerika, wo nach § 102 des Copyright Act (17 U.S.C.) ein Werk nur dann Schutz genießt, wenn es körperlich fixiert ist („fixed in any tangible medium of expression").

[4] Dreier/Schulze/*Schulze*, § 2 Rn. 13.

keit unproblematisch erfüllt, da die ästhetische Aussage des Kleides in jedem Werkstück körperlich enthalten ist und daher von jedem Betrachter aufgenommen werden kann.

8 **Hinweis:** Die bis zu diesem Punkt besprochenen Schutzvoraussetzungen waren ohne Probleme erfüllt und sollten daher in einer Klausursituation deutlich kürzer abgehandelt werden.

### d) Hinreichendes Maß an Individualität

9 Fraglich ist, ob das Kleid eine für den Urheberrechtsschutz ausreichende Individualität[5] aufweist. Hierfür müsste die Schöpfung zum einen Eigenheiten enthalten, die über das rein handwerkliche und routinemäßige hinausgehen und dadurch das Werk von der Masse des ungeschützten Alltäglichen abheben.[6] Zum anderen müsste die Individualität der Schöpfung ein gewisses Maß – die sogenannte „Gestaltungshöhe"[7] – erreichen. Während das erste Merkmal („individuelle Eigenheiten") im vorliegenden Fall schon allein aufgrund der außergewöhnlichen Verwendung von Stoffen unproblematisch erfüllt ist, erfordert das Merkmal der Gestaltungshöhe einen deutlich höheren Begründungsaufwand. Hier ist zu berücksichtigen, dass für das Kleid als Werk der angewandten Kunst (§ 2 I Nr. 4 UrhG) dem Grunde nach auch ein Schutz durch das Geschmacksmustergesetz möglich wäre. Aufgrund dieser Schutzparallelität geht die Rechtsprechung davon aus, dass für Werke der angewandten Kunst strengere Anforderungen an die Gestaltungshöhe gestellt werden müssen.[8] Die „kleine Münze" (gängige Bezeichnung für Werke mit kaum noch wahrnehmbarer Individualität) wird daher im Bereich der angewandten Kunst – anders als bei sonstigen Werken[9] – nicht geschützt. Die Individualität derartiger Werke muss – jedenfalls nach Auffassung der Rechtsprechung – ein Maß erreichen, bei dem nach der Lebensauffassung noch von Kunst gesprochen werden kann.[10] Die hierdurch hervorgerufene Staffelung der Schutzvoraussetzungen sieht sich einer nicht unberechtigten Kritik der Rechtswissenschaft ausgesetzt.[11] Nach der Neufassung des deutschen Geschmacksmusterrechts im Jahr 2004 und der damit verbundenen Hinwendung zu einem (eher an den gewerblichen Schutzrechten denn am Urheberrecht orientierten) „design approach"[12] spricht einiges dafür, dass der Geschmacksmusterschutz im Vergleich zum Urheberrecht ein *aliud* und kein *lex specialis* darstellt und die Möglichkeit eines geschmacksmusterrechtlichen Schutzes damit keinen Einfluss auf den Urheberschutz von Werken der angewandten Kunst hat.[13] Gegen eine Sonderbehandlung von Werken der angewandten Kunst lässt sich zudem die europäische Urheberrechtsentwicklung anführen, die einerseits von einem einheitlichen Werkbegriff ausgeht, andererseits aber beispielsweise für

---

[5] Statt des Begriffs der „Individualität" werden – vor allem von der Rechtsprechung – auch synonym die Bezeichnungen „schöpferische Eigentümlichkeit" (z. B. BGHZ 122, 53 = GRUR 1994, 206, 207 – Alkolix), „schöpferische Eigenart" (*BGH* GRUR 1981, 352, 353 – Staatsexamensarbeit) oder „eigenschöpferische Prägung" (z. B. *BGH* GRUR 2002, 958, 960 – Technische Lieferbedingungen) verwendet; siehe hierzu auch Schricker/*Loewenheim*, § 2 Rn. 23.

[6] St. Rspr.; siehe nur *BGH* GRUR 1986, 739, 740 f. – Anwaltsschriftsatz.

[7] Synonym werden hier auch die Begriffe „Schöpfungshöhe" oder „Werkhöhe" verwendet; siehe hierzu Dreier/Schulze/*Schulze*, § 2 Rn. 20.

[8] St. Rspr., siehe etwa *BGH* GRUR 1995, 581, 582 – Silberdistel; in diesem Sinne auch *Schack*, Urheber- und Urhebervertragsrecht, Rn. 202.

[9] Kritisch hierzu *Schack*, Rn. 261 ff.

[10] *BGH* GRUR 1981, 517, 519 – Rollhocker.

[11] Ausführlich und m. w. N. Schricker/*Loewenheim*, § 2 Rn. 33; Dreyer/Kotthoff/Meckel/*Dreyer*, § 2 Rn. 61 ff.; Fromm/*Nordemann*, § 2 Rn. 147.

[12] Siehe hierzu *Wandtke/Ohst*, GRUR Int. 2005, 91, 91 ff.

[13] Vgl. Schricker/*Loewenheim*, § 2 Rn. 33.

Computerprogramme (siehe nur Art. 1 I S. 2 und 3 RL 91/250/EG, umgesetzt in § 69a III S. 2 UrhG) klarstellt, dass gerade keine überdurchschnittliche Gestaltungshöhe erforderlich ist.[14]

Im vorliegenden Fall muss der dargestellte Streit nicht entschieden werden, da auch die strengeren Anforderungen der Rechtsprechung erfüllt sind: Durch die Kombination eines für Abendgarderobe sehr unüblichen Motivs mit einem ausgefallenen Stoff hat die A ein ungewöhnliches Werk geschaffen, das weit über die Originalität üblicher Modeschöpfungen hinausgeht und daher auch die nach der Rechtsprechung erforderlichen erhöhten Anforderungen an die „Gestaltungshöhe" bei Werken der angewandten Kunst erfüllt.[15] 10

**Hinweis:** Für die A bedeutet dies, dass ihr Werk sowohl durch das Urheberrecht, als auch durch das Geschmacksmusterrecht geschützt werden kann. Die Bejahung des Urheberrechtsschutzes bildet damit keine Sperre für die Anwendbarkeit des Geschmacksmusterrechts.[16] Der Schutz nach dem (deutschen) Geschmacksmustergesetz setzt allerdings die Anmeldung und Eintragung des Geschmacksmusters (§ 27 I GeschmMG) voraus.[17] 11

### 2. Aktivlegitimation der A

A ist selbst Schöpferin des Werkes i.S.d. § 7 UrhG und danach berechtigt, urheberrechtliche Ansprüche geltend zu machen. Dass A bei der Schöpfung des Werkes von ihrer Gehilfin G unterstützt wurde, ist hierbei aus zwei Gründen unerheblich: Erstens hat die Gehilfin G selbst keinen kreativen (sondern nur einen „mechanischen") Beitrag zur Schöpfung des Kleides geleistet, so dass das Urheberrecht an dem Kleid ausschließlich der A zusteht. Zweitens könnte die A selbst im Falle einer (hier nicht vorliegenden) Miturheberschaft der Gehilfin gemäß § 8 II 3 UrhG im eigenen Namen Unterlassungsansprüche geltend machen, ohne hierbei auf die Zustimmung der anderen Miturheber angewiesen zu sein. 12

### 3. Eingriff in ein Ausschließlichkeitsrecht

Fraglich ist, ob B in das Ausschließlichkeitsrecht der A eingegriffen hat. In Betracht kommt hier sowohl ein Eingriff in das Urheberpersönlichkeitsrecht (a) als auch in die urheberrechtlichen Verwertungsrechte (b). 13

#### a) Urheberpersönlichkeitsrecht

#### aa) Veröffentlichungsrecht (§§ 12 I, 6 I UrhG)

A könnte durch den Abdruck der Fotografie in der Präsentationsmappe in das Veröffentlichungsrecht der A aus §§ 12 I, 6 I UrhG eingegriffen haben. Aus dem Sinn und Zweck der Vorschrift ergibt sich allerdings, dass mit „Veröffentlichung" im Sinne des § 12 UrhG nur die „Erstveröffentlichung" eines Werkes gemeint ist. § 12 UrhG 14

---

[14] Zu diesem Argument Dreyer/Kotthoff/Meckel/*Dreyer*, § 2 Rn. 63; Schricker/*Loewenheim*, § 2 Rn. 32; ein weiteres Bsp. ist Art. 6 der SchutzdauerRL (93/98/EG); siehe zum „europäischen Werkbegriff" auch *EuGH* GRUR 2009, 1041 – Infopaq/DDF, hierzu *Schulze*, GRUR 2009, 1019.

[15] An dieser Stelle ist auch ein abweichendes Ergebnis vertretbar, solange sich der Bearbeiter der Problematik bewusst ist und eine Auseinandersetzung mit dem Sachverhalt vornimmt. Die übrigen Probleme des Falles müssten dann freilich hilfsgutachtlich geprüft werden.

[16] *LG Leipzig* GRUR 2004, 424, 424 – Hirschgewand; Möhring/Nicolini/*Ahlberg*, § 2 Rn. 26; Schricker/*Loewenheim*, § 2 Rn. 33; *Schack*, Urheber- und Urhebervertragsrecht, Rn. 202.

[17] Beachten Sie hier den Unterschied zum Europäischen Geschmacksmusterschutz nach der Gemeinschaftsgeschmacksmusterverordnung (GGV); dort ist in Art. 1 II lit. a, 11 I ein dreijähriger Schutz des nicht eingetragenen Gemeinschaftsgeschmacksmusters vorgesehen, s. Fall 24.

spricht dem Urheber die Befugnis zu, selbst darüber zu entscheiden, ob und wie das Werk aus der Privatsphäre des Autors heraustreten und der Öffentlichkeit zugänglich gemacht werden soll.[18] Hat der Schöpfer selbst diesen Schritt einmal vollzogen und das Werk veröffentlicht, so kann er aus tatsächlichen Gründen nur noch bedingt auf die kommunikative Verbreitung seines Werkes Einfluss nehmen. Hierfür genügen dem Urheber aber seine verwertungsrechtlichen Befugnisse, insbesondere das Vervielfältigungs- und Verbreitungsrecht, ohne dass ein zusätzlicher urheberpersönlichkeitsrechtlicher Schutz notwendig wäre. Da die A im vorliegenden Fall ihr Kleid auf der Modenschau i.S.d. § 6 I UrhG der Öffentlichkeit zugänglich gemacht hat, konnte B folglich nicht mehr in das durch § 12 I UrhG geschützte Erstveröffentlichungsrecht der A eingreifen.

**bb) Anerkennung der Urheberschaft (§ 13 UrhG)**

15 Darüber hinaus könnte ein Eingriff in das Recht der A auf Anerkennung ihrer Urheberschaft aus § 13 UrhG vorliegen. Das Persönlichkeitsrecht auf Anerkennung der Urheberschaft vermittelt dem Urheber das grundsätzliche Recht, bei jeder Nutzung seines Werkes als Urheber genannt zu werden.[19] Im vorliegenden Fall enthält der von B hergestellte Katalog den klaren Hinweis, dass das abgebildete Kleid von A entworfen wurde. Ein Eingriff in das Recht auf Anerkennung der Urheberschaft scheidet damit aus.

16 **Hinweis:** Die Prüfung der §§ 12 und 13 UrhG sollte im Rahmen einer Klausurbearbeitung deutlich kürzer ausfallen und könnte sogar weggelassen werden.

**cc) Entstellungsverbot (§ 14 UrhG)**

17 Denkbar ist jedoch, dass die Abbildung des Kleides eine gemäß § 14 UrhG unzulässige Entstellung des Werkes der A darstellt. Das Entstellungsverbot gemäß § 14 UrhG wird traditionell in einer dreistufigen Prüfung untersucht. Hierbei ist zunächst zu fragen, ob aus objektiver Sicht eine Entstellung oder Beeinträchtigung vorliegt. Sofern dies der Fall ist, wird auf einer zweiten Stufe untersucht, ob hierdurch die berechtigten Interessen des Urhebers gefährdet werden. Auf der dritten Stufe der Prüfung werden schließlich die Interessen des Urhebers und des Nutzers umfassend gegeneinander abgewogen.

18 **Hinweis:** Eine Beeinträchtigung der Interessen des Urhebers (Stufe 2) liegt nicht vor, wenn der Rechtsinhaber der Entstellung oder Beeinträchtigung zugestimmt hat. In diesem Zusammenhang stellt sich vielfach die Frage nach der Zulässigkeit von vertraglichen Verfügungen über das Urheberpersönlichkeitsrecht. Um dieser komplexen Problematik[20] gerecht zu werden, bietet sich alternativ eine zweistufige Prüfung von § 14 UrhG an (Stufe 1: Entstellung oder Beeinträchtigung; Stufe 2: Interessenabwägung). Die Frage nach der Zulässigkeit vertraglicher Verfügungen über das Urheberpersönlichkeitsrecht kann dann – falls erforderlich – als eigener Prüfungspunkt abgehandelt werden.

19 Eine Entstellung oder Beeinträchtigung (Stufe 1) ist zu bejahen, wenn der geistig-ästhetische Gesamteindruck eines Werkes objektiv nachweisbar verändert wird.[21] Typische Fälle für eine solche Beeinträchtigung sind physische Eingriffe in die Substanz

---

[18] Ausführlich hierzu Schricker/*Dietz*, § 12 Rn. 1.

[19] Dreier/Schulze/*Schulze*, § 13 Rn. 3; zum Teil wird beim Namensnennungsrecht innerhalb des § 13 UrhG wie folgt differenziert (siehe hierzu Schricker/*Dietz*, § 13 Rn. 6): § 13 S. 2 UrhG erfasse den (auch im vorliegenden relevanten) Spezialfall der Anbringung eines Urhebervermerkes auf körperlichen Vervielfältigungsstücken, während § 13 S. 1 UrhG hierzu subsidiär sei und nur bei unkörperlicher Werkwiedergabe zur Anwendung komme.

[20] Hierzu ausführlich und m. w. N. Schricker/*Dietz*, Vor §§ 12ff. Rn. 26.

[21] *BGH* ZUM 1992, 307, 310 – Christoph Columbus.

des Werkes (z. B. das Beschmutzen oder Beschädigen einer urheberrechtlich geschützten Skulptur). Daneben kann es ebenfalls eine relevante Beeinträchtigung darstellen, wenn durch die Wiedergabe des Werkes ein anderer Sachzusammenhang hergestellt wird, als vom Urheber intendiert.[22] Letzteres ist vorliegend der Fall. Bei der Kreation der A handelt es sich um ein hochwertiges Einzelstück, das individuell gefertigt wird. Durch die Abbildung des Kleides im Katalog der B wird zwar die Substanz des Werkes nicht angetastet, dafür aber der Eindruck vermittelt, dass die A – wie die anderen Teilnehmer der von B beworbenen Messe – lediglich Konfektions(massen-)ware herstellt. Aus objektiver Sicht liegt damit eine Beeinträchtigung der A vor.

Die Beeinträchtigung eignet sich auch zur Gefährdung der Interessen der A (Stufe 2). Auf dieser Stufe der Prüfung wird regelmäßig bereits durch das objektive Vorliegen einer Beeinträchtigung eine entsprechende Eignung zur Interessengefährdung indiziert.[23] Anhaltspunkte, warum diese Indizwirkung im vorliegenden Fall entfallen könnte (z. B. weil die A die Abbildung ihres Kleides in anderen vergleichbaren Katalogen gestattet hat) sind vorliegend nicht ersichtlich. 20

Auf der dritten Stufe ist eine Abwägung des Bestands- und Integritätsinteresses der A mit dem Nutzungsinteresse des B vorzunehmen, wobei im Ausgangspunkt zu Gunsten des Urhebers von einem grundsätzlichen Änderungsverbot auszugehen ist.[24] Neben dieser generellen Vermutung zu Gunsten des Urhebers spricht für A die erhebliche Schöpfungshöhe des Kleides. Darüber hinaus kann berücksichtigt werden, dass das Geschäft der A gerade auf kleine Stückzahlen und hochwertige Modekreationen beschränkt ist. Die Abbildung des Kleides der A im Zusammenhang mit einer gewöhnlichen Ordermesse für Konfektionsware kann daher den Ruf der A als Künstlerin erheblich beeinträchtigen. Demgegenüber ist kein Grund ersichtlich, warum B das Werk der A gerade für Werbezwecke verwenden und hierbei insbesondere auch in einen neuen Zusammenhang (Konfektionsware) stellen dürfen soll. Daher ist davon auszugehen, dass das Bestands- und Integritätsinteresse der A das Nutzungsinteresse der B überwiegt und damit eine unzulässige Entstellung gemäß § 14 UrhG vorliegt (a. A. vertretbar). 21

### b) Verwertungsrechte

#### aa) Vervielfältigungsrecht (§§ 15 I Nr. 1, 16 I UrhG)

B könnte durch die Abbildung des Kleides in das Vervielfältigungsrecht der A aus §§ 15 I Nr. 1, 16 I UrhG eingegriffen haben. Unter einer Vervielfältigung versteht man jede körperliche Fixierung des Werkes, durch die das Werk den menschlichen Sinnen unmittelbar oder mittelbar wahrnehmbar gemacht wird.[25] Unerheblich hierfür ist es, ob das Werk im Rahmen der Fixierung in derselben Dimension verbleibt oder in eine andere Dimension übertragen wird. B hat durch die Abbildung des Kleides der A eine – wenn auch zweidimensionale – körperliche Fixierung des Werkes vorgenommen und damit in das Vervielfältigungsrecht aus §§ 15 I Nr. 1, 16 I UrhG eingegriffen. 22

**Hinweis:** Beachten Sie den Unterschied zur Wahrnehmbarkeit als Schutzvoraussetzung (s. o.). Während dort auch die unkörperliche Wahrnehmbarkeit ausreicht, ist es für eine Vervielfältigung i. S. d. §§ 15 I Nr. 1, 16 I UrhG zwingend erforderlich, dass es zu einer körperlichen Fixierung des Werkes kommt (vgl. auch § 15 I UrhG, der von körperlicher Verwertung spricht). 23

---

[22] Dreier/Schulze/*Schulze*, § 14 Rn. 11.
[23] Schricker/*Dietz*, § 14 Rn. 27.
[24] BGHZ 62, 331 = GRUR 1974, 675, 676 – Schulerweiterung; Dreier/Schulze/*Schulze*, § 14 Rn. 16.
[25] BGHZ 17, 266, 269 f. = GRUR 1955, 492 – Grundig-Reporter; Dreier/Schulze/*Schulze*, § 16 Rn. 6.

**bb) Verbreitungsrecht (§§ 15 I Nr. 2, 17 I UrhG)**

24 B hat zudem die von ihm hergestellten körperlichen Vervielfältigungsstücke in den Verkehr gebracht und damit in das Verbreitungsrecht aus §§ 15 I Nr. 2, 17 II UrhG eingegriffen.

25 **Hinweis:** Aus § 15 I UrhG folgt, dass das Verbreitungsrecht einen Unterfall der körperlichen Verwertung darstellt und sich daher auch nur auf das Anbieten oder Inverkehrbringen körperlicher Vervielfältigungsstücke erstreckt.[26] Hätte B die Abbildung des Kleides zusätzlich auch in nicht-körperlicher Form verwertet (z.B. durch Einbinden der Fotografien in eine Homepage), so läge zwar möglicherweise ein Eingriff in das Recht der öffentlichen Zugänglichmachung (§§ 15 II 2 Nr. 2, 19a UrhG), nicht aber in das Vervielfältigungsrecht vor.

**4. Schranken**

26 Fraglich ist, ob zugunsten des B urheberrechtliche Schranken eingreifen. Sollte dies der Fall sein, so wäre die Nutzung durch B nicht rechtswidrig, und ein Anspruch der A gemäß § 97 I UrhG bestünde nicht. Zu beachten ist jedoch, dass die Schranken des Urheberrechts – abgesehen von einigen wenigen und hier nicht einschlägigen Ausnahmen[27] – nur auf die urheberrechtlichen Verwertungsrechte und nicht auf das Urheberpersönlichkeitsrecht Anwendung finden. Eine Rechtfertigung durch die Schranken des Urheberrechts kommt somit von vornherein nur in Bezug auf die Vervielfältigung und Verbreitung, nicht jedoch hinsichtlich der Entstellung gemäß § 14 UrhG in Betracht.

**a) Zitatrecht (§ 51 S. 2 Nr. 2 UrhG)**

27 Die Abbildung des Kleides könnte über das Zitatrecht gemäß § 51 S. 2 Nr. 2 UrhG (sog. „Kleinzitat") gerechtfertigt sein. Problematisch ist an dieser Stelle zunächst, dass B das komplette Kleid der A abgebildet hat und nicht – wie vom Wortlaut des § 51 S. 2 Nr. 2 UrhG vorgesehen – nur „Stellen eines Werkes". Der Wortlaut der in S. 2 des § 51 genannten Zitatkategorien stellt jedoch seit der Neufassung des § 51 UrhG keine starre Grenze mehr dar (vgl. das „insbesondere"), so dass auch eine vollständige Wiedergabe von Werken nicht generell vom Zitatrecht ausgeschlossen werden kann. Im Übrigen war bereits vor der Neufassung der Zitierfreiheit anerkannt, dass gerade in Fällen des Bildzitates ein praktisches Bedürfnis nach der Wiedergabe ganzer Werke besteht. In Analogie zu § 51 Nr. 2 UrhG a.F. wurden daher unter dem Stichwort „großes Kleinzitat" derartige Werknutzungen als zulässig angesehen.[28] Die Tatsache, dass B das komplette Kleid abgebildet hat, schließt die Anwendung von § 51 UrhG daher nicht aus.

28 Der Abdruck des Kleides im Katalog der B wäre jedoch nur dann als Zitat gerechtfertigt, wenn B mit der Wiedergabe einen zulässigen Zitatzweck verfolgt hätte. § 51 UrhG gestattet nicht jede denkbare Wiedergabe, sondern verlangt, dass dem Zitat eine sog. „Belegfunktion" zukommt.[29] Erforderlich hierfür ist eine „innere Verbindung" zwischen zitiertem und zitierendem Werk, wobei das verwendete Material (hier also das Kleid der A) die Ausführungen des Zitierenden belegt. Diese Anforderungen werden von der Wiedergabe des Kleides durch B nicht erfüllt. Die Fotografie des Kleides ist nicht deshalb in dem Katalog enthalten, um eine eigene Aussage des Zitierenden

[26] Wandtke/Bullinger/*Heerma*, § 17 Rn. 5; Fromm/Nordemann/*Dustmann*, § 17 Rn. 8ff.

[27] Siehe hierzu die Anmerkung bei Rn. 17 in Fall 19.

[28] KG UFITA 54 (1969), 296 – Extra-Dienst; *OLG Hamburg* GRUR 1993, 666, 666 – Altersfoto; *LG Berlin* GRUR 2007, 797, 797 – Screenshots; Schricker/*Schricker*, § 51 Rn. 45.

[29] Vgl. BGHZ 50, 147, 155 = GRUR 1968, 607 – Kandinsky I; *BGH* GRUR 1986, 59, 60 – Geistchristentum; Schricker/*Schricker*, § 51 Rn. 16.

(also B) zu belegen, sondern dient ausschließlich dem Zweck, die A als potentielle Ausstellerin zu identifizieren. Eine „innere Verbindung" zwischen beiden Werken ist daher nicht ersichtlich.

**b) Katalogbildfreiheit (§ 58 UrhG)**

Eine Rechtfertigung kommt auch nicht über die sog. „Katalogbildfreiheit" des § 58 I UrhG in Betracht. Zwar hat die A ihr Kleid auf einer öffentlichen Modenschau präsentiert. Die Katalogbildfreiheit erlaubt eine Nutzung aber nur durch den Veranstalter genau dieser Ausstellung. B hat aber weder die Modenschau veranstaltet, noch wirbt er für eben diese Veranstaltung. Stattdessen verwendet er die Abbildung des Kleides für eine völlig andere Veranstaltung, nämlich für die von ihm organisierte Ordermesse für Konfektionsware. **29**

**5. Wiederholungsgefahr**

Durch den nicht gerechtfertigten Eingriff in das Ausschließlichkeitsrecht der A wird die gem. § 97 I UrhG erforderliche Wiederholungsgefahr indiziert. **29a**

**II. Weitere Ansprüche (Exkurs)**

Neben dem hier geprüften (und nach der Fallfrage ausschließlich gefragten) urheberrechtlichen Unterlassungsanspruch könnte im vorliegenden Fall noch über weitere Ansprüche nachgedacht werden. Zum einen wäre es denkbar, neben dem Urheberpersönlichkeitsrecht auf eine Verletzung des allgemeinen Persönlichkeitsrechts unter dem Gesichtspunkt abzustellen, dass die Abbildung möglicherweise das Gesamtwerk der A als Künstlerin verzerrt.[30] Dieser Aspekt wird jedoch bereits durch § 14 UrhG erschöpfend erfasst, so dass das Urheberpersönlichkeitsrecht dem allgemeinen Persönlichkeitsrecht hier vorgeht. Daneben könnte man an einen lauterkeitsrechtlichen Unterlassungsanspruch gemäß § 8 I 1 i.V.m. § 5 I UWG (irreführende geschäftliche Handlung) denken, sofern aus der Sicht des durchschnittlichen Mitglieds der angesprochenen Verkehrskreise der irreführende Eindruck entsteht, A stelle auf der Messe aus. Dabei wäre allerdings die Aktivlegitimation der A als Mitbewerberin (§§ 8 III Nr. 1, 2 I Nr. 2 UWG) zweifelhaft. **30**

**III. Ergebnis**

B verletzt durch die Abbildung des Kleides der A und die Verbreitung des Kataloges das Entstellungsverbot gemäß § 14 UrhG, das Vervielfältigungsrecht aus §§ 15 I Nr. 1, 16 I UrhG sowie das Verbreitungsrecht aus §§ 15 I Nr. 2, 17 I UrhG. A kann von B folglich gemäß § 97 I UrhG Unterlassung verlangen. **31**

---

[30] Vgl. BGHZ 107, 384 = GRUR 1995, 668, 670 – Emil Nolde.

# Fall 18. Softwarehandel

*Nach BGHZ 145, 7 = GRUR 2001, 153 – OEM-Version. Abwandlung 2 nach LG München I MMR 2007, 328; OLG München MMR 2008, 601 – Gebrauchte Lizenzen.*

## Sachverhalt

Die M-Corp. ist ein in Deutschland ansässiges Software-Unternehmen und bietet unter anderem ein führendes Betriebssystem für Personalcomputer an. Hierfür verfolgt sie einen sog. „gespaltenen Vertrieb“. Einerseits bietet sie eine „Vollversion“ ihres Betriebssystems an, die direkt in den Großhandel gegeben und ohne Hardware an Endverbraucher verkauft wird. Andererseits vertreibt sie eine verbilligte OEM-Version (OEM = „Original Equipment Manufacturer“), die nur zusammen mit Hardware verkauft werden darf. Für diese OEM-Versionen schließt die M-Corp. mit ihren Abnehmern Lizenzverträge, nach denen diese berechtigt sind, Vervielfältigungsstücke des Betriebssystems (Installations-CDs) selbst herzustellen und gemeinsam mit Computerhardware zu vertreiben. Ein direkter Verkauf an Endverbraucher ist dagegen ausdrücklich ausgeschlossen.

Die X-GmbH baut PC-Komplettsysteme und ist eine Lizenzpartnerin der M-Corp. Die X-GmbH stellt auf Grundlage ihrer Lizenz mehrere Installations-CDs her und verkauft diese ohne Hardware an den Zwischenhändler Z. Nachdem dieser die OEM-Versionen in seinem Online-Shop anbietet, verlangt die M-Corp. von Z Unterlassung. Zu Recht?

### Abwandlung 1

Die M-Corp. hat der X-GmbH die Lizenz zum Vertrieb der Software zeitlich befristet nur für das Jahr 2007 erteilt. Die X-GmbH verkauft Ende 2007 einen PC mit Betriebssystem an den Zwischenhändler Z. Als dieser Anfang Januar 2008 das Gerät samt Software in seinem Online-Shop anbietet, verlangt die M-Corp. von Z Unterlassung. Zu Recht?

### Abwandlung 2

Die M-Corp. vertreibt das Betriebssystem auch direkt als Download. Zum Herunterladen der Installationsdatei und zur Aktivierung des Programmes ist ein sog. „Lizenzschlüssel“ erforderlich, der direkt bei der M-Corp. erworben werden muss. Der Erwerber eines solchen Schlüssels wird vertraglich verpflichtet, die Software mit Hilfe des Lizenzschlüssels nur auf einem Rechner zu installieren und nicht weiterzugeben. Die X-GmbH erwirbt für ihre Bürorechner 25 solcher Lizenzschlüssel und lädt das Programm 25-mal herunter. Kurze Zeit später stellt die X-GmbH fest, dass nur 20 Rechner mit dem Programm ausgestattet werden müssen. Die überzähligen fünf Lizenzschlüssel veräußert die X-GmbH daher an die Y-GmbH. Die bereits heruntergeladenen und bisher nicht installierten Software-Versionen schickt die X-GmbH zusammen mit den Lizenzschlüsseln per E-Mail an die Y-GmbH und löscht danach die

Dateien auf ihren Rechnern. Die Y-GmbH speichert die Programmdateien ab und installiert die Software auf fünf Rechnern mit Hilfe der Lizenzschlüssel. Kann die M-Corp. untersagen, dass die Y-GmbH die Software benutzt?

## Gliederung

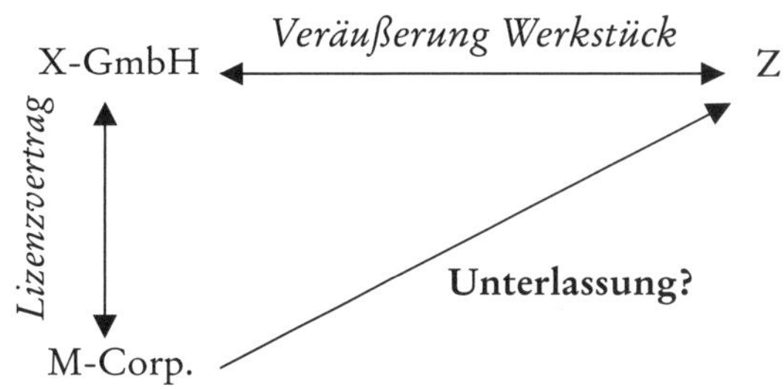

## Lösung

### I. Schuldrechtliche Ansprüche

1 Der M-Corp. stehen keine schuldrechtlichen Ansprüche gegen Z aus dem Lizenzvertrag zu, da der Vertrag nur zwischen den Vertragsparteien M-Corp. und X-GmbH Wirkung entfaltet (Relativität der Schuldverhältnisse).

### II. Lauterkeitsrechtlicher Unterlassungsanspruch

2 Der M-Corp. könnte gegen Z ein lauterkeitsrechtlicher Unterlassungsanspruch aus §§ 8 I 1, 4 Nr. 10, 3 I UWG zustehen. Ansatzpunkt für die Unlauterkeit des Verhaltens von Z könnte der Schutz eines etwaigen von der M-Corp. betriebenen selektiven Vertriebssystems sein. Unabhängig davon, ob im vorliegenden Fall tatsächlich ein selektives Vertriebssystem vorliegt, scheidet ein lauterkeitsrechtlicher Unterlassungsanspruch jedoch aus, da dieser nach der Rechtsprechung nur dann besteht, wenn ein Außenseiter die Ware durch Verleitung zum Vertragsbruch oder durch Täuschung über seine Berechtigung erlangt (sog. Schleichbezug). Ein bloßes Ausnutzen des Vertragsbruchs durch Z genügt dagegen nicht[1], so dass kein entsprechender Unterlassungsanspruch besteht.

### III. Urheberrechtlicher Unterlassungsanspruch

3 Der M-Corp. könnte gegen den Z jedoch ein urheberrechtlicher Unterlassungsanspruch gemäß § 97 I UrhG zustehen.

#### 1. Urheberrechtlicher Schutz des Betriebssystems

4 Bei dem Betriebssystem handelt es sich um eine „persönliche geistige Schöpfung" i.S.d. § 2 II UrhG, die als Computerprogramm (§§ 2 I Nr. 1, 69a I, 3 UrhG) urheberrechtlichen Schutz genießt.

5 **Hinweis:** Während bei anderen Werkkategorien zum Teil umstritten ist, ob auch Werke mit äußerst geringer Individualität urheberrechtlichen Schutz genießen (Stichwort „kleine Münze"[2]), ist diese Frage bei Computerprogrammen gesetzlich geregelt. § 69a III UrhG, der auf der Richtlinie 91/250/EWG über den Rechtsschutz von Computerprogrammen beruht, stellt hier ausdrücklich klar, dass alle Computerprogramme geschützt werden, die eine „eigene geistige Schöpfung ihres Urhebers sind", ohne dass es hierbei auf „andere Kriterien, insbesondere [...] qualitative oder ästhetische" ankommt.

#### 2. Aktivlegitimation

6 Als juristische Person kann die M-Corp. nicht selbst Urheberin des Computerprogrammes i.S.d. § 7 UrhG sein.[3] Urheber sind vielmehr die bei der M-Corp. angestellten Programmierer. Da der Sachverhalt keine entgegenstehenden Angaben enthält, ist aber – mangels anderweitiger Vereinbarung – mit § 69b UrhG davon auszugehen, dass die M-Corp. zur Ausübung der vermögensrechtlichen Befugnisse an dem Computerprogramm berechtigt ist.

#### 3. Eingriff in das Urheberrecht/Erschöpfung

7 Fraglich ist jedoch, ob Z in die mit dem Urheberrecht verbundenen Ausschließlichkeitsrechte der M-Corp. eingegriffen hat. Da Z die Software in seinem Online-Shop

---

[1] Ausführlich zum lauterkeitsrechtlichen Schutz selektiver Vertriebssysteme Fall 2.
[2] Siehe hierzu Fall 17.
[3] Schricker/*Loewenheim*, § 7 Rn. 2.

der Öffentlichkeit angeboten hat, liegt dem Grunde nach ein Eingriff in das Verbreitungsrecht gemäß § 69c Nr. 3 S. 1 UrhG vor. Allerdings könnte Z die Software ohne Einschränkung in seinem Online-Shop anbieten, wenn das Verbreitungsrecht an den Werkexemplaren gemäß § 69c Nr. 3 S. 2 UrhG erschöpft ist.

8 Im vorliegenden Fall hat die X-GmbH mit Zustimmung der M-Corp. Vervielfältigungsstücke hergestellt und diese durch die Veräußerung an Z in den Verkehr gebracht. Würde der Lizenzvertrag zwischen der M-Corp. und der X-GmbH keine weiteren Bedingungen vorsehen, so wären die Werkstücke zweifelsfrei „mit Zustimmung des Rechtsinhabers" (§ 69c Nr. 3 S. 2 UrhG) in den Verkehr gelangt und das Verbreitungsrecht erschöpft. Hier jedoch hat die M-Corp. in dem Lizenzvertrag Bedingungen aufgestellt, unter denen die X-GmbH die Werkstücke in den Verkehr bringen darf. Es stellt sich damit die Frage, welche Auswirkungen der Lizenzvertrag für die Erschöpfung an den OEM-Versionen hat.

### a) Grundsätzliche Möglichkeit einer inhaltlichen Beschränkung

9 Die inhaltliche Beschränkung eines Nutzungsrechts gegenüber einem Lizenznehmer ist in § 31 I UrhG ausdrücklich vorgesehen. Für den Urheberrechtsinhaber ist es damit grundsätzlich möglich, sein Ausschließlichkeitsrecht in verschiedene Nutzungsrechte „aufzuspalten" und diese gesondert zu lizenzieren.

### b) Wirkung der inhaltlichen Beschränkung

10 Fraglich ist jedoch, welche Wirkung der inhaltlichen Beschränkung gegenüber Z zukommt. Hierbei ist wie folgt zu differenzieren:

11 Sofern es sich nach der Verkehrsauffassung um eine klar abgegrenzte Verwertungsform handelt, die eine wirtschaftlich und technisch einheitliche und selbständige Nutzungsart darstellt, kommt der beschränkten Einräumung dingliche Wirkung zu.[4] Folge einer solchen dinglichen Beschränkung ist es, dass der Lizenznehmer, sofern er gegen die Beschränkung verstößt, nicht nur eine Vertragsverletzung begeht, sondern auch in das Verbreitungsrecht des Urheberrechtsinhabers eingreift. Für die Erschöpfung gemäß § 69c Nr. 3 S. 2 UrhG hat dies ebenfalls Bedeutung. Sofern nämlich der Lizenznehmer das Werkstück unter Verletzung der inhaltlichen Beschränkung verbreitet, liegt keine „Zustimmung des zur Verbreitung Berechtigten" vor, womit gemäß § 69c Nr. 3 S. 2 UrhG auch keine Erschöpfung eintreten kann. Dies hat auch für Dritte Bedeutung, die Werkstücke vom Lizenznehmer erwerben („dingliche Wirkung"). Da insoweit an den Werkstücken noch keine Erschöpfung eingetreten ist, bedeutet jede weitere Verbreitung einen Eingriff in das Verbreitungsrecht des Urheberrechtsinhabers.

12 Liegt dagegen keine derart abgegrenzte Verwertungsform vor, so hat die Beschränkung lediglich schuldrechtliche Wirkung. Verstößt der Lizenznehmer in diesem Fall beim Inverkehrbringen gegen den Lizenzvertrag, so liegt zwar ein Vertragsverstoß, nicht aber eine Urheberrechtsverletzung vor. Das Werkstück ist dann trotz der Verletzung des Lizenzvertrages „mit Zustimmung des zur Verbreitung Berechtigten" in den Verkehr gebracht, womit das Verbreitungsrecht gemäß § 69c Nr. 3 S. 2 UrhG erschöpft ist.

---

[4] BGHZ 145, 7 = GRUR 2001, 153, 154 – OEM-Versionen; Schricker/*Loewenheim*, § 17 Rn. 17; ein oft genanntes Beispiel für eine solche abgegrenzte Verwertungsform ist die getrennte Verbreitung und Lizenzierung von Sprachwerken als Hardcover- und Taschenbuchversionen; siehe hierzu *BGH* GRUR 1992, 310, 311 f. – Taschenbuch-Lizenz.

### c) Anwendung auf den vorliegenden Fall

13 Ob die Beschränkung der Lizenz auf OEM-Versionen eine klar abgegrenzte Verwertungsform darstellt, darf bezweifelt werden. OEM-Versionen unterscheiden sich zwar oft im Lieferumfang (z.B. Handbuch nur als Datei; keine eigene Produktverpackung), inhaltliche Unterschiede zwischen Vollversion und OEM-Version gibt es dagegen nur selten. Insbesondere können OEM-Versionen in aller Regel mit der gleichen Funktionalität eingesetzt werden wie Vollversionen. Bei der Verwendung von Software kommt es auch – anders als beispielsweise beim Erwerb von Buchausgaben als Hardcover oder Taschenbuch – praktisch ausschließlich auf die Funktionalität (also den Inhalt des Werkes) und nicht auf die Produktausstattung und -präsentation an. Wenn es aber aus Sicht der Käufer von Software für den Gebrauch des Produktes praktisch keinen Unterschied macht, ob eine Vollversionen oder eine OEM-Versionen erworben wurde, so kann man nur schwer davon ausgesehen, dass es sich bei OEM-Versionen um eine „wirtschaftlich und technisch einheitliche und selbständige Nutzungsart“ handelt. Sofern man dieser Argumentation folgt[5] (a.A. vertretbar) kann die M-Corp. das Nutzungsrecht nicht dinglich beschränken. Daraus ergibt sich, dass die Installations-CDs trotz der Vertragsverletzung mit Zustimmung der M-Corp. in den Verkehr gebracht wurden. Das Verbreitungsrecht ist damit gemäß § 69c Nr. 3 S. 2 UrhG erschöpft. Z verletzt das Urheberrecht der M-Corp. folglich nicht.

## Abwandlung 1

### I. Schuldrechtliche Ansprüche

14 Wie bereits im Ausgangsfall stehen der M-Corp. auch in der Abwandlung (1) keine schuldrechtlichen Ansprüche gegen Z aus dem Lizenzvertrag zu, da der Vertrag nur zwischen den Vertragsparteien M-Corp. und X-GmbH Wirkung entfaltet (Relativität der Schuldverhältnisse).

### II. Urheberrechtliche Ansprüche/Erschöpfung

15 Das Angebot des Computerprogramms im Onlineshop bedeutet einen potentiellen Eingriff in das Vervielfältigungsrecht der M-Corp. (§ 69c Nr. 3 S. 1 UrhG). Allerdings stellt sich auch hier die Frage, ob das Verbreitungsrecht an dem konkreten Werkstück gemäß § 69c Nr. 3 S. 2 UrhG erschöpft ist.

### 1. Dingliche Wirkung der zeitlichen Beschränkung

16 Anders als bei inhaltlichen Beschränkungen (siehe oben) kann bei einer zeitlichen Beschränkung eine dingliche Wirkung regelmäßig bejaht werden. Sofern der Rechtsinhaber daher – wie hier – dem Lizenznehmer das Verbreitungsrecht nur für einen bestimmten Zeitraum einräumt, stellt ein Inverkehrbringen durch den Lizenznehmer außerhalb dieses Zeitraumes nicht nur eine Verletzung des Lizenzvertrages, sondern auch eine Urheberrechtsverletzung dar.

### 2. Bedeutung für die Erschöpfung des Verbreitungsrechts?

17 Im vorliegenden Fall besteht jedoch die Besonderheit, dass die X-GmbH die Software innerhalb des Verbreitungszeitraums und damit in zulässiger Weise in den Verkehr ge-

---

[5] Wie hier Schricker/*Loewenheim*, § 69c Rn. 29; anders dagegen *OLG Frankfurt a. M.* CR 2000, 581, 582; *Lehmann*, in: Loewenheim, Handbuch des Urheberrechts, 2003, § 76 Rn. 28; offen gelassen in BGHZ 145, 7 = GRUR 2001, 153, 154 – OEM-Version.

bracht hat. Das Vervielfältigungsstück ist daher „mit Zustimmung des Rechtsinhabers" (§ 69c Nr. 3 S. 2 UrhG) in den Verkehr gelangt. Hierdurch ist eine vollständige Erschöpfung des Verbreitungsrechts eingetreten[6], mit der Folge, dass die M-Corp. weitere Handlungen nach Ablauf des Lizenzzeitraumes nicht mehr kontrollieren kann.

**Hinweis:** Dieses Argument hat auch der BGH in der Entscheidung GRUR 2001, 153 – OEM-Versionen herangezogen. Anders als in dem hier besprochenen Ausgangsfall hatte der Beklagte in der vom BGH entschiedenen Konstellation die OEM-Versionen von einem Zwischenhändler erhalten. Dieser Zwischenhändler hatte sich jedoch seinerseits an die Bedingungen des Lizenzvertrages mit dem Rechtsinhaber gehalten, so dass auf jeden Fall eine vollständige Erschöpfung eingetreten war. Auf die hier im Ausgangsfall thematisierte Frage, ob die Beschränkung auf OEM-Versionen dingliche Wirkung entfaltet, kam es daher nach Ansicht des BGH gar nicht mehr an. 18

### III. Ergebnis

Der M-Corp. steht kein Unterlassungsanspruch gemäß § 97 I UrhG zu. 19

## Abwandlung 2

### I. Schuldrechtliche Ansprüche

Schuldrechtliche Ansprüche aus dem Lizenzvertrag zwischen der M-Corp. und der X-GmbH bestehen auch hier nicht (Relativität der Schuldverhältnisse). 20

### II. Urheberrechtliche Ansprüche

Der M-Corp. könnte ein urheberrechtlicher Unterlassungsanspruch gemäß § 97 I UrhG zustehen. Ein solcher Anspruch setzt voraus, dass die Y-GmbH ein Ausschließlichkeitsrecht der M-Corp. widerrechtlich verletzt. 21

#### 1. Eingriff in das Urheberrecht der M-Corp.

Bei dem Computerprogramm handelt es sich um ein urheberrechtlich geschütztes Werk (§§ 2 Nr. 1, 69a I UrhG). Das unkörperliche Übermitteln der Software mittels E-Mail stellt zwar keine Verbreitung des Werkes i.S.d. §§ 15 I Nr. 2, 17 I UrhG dar[7], die Y-GmbH hat jedoch durch das Abspeichern der Software eine Vervielfältigung der Software vorgenommen (§§ 15 I Nr. 1, 16, 69c Nr. 1 UrhG) und damit in das Urheberrecht der M-Corp. eingegriffen. Ferner stellt auch die Installation des Programms und das Laden von Programmkomponenten in den Arbeitsspeicher eine Vervielfältigung des urheberrechtlich geschützten Werkes dar. 22

#### 2. Rechtswidrigkeit des Eingriffs

Fraglich ist jedoch, ob die Vervielfältigungen durch die Y-GmbH auch rechtswidrig sind. In diesem Zusammenhang ist zwischen dem Abspeichern der per E-Mail versendeten Installationsdateien und der eigentlichen Durchführung der Installation zu differenzieren. 23

#### a) Abspeichern der per E-Mail versendeten Dateien

#### aa) Einräumung eines Nutzungsrechts durch die M-Corp.

Die Y-GmbH hat jedenfalls kein Nutzungsrecht durch die M-Corp. erworben, da die Vervielfältigung des Computerprogrammes daran geknüpft ist, dass der Nutzer zunächst von der M-Corp. einen Lizenzschlüssel erwirbt. 24

---

[6] Ausführlich hierzu Schricker/*Loewenheim*, § 17 Rn. 49.

[7] Siehe dazu bereits oben Fall 17.

### bb) Einräumung/Übertragung eines Nutzungsrechts durch die X-GmbH

25 Die Vervielfältigung wäre auch dann nicht rechtswidrig, wenn die X-GmbH der Y-GmbH im Zuge des Verkaufes des Schlüssels auch ein Nutzungsrecht an der Software der M-Corp. eingeräumt hätte. Eine Rechtseinräumung oder eine Übertragung von Nutzungsrechten (siehe zu Letzterem § 34 I S. 1 UrhG) ist jedoch nie ohne oder gegen den Willen des Rechtsinhabers möglich und im vorliegenden Fall von der M-Corp. sogar ausdrücklich ausgeschlossen worden. Da die Y-GmbH ein Nutzungsrecht an der Software auch nicht gutgläubig erwerben kann, ging eine etwaige Einräumung oder Übertragung eines Nutzungsrechts „ins Leere".[8]

### cc) Erschöpfung

26 Das Abspeichern der Installationsdatei durch die Y-GmbH wäre dann zulässig, wenn das Ausschließlichkeitsrecht an der Software erschöpft wäre. Eine direkte Anwendung von §§ 69c Nr. 3 S. 2, 17 II UrhG scheidet jedoch aus, da der Erschöpfungsgrundsatz nur das (für körperliche Vervielfältigungsstücke relevante) Verbreitungsrecht, nicht aber das bei Online-Übertragungen betroffene Vervielfältigungsrecht betrifft. Denkbar wäre damit allenfalls eine analoge Anwendung des Erschöpfungsgrundsatzes.

27 Nach der in der Rechtsprechung herrschenden Ansicht[9] soll eine solche Anwendung des Erschöpfungsgrundsatzes nicht in Betracht kommen. Dies ergebe sich bereits daraus, dass Ausnahmevorschriften grundsätzlich eng auszulegen seien. Auch bestehe keine planwidrige Regelungslücke, da die Online-Übermittlung von Software bei § 69c UrhG bewusst nicht mitgeregelt wurde[10] und zudem der Erwägungsgrund 29 der Richtlinie zum Urheberrecht in der Informationsgesellschaft (2001/29/EG) eine Erschöpfung bei „Online-Diensten" ausschließe.[11] Schließlich fehle es auch an der vergleichbaren Interessenlage, da das Vergütungsinteresse des Rechtsinhabers anders als beim Verkauf von körperlichen Werkstücken nicht bereits mit der ersten Veräußerung des Lizenzschlüssels befriedigt werde. Im Übrigen bestehe auch kein Verkehrsbedürfnis an der „Erhaltung der Verkehrsfähigkeit" von Werkstücken, da bei der Online-Übermittlung gerade keine körperlichen Werkexemplare im Spiel seien.

28 Die überzeugenderen Argumente sprechen indes für eine analoge Anwendung des Erschöpfungsgrundsatzes.[12] Wenig überzeugend ist bereits die Annahme, aus der formalen Stellung einer Vorschrift als vermeintliche Ausnahme ließe sich der Schluss auf eine bestimmte Auslegungstendenz ziehen.[13] Ausnahmevorschriften sind weder eng noch weit, sondern richtig auszulegen. Ferner besteht in Bezug auf die Online-Übermittlung von Software auch eine unbewusste Regelungslücke, da sich die Vorgaben der Informationsgesellschaftsrichtlinie nur auf Dienstleistungsgeschäfte und nicht – wie hier – auf den Austausch von Waren beziehen.[14] Ein Analogieschluss ist daher –

[8] Vgl. hierzu auch Dreier/Schulze/*Schulze*, § 31 Rn. 42.

[9] *LG München I* MMR 2007, 328, 330; *OLG München* MMR 2008, 601; *OLG Düsseldorf* MMR 2009, 629; in diesem Sinne auch Schricker/*Loewenheim*, § 69c Rn. 25; ausführlich und mit weiteren Nachweisen zum Meinungsstand *Sosnitza*, ZUM 2009, 521.

[10] *OLG München* MMR 2008, 601; *Wiebe*, GRUR Int. 2009, 114, 116f.

[11] *LG München I* MMR 2007, 328, 330; *Schack*, GRUR 2007, 639, 643f.

[12] Wie hier *LG Hamburg*, CR 2006, 812; vgl. auch Dreier/Schulze/*Dreier*, § 69c Rn. 24; Möhring/Nicolini/*Hoeren*, § 69c Rn. 16; *Hoeren*, CR 2006, 573, 573f.; *Sosnitza*, K&R 2006, 208; Wandtke/Bullinger/*Grützmacher*, § 69c Rn. 31.

[13] Allgemein zu dieser Problematik *Larenz/Canaris*, Methodenlehre der Rechtswissenschaft, 3. Aufl., 1995, S. 175f.; *Müller/Christensen*, Juristische Methodik, Bd. 1 Rn. 373.

[14] *Grützmacher*, CR 2006, 815, 816; *Hoeren*, CR 2006, 573, 574; *Sosnitza*, K&R 2006, 206, 208; ausführlich *ders.*, ZUM 2009, 521, 523ff.

auch unter Berücksichtigung der europarechtlichen Vorgaben – nicht von vorneherein ausgeschlossen und kann insbesondere dann erfolgen, wenn zwischen der ausdrücklich erfassten Konstellation und der vom Wortlaut nicht erfassten eine vergleichbare Interessenlage besteht. Eine solche ist bei der Weiterveräußerung von heruntergeladenen Dateien samt zugehörigem Lizenzschlüssel durchaus gegeben. Kopie und Schlüssel nehmen hier exakt diejenige Funktion ein, die bei einem traditionellen Vertrieb das Werkstück erfüllt. Es macht keinen Unterschied, ob das Werkexemplar auf einem Datenträger in körperlicher Form übermittelt und vom jeweiligen Besitzer des Datenträgers auf seinem Rechner installiert werden kann, oder ob der Programmcode von der Webseite des Herstellers heruntergeladen und dann mit einem Schlüssel aktiviert wird. Die Berechtigung zur Benutzung der Software ist in beiden Konstellationen in einem Objekt verkörpert, nämlich einmal im Werkstück selbst, das andere Mal im Lizenzschlüssel und der zugehörigen Installationsdatei. Einen einleuchtenden Grund, warum derjenige Hersteller, der den Online-Vertrieb mit Lizenzschlüssel wählt gegenüber dem traditionellen Vertrieb privilegiert werden und den weiteren Vertrieb der Software kontrollieren können soll, gibt es dagegen nicht. Eine analoge Anwendung des Erschöpfungsgrundsatzes ist mithin möglich und das Abspeichern der Installationsdatei damit zulässig (a. A. vertretbar).

### b) Durchführung der Installation

Da bei der Durchführung der Installation weitere Vervielfältigungshandlungen vorgenommen werden, stellt sich erneut die Frage nach der Rechtswidrigkeit dieser Nutzungshandlungen. Die (nach der hier vertretenen Auffassung bejahte) analoge Anwendung des Erschöpfungsgrundsatzes hilft hierbei jedenfalls unmittelbar nicht weiter, da sich die Erschöpfung nur auf das konkrete Vervielfältigungsstück – also die per E-Mail übermittelte Installationsdatei – erstreckt und nicht per se auch auf die mit der Installation einhergehende Erstellung weiterer Vervielfältigungsstücke.[15] 29

Die Installation des Programms könnte jedoch von der Schranke des § 69d I UrhG gedeckt sein. Danach bedürfen Vervielfältigungshandlungen nicht der Zustimmung des Rechtsinhabers, wenn sie für eine bestimmungsgemäße Nutzung des Computerprogramms durch einen zur Verwendung des Vervielfältigungsstücks Berechtigten vorgenommen werden. Die Installation des Programms und alle damit verbundenen Vervielfältigungen sind für die bestimmungsgemäße Nutzung der Software erforderlich und fallen daher unter § 69d I UrhG.[16] Da hinsichtlich der Software Erschöpfung eingetreten ist (s. o.) ist die Y-GmbH auch eine zur Verwendung des Vervielfältigungsstücks berechtigte Person.[17] Die Durchführung der Installation ist daher von der Schranke des § 69d I UrhG gedeckt. 30

**Hinweis:** Auch in dem (nach dem geschilderten Sachverhalt nicht vorliegenden) Fall, dass die X-GmbH der Y-GmbH nur den Lizenzschlüssel mitgeteilt und die Y-GmbH sich die Datei dann selbständig vom Server der M-Corp heruntergeladen hätte, ließe sich darüber nachdenken, ob Download von der Schranke des § 69d I UrhG erfasst wäre. Da ein solcher Download und die damit verbundene 31

[15] Vgl. *Hoeren*, CR 2006, 573, 574 ff.

[16] A. A. *LG München* MMR 2007, 328, 332, nach dem eine bestimmungsgemäße Benutzung des Programms durch den Erwerber (hier also die Y-GmbH) nur möglich wäre, wenn dies in den Lizenzbedingungen zwischen Hersteller und Ersterwerber (also zwischen der M-Corp und der X-GmbH) vorgesehen wäre; etwas weiter dagegen Dreier/Schulze/*Schulze*, § 69d Rn. 7, der auf die vertragliche Beziehung zum Programmhersteller *oder -lieferanten* (hier also die X-GmbH) abstellt, sowie Schricker/*Loewenheim*, § 69d Rn. 8 m. w. N. nach dem mangels ausdrücklicher Vereinbarung auf die übliche Nutzung „ausgewichen“ werden kann.

[17] Vgl. Dreier/Schulze/*Dreier*, § 69d Rn. 6.

Vervielfältigung zwingend erforderlich ist, um die Datei installieren zu können, spricht vieles dafür, auch in diesem Fall auf die Schranke des § 69d I UrhG zurückzugreifen.[18]

32 Im Zusammenhang mit der Installation und der späteren Nutzung des Programms werden zudem Teile des Programmcodes vorübergehend in den Arbeitsspeicher des Rechners geladen. Da durch diesen Vorgang dem Rechner ermöglicht wird, unabhängig von der auf der Festplatte abgelegten Programmkopie zu arbeiten, stellt auch das Laden in den Arbeitsspeicher eine Vervielfältigung i.S.d. § 69c I Nr. 1 S. 1 UrhG dar.[19] Diese fällt jedoch zum einen ebenfalls unter § 69d I UrhG[20] und ist zum anderen als begleitende Vervielfältigungshandlung zu qualifizieren, die einen integralen und wesentlichen Teil eines technischen Vorgangs darstellt und deren alleiniger Zweck es ist, die rechtmäßige Nutzung des Programms zu ermöglichen, so dass zusätzlich die Schranke des § 44a UrhG eingreift.[21]

### III. Ergebnis

33 Der M-Corp. steht kein urheberrechtlicher Unterlassungsanspruch gemäß § 97 I UrhG zu.

34 **Weiterführende Hinweise:** *Metzger,* Erschöpfung des urheberrechtlichen Verbreitungsrechts bei vertikalen Vertriebsbindungen, GRUR 2001, 210; *Schack,* Rechtsprobleme der Online-Übermittlung, GRUR 2007, 639; *Sosnitza,* Die urheberrechtliche Zulässigkeit des Handels mit gebrauchter Software, K&R 2006, 206; *ders.,* Gemeinschaftsrechtliche Vorgaben und urheberrechtlicher Gestaltungsspielraum für den Handel mit gebrauchter Software, ZUM 2009, 521; *Wiebe,* The Principle of Exhaustion in European Copyright Law and the Distinction between Digital Goods und Digital Services, GRUR Int. 2009, 114.

---

[18] So auch *Hoeren*, CR 2006, 573, 574f.; zustimmend *Sosnitza*, K&R 2006, 206, 210.
[19] H.M.: Dreier/Schulze/*Dreier*, § 69c Rn. 8; Schricker/*Loewenheim*, § 69c Rn. 8 (jew. m.w.N.).
[20] Dreyer/Kotthoff/Meckel/*Kotthoff*, § 69d Rn. 6; *Hoeren*, CR 2006, 573, 577.
[21] *Hoeren*, CR 2006, 573, 576f.

# Fall 19. Lehrter Bahnhof

*Nach LG Berlin, GRUR 2007, 964 – Berliner Hauptbahnhof.*

## Sachverhalt

A ist ein international renommierter Architekt und wird von der Stadt Berlin (B) mit dem Neubau eines Bahnhofgebäudes beauftragt. Der von A entworfene Plan steht unter dem Leitbild „Kathedrale der Mobilität". Die unterirdische Bahnhofshalle wird dabei vor allem durch eine einzigartige abgehängte Kreuzgewölbedecke geprägt, die sich ästhetisch von anderen Decken stark unterscheidet. In dem zwischen A und B geschlossenen Vertrag ist unter § 19 (Geistige Eigentumsrechte, Urheberrecht) u.a. Folgendes vorgesehen:

*Der Auftragnehmer [= A] räumt der Auftraggeberin [= B] das ausschließliche, unwiderrufliche, unbeschränkte und über die nach diesem Generalplanvertrag geschuldete Vergütung unentgeltliche Recht ein, alle Pläne, Entwürfe [...] für das vertragsgegenständliche Projekt ganz oder teilweise zu nutzen und zu ändern. [...] Der Auftragnehmer ist vor Änderungen seines Werkes stets anzuhören.*

Während der Ausführung der Bauarbeiten stellt sich heraus, dass der gesamte Bau – insbesondere aufgrund gestiegener Lohn- und Materialkosten – geringfügig teurer wird als ursprünglich geplant. B lässt daher von einem anderen Architekten eine Flachdecke entwerfen und zum Teil einbauen. Erst als der Einbau der Flachdecke bereits läuft, hört B den mit der Änderung nicht einverstandenen A an. A meint, der von ihm beabsichtigte ästhetische Eindruck werde durch die neue Decke empfindlich gestört. Aufwendige Gestaltungsdetails seines ursprünglichen Entwurfs würden durch die Flachdecke eher karikiert als in ihrer ursprünglichen Gestaltungsqualität gezeigt. Er selbst hätte niemals eine solche Decke einbauen lassen. Die Abweichung von seinen Plänen beeinträchtige daher seinen Ruf als anerkannten Architekten.

Kann A von B verlangen, dass die eingebaute Flachdecke wieder abgerissen wird?

**Bearbeitervermerk:** Gehen Sie davon aus, dass der Abriss der Decke technisch möglich ist und (neben dem Aufwand für den Einbau der ursprünglich vorgesehen Decke) nur unwesentliche Mehrkosten verursacht.

## Gliederung

## Lösung

1 Dem A könnte ein Beseitigungsanspruch gemäß §§ 97 I, 14, 39 UrhG zustehen.

### I. Urheberrechtlich geschütztes Werk

2 Da die Ausgestaltung der Bahnhofshalle Ausdruck einer individuellen schöpferischen Leistung ist, die das Durchschnittsschaffen eines Architekten bei Weitem überragt, liegt ein gemäß § 2 II, I Nr. 4 UrhG geschütztes Werk vor.[1]

### II. Aktivlegitimation des A

3 Fraglich ist, ob A zur Geltendmachung des Unterlassungsanspruchs aktivlegitimiert ist. Als Urheber wird gemäß § 7 UrhG der Schöpfer des Werkes angesehen, also derjenige, auf dessen individueller kreativer Leistung das Werk beruht. Da es folglich allein auf den schöpferisch-kreativen Beitrag und nicht auf die organisatorisch-investitorische Leistung ankommt, ist ausschließlich der A und nicht die mit dem Investitionsrisiko belastete Stadt B als Schöpfer anzusehen. Unerheblich ist ferner, dass die tatsächliche Ausführung des Gebäudes letztlich nicht durch A, sondern durch eine Vielzahl von weisungsgebundenen Arbeitern erfolgt ist. Diese haben lediglich mechanische Hilfstätigkeiten ohne eigenen kreativen Beitrag erbracht. A ist daher aktivlegitimiert.

4 **Hinweis:** Auch in dem in der Praxis nicht unwahrscheinlichen Fall, dass A das Werk nicht allein, sondern in einem Team von mehreren Architekten gemeinschaftlich entworfen hätte, wäre er dennoch zur Geltendmachung von Beseitigungsansprüchen berechtigt. § 8 II 3 UrhG sieht für den Fall von mehreren Miturhebern ausdrücklich vor, dass jeder Miturheber berechtigt ist, Ansprüche aus Verletzungen des gemeinsamen Urheberrechts im Wege einer gesetzlichen Prozessstandschaft geltend zu machen.

### III. Eingriff in das Urheberrecht

#### 1. Abgrenzung zwischen § 39 UrhG und § 14 UrhG

5 Die durch B vorgenommenen Veränderungen am Bauwerk könnten einen Eingriff in das Urheberpersönlichkeitsrecht des A darstellen. In Betracht kommen dabei § 39 oder § 14 UrhG, die beide dem Schutz der Werkintegrität dienen.[2] § 39 UrhG regelt die Vornahme von Veränderungen durch den Inhaber eines Nutzungsrechts, § 14 UrhG betrifft allgemein die Entstellung von Werken. Das Verhältnis der beiden Vorschriften zueinander ist im Einzelnen umstritten. Zum Teil werden § 39 und § 14 UrhG als getrennte Tatbestände angesehen, die selbständig nebeneinander stehen.[3]

[1] Ausführlich zu den (hier nicht weiter zu problematisierenden) Schutzvoraussetzungen Fall 17.

[2] Dreier/Schulze/*Schulze*, § 39 Rn. 1.

[3] In diese Richtung Möhring/Nicolini/*Kroitzsch*, § 14 Rn. 2 mit der Annahme, dass § 14 das höhere Eingriffsniveau aufweise; von getrennten Tatbeständen geht auch der Bundesgerichtshof aus, *BGH* GRUR 1982, 107, 109 – Kircheninnenraumgestaltung.

Überzeugender erscheint es dagegen, von einem generellen Beeinträchtigungsverbot auszugehen, das in § 14 UrhG in allgemeiner Form normiert und in § 39 UrhG für den Inhaber von Nutzungsrechten noch einmal bekräftig wird.[4] Diese Funktion des § 39 UrhG als *lex specialis* des Urhebervertragsrechts spiegelt sich auch in der systematischen Stellung des § 39 UrhG bei den Vorschriften über die Einräumung von Nutzungsrechten und des § 14 UrhG bei den allgemeinen urheberpersönlichkeitsrechtlichen Befugnissen wider. Für den vorliegenden Fall bedeutet dies, dass die Veränderungen durch B sowohl an § 14 UrhG als auch an dem für das Urhebervertragsrecht spezielleren § 39 UrhG zu messen sind.

**Hinweis:** Da sowohl § 14 UrhG als auch § 39 UrhG im Ergebnis auf eine Abwägung der beteiligten Interessen hinauslaufen, ist die Frage nach dem richtigen „Aufhänger" im Ergebnis von untergeordneter Bedeutung. Im Originalfall hat das LG Berlin die Entscheidung daher in diesem Punkt bewusst offen gelassen. Der folgende Lösungsvorschlag stellt die Problematik in erster Linie an dem für Studenten etwas geläufigeren (und in der Klausurpraxis wichtigeren) § 14 UrhG dar. 6

## 2. Verletzung von § 14 UrhG

### a) Entstellung oder andere Beeinträchtigung

§ 14 UrhG setzt zunächst voraus, dass es zu einer objektiven Beeinträchtigung oder Entstellung kommt. Auf den ersten Blick könnte man im vorliegenden Fall zweifeln, ob dies bei dem Bahnhofsgebäude tatsächlich der Fall ist. B hat schließlich das Gebäude nicht nachträglich verändert (also z.B. die bereits eingebaute Gewölbedecke entfernt), sondern lediglich die Pläne des A nicht vollständig ausgeführt. Eine solche Betrachtung würde jedoch den Unterschied zwischen Werk einerseits und Werkstück andererseits verkennen. Bei einem urheberrechtlich geschützten Werk handelt es sich um ein Immaterialgut mit geistigem Inhalt, das im Werkstück lediglich konkretisiert wird.[5] Eine Änderung des Werkes i.S.d. § 14 UrhG setzt daher nicht notwendig einen materiellen Eingriff voraus und kann folglich auch dann bejaht werden, wenn sich ohne materiellen Eingriff in das Werkexemplar die geistige Wahrnehmung des Werkes verändert. Dies ist vorliegend der Fall. Der Ersatz der von A vorgesehenen Gewölbekonstruktion durch einfache Flachdecken stellt nicht bloß ein zu vernachlässigendes Konstruktionsdetail dar, sondern verändert den optischen Gesamteindruck des Bauwerkes, das nun nicht mehr „wie aus einem Guss" erscheint. Im Übrigen kann es auch keinen Unterschied machen, ob B das Bauwerk nachträglich verändert oder die Pläne modifiziert ausführt. Im vorliegenden Fall liegt daher eine Beeinträchtigung i.S.d. § 14 UrhG vor. 7

### b) Gefährdung der berechtigten Interessen des Urhebers[6]

Die Eignung zur Interessengefährdung wird durch das Vorliegen einer Beeinträchtigung indiziert. Diese Indizwirkung entfällt nach der h.M. dann, wenn der Urheber, etwa durch die Gestattung von Änderungen, zu erkennen gegeben hat, dass er auf die unveränderte Ausführung des Baus keinen Wert legt.[7] Gegen eine Eignung zur Interessengefährdung könnte § 19 des zwischen den Beteiligten geschlossenen Vertrages spre- 8

[4] Schricker/*Dietz*, § 39 Rn. 1; vgl. auch Dreier/Schulze/*Schulze*, § 39 Rn. 3.

[5] Instruktiv zu dieser im Rahmen sowohl bei § 39 UrhG als auch bei § 14 UrhG relevanten Unterscheidung Dreier/Schulze/*Schulze*, § 39 Rn. 5f.

[6] Zu den beiden Aufbauvarianten (zwei- oder dreistufig) bei der Prüfung des § 14 UrhG s. Fall 17 Rn. 18.

[7] Schricker/*Dietz*, § 14 Rn. 27; Wandtke/Bullinger/*Bullinger*, § 14 Rn. 2.

chen, nach dem B ein umfassendes Änderungsrecht an den Entwürfen des A zugestanden wird. In diesem Zusammenhang ist jedoch zu beachten, dass der Urheber über seine persönlichkeitsrechtlichen Befugnisse nicht unbeschränkt im Voraus verzichten kann. Derartige Vereinbarungen sind nur insoweit zulässig, als sie sich auf eine hinreichend konkretisierbare und (wenigstens grob) erkennbare Veränderung des Werkes beziehen.[8] Die pauschale Gestattung von Änderungen in § 19 des zwischen A und B geschlossenen Vertrages führt daher nicht zu einem Freibrief für Änderungen und hindert den A nicht daran, seine berechtigten urheberpersönlichkeitsrechtlichen Interessen gegenüber B zu verfolgen.[9] Die Vereinbarung in § 19 des Vertrages kann daher jedenfalls nicht pauschal zur Zulässigkeit der Änderungen führen.

9 Außerdem wäre eine Gefährdung des Integritätsinteresses dann ausgeschlossen, wenn die Besucher des Gebäudes die Flachdeckenkonstruktion überhaupt nicht mit der Person des A in Verbindung brächten. Hiervon kann jedoch kaum ausgegangen werden, da Werke der Baukunst dem Betrachter in aller Regel als Gesamtkunstwerke entgegentreten. Die einzelnen gestalterischen Elemente werden vom Betrachter zusammengefasst wahrgenommen und einheitlich dem Architekten des Gebäudes zugeordnet. Dies gilt umso mehr, wenn – wie hier – einem Bauwerk ein Gesamtkonzept („Kathedrale der Mobilität") zugrunde liegt. Für A besteht damit die Gefahr, dass die Änderung der Deckenkonstruktion ihm zugerechnet und damit sein berechtigtes Interesse an der Erhaltung des Gesamteindrucks verändert wird.

10 **Hinweis:** Da es sich bei der Entscheidung des LG Berlin um ein medienwirksames und sehr präsentes Gerichtsverfahren handelte, dachte das Gericht an diesem Punkt auch über die Frage nach, welche Rolle es für den Architekten spielen könnte, dass zur damaligen Zeit über die Decke öffentlich (v. a. auch in der Presse) diskutiert wurde. Es ließe sich durchaus argumentieren, dass die öffentliche Diskussion dazu führt, dass die baulichen Veränderungen gar nicht mehr dem A zugerechnet werden. Diesem Gedanken folgte das Gericht im Ergebnis jedoch zu Recht nicht, da derartige Diskussionen mit nachlassender Aktualität an Medienpräsenz verlieren und der Bahnhof dann nach und nach in der Öffentlichkeit (wieder) als alleiniges Werk des A angesehen wird.[10]

### c) Interessenabwägung

11 Ob die von B vorgenommenen Veränderungen eine Verletzung der urheberpersönlichkeitsrechtlichen Interessen des A darstellen, hängt letztlich von einer am konkreten Einzelfall orientierten Interessenabwägung ab. Das eben festgestellte Bestands- und Integritätsinteresse des A ist daher den Interessen der B gegenüber zu stellen.

12 B hat ein legitimes Interesse daran, mit dem in ihrem Eigentum stehenden Gebäude nach Belieben zu verfahren (§ 903 S. 1 BGB). Diese Befugnis findet ihre Grenze jedoch dort, wo Rechte Dritter entgegenstehen. Ein eben solches Recht eines Dritten ist das Urheberpersönlichkeitsrecht des A an der Integrität seines Werkes. Die Stellung der B als Eigentümerin bedeutet daher keinen generellen Vorrang ihrer Interessen vor denen des A. Zugunsten der Stadt B können daher nur spezielle Eigentümerbedürfnisse in die Interessenabwägung eingestellt werden. Ein solches ist beispielsweise das Interesse der Stadt B, dass die prognostizierten Baukosten nicht überschritten werden. Als Eigentümerin und Investorin trägt sie das finanzielle Risiko der Bauausführung und muss auf veränderte Umstände flexibel reagieren können.

13 Andererseits ist jedoch zu berücksichtigen, dass die Überschreitung der veranschlagten Baukosten im vorliegenden Fall (nach der Fallangabe) verhältnismäßig gering ist. Die Kostensteigerung beruht zudem in erster Linie auf externen Faktoren

---

[8] Vgl. Dreier/Schulze/*Schulze*, Vor § 12 Rn. 12.
[9] Vgl. auch *Obergfell/Elmenhorst*, ZUM 2008, 23, 28 f.
[10] *LG Berlin* GRUR 2007, 964, 968.

(erhöhte Lohn- und Materialkosten) und ist nicht auf die Konstruktion des A zurückzuführen. B hat ferner dem A auch keine Möglichkeit eingeräumt, seinen Entwurf selbst nachzubessern und kostengünstiger zu gestalten (und dabei zugleich sein Gesamtkonzept aufrecht zu erhalten), sondern hat stattdessen sofort einen anderen Architekten mit der Neugestaltung betraut.

Zugunsten von A ist außerdem zu berücksichtigen, dass seine Konstruktion ein hohes Maß an Individualität aufweist und der Bahnhof nach dem ursprünglichen Willen aller Beteiligten eine herausragende Rolle als repräsentatives Hauptstadt-Kunstwerk spielen sollte. Wäre der Lehrter Bahnhof in der ursprünglichen Form ausgeführt worden, so hätte er sowohl für A als auch für B als „Aushängeschild" gedient. Diese Funktion kann das Gebäude nun zumindest für A nicht mehr uneingeschränkt erfüllen, da dessen Gesamtkonzept einer „Kathedrale der Mobilität" nicht mehr ausreichend zu Tage tritt. Die Reputation des A wird dadurch spürbar beeinträchtigt. Gleichzeitig ist es B nach wie vor technisch möglich und aufgrund der verhältnismäßig geringen Zusatzkosten wirtschaftlich zumutbar, das Konzept des A durchzuführen. Die Abwägung der betroffenen Interessen ergibt damit einen Vorrang des Integritätsinteresses des A. B hätte folglich das Werk des A nicht verändern dürfen (a.A. vertretbar). 14

### 3. Verletzung des Veränderungsverbots gemäß § 39 UrhG

Da auch eine Prüfung des § 39 UrhG im Wesentlichen auf eine Abwägung der beteiligten Interessen hinausläuft, liegt zugleich auch ein Verstoß gegen das urhebervertragliche Änderungsverbot vor. 15

## IV. Schranken

Zu Gunsten der B greifen keine Urheberrechtsschranken ein. 16

**Hinweis:** Die Schranken des Urheberrechtsgesetzes erlauben in aller Regel nur einen Eingriff in die Verwertungsrechte, nicht aber in das Urheberpersönlichkeitsrecht. Eine eng begrenzte Ausnahme zu diesem Grundsatz stellt das Veröffentlichungsrecht gemäß § 12 UrhG dar, in das beispielsweise bei der Benutzung von Werken zu Zwecken der öffentlichen Sicherheit (§ 45 UrhG) oder bei der Verwendung als unwesentliches Beiwerk (§ 57 UrhG) eingegriffen werden kann. 17

## V. Ergebnis

A kann von B die Beseitigung der Flachdecke und den Einbau der Gewölbedecke verlangen. 18

**Weiterführende Hinweise:** *Honscheck,* Der Schutz des Urhebers vor Änderungen und Entstellungen durch den Eigentümer, GRUR 2007, 944; *Neumeister/v. Gamm,* Ein Phönix: Das Urheberrecht des Architekten, NJW 2008, 2678; *Obergfell/Elmenhorst,* Unterirdisches Theater des Lichts und der Bewegung, ZUM 2008, 23. 19

## Fall 20. TV Total

*Nach BGHZ 175, 135 = GRUR 2008, 693 – TV-Total.*

### Sachverhalt

R moderiert und produziert die viermal wöchentlich ausgestrahlte Unterhaltungssendung „TV Total". In der ca. einstündigen Show werden vor anwesendem Studiopublikum Sketche, witzige Talkrunden und sonstige Comedy aufgeführt. Zum wesentlichen Inhalt der Sendung gehört es auch, dass dem Publikum vermeintlich witzige Ausschnitte aus dem aktuellen TV-Programm anderer Sender gezeigt werden (z.B. Moderatorenmissgeschicke oder sonstige skurrile Szenen).

H ist eine Landesrundfunkanstalt und produziert unter anderem die ca. 45-minütige Sendung „Landparty Hüttenberg". Während der Ausstrahlung der „Landparty" werden auch sog. „Spontaninterviews" eingeblendet, in denen unter anderem die „Jodelfähigkeit" von Passanten getestet wird. R baut eines dieser Spontaninterviews in einen kurzen Beitrag von „TV Total" ein. Das gezeigte Interview zeichnet sich durch ein offensichtliches Missverständnis der befragten Person und einer daraus resultierenden unverständlichen Antwort aus.* R weist einleitend zu dem Beitrag darauf hin, dass sich auch ein noch so guter Komiker keine solch witzige Szene hätte ausdenken können. H sieht in der Verwendung des „Spontaninterviews" eine Verletzung ihrer Rechte. R ist der Meinung, die Aufzeichnung des Interviews durch H sei überhaupt nicht durch das Urheberrechtsgesetz geschützt. Außerdem sei die Verwendung der Passantenbefragung von den Schranken des Urheberrechtsgesetzes gedeckt.

Steht H ein Unterlassungsanspruch gegen R zu?

### Gliederung



---

* Der genaue Ablauf des Interviews einschließlich der Anmoderation kann nachgelesen werden in *BGH* GRUR 2008, 693.

## Lösung

Der H könnte ein Unterlassungsanspruch gemäß §§ 97 I, 95, 94 UrhG zustehen. 1

### I. Ausschließlichkeitsrecht

Ein Unterlassungsanspruch gemäß § 97 I UrhG kommt nur in Betracht, wenn der H ein Urheberrecht oder ein anderes nach dem Urheberrechtsgesetz geschütztes Recht zusteht. 2

### 1. Urheberrecht an der gesamten Sendung

Zunächst stellt sich die Frage, ob ein Urheberrecht an der gesamten Sendung („Landparty Hüttenberg") besteht. Im vorliegenden Fall ist davon auszugehen, dass die gesamte Sendung den Anforderungen an eine persönliche geistige Schöpfung (§ 2 II UrhG) gerecht wird und daher als Filmwerk (§ 2 I Nr. 6 UrhG) urheberrechtlichen Schutz genießt.[1] Allerdings ist zu berücksichtigten, dass R nicht die gesamte Sendung, sondern nur einen Teil davon – das „Spontaninterview" – übernommen hat. Für einen Unterlassungsanspruch der H gegen R kommt es daher darauf an, dass gerade der entlehnte Teil der Sendung für sich genommen urheberrechtlichen Schutz genießt.[2] Der Urheberrechtsschutz der gesamten Sendung ist daher irrelevant. 3

### 2. Urheberrecht an der Aufzeichnung des Interviews

Als nächstes ist daher zu untersuchen, ob die Aufzeichnung des „Spontaninterviews" selbst urheberrechtlich geschützt ist. Da der Interviewende lediglich eine einfache Frage stellt, ist dies zu verneinen. Weder Auswahl, Anordnung oder Sammlung des Stoffes noch die Art der Zusammenstellung lassen das Interview als Ergebnis individuellen geistigen Schaffens erscheinen. Stattdessen wird das Interview so wiedergegeben, wie es tatsächlich verlaufen ist. Auch die Antwort des Interviewten geht nicht über das Alltägliche hinaus und erhält ihren besonderen Reiz nicht aus ihrer Kreativität, sondern aus dem offensichtlichen Missverständnis. Ein Urheberrechtsschutz für die Aufzeichnung des Interviews scheidet daher aus. 4

### 3. Leistungsschutzrecht an der Aufzeichnung des Interviews

An der Aufzeichnung könnte jedoch ein Leistungsschutzrecht bestehen. Da es sich bei dem Interview um eine Bildfolge handelt, die – wie eben gezeigt – nicht als Film- 5

---

[1] Ausführlich zur Schutzfähigkeit siehe Fall 17.
[2] *OLG Frankfurt* a. M. ZUM 2005, 477, 479 – TV Total.

werk geschützt ist, sind die Voraussetzungen des § 95 UrhG erfüllt. Unabhängig von der Länge oder der Qualität des Filmausschnittes besteht an der Aufzeichnung des „Spontaninterviews" folglich ein Leistungsschutzrecht.

### II. Aktivlegitimation

6 § 95 UrhG begründet ein Leistungsschutzrecht, das dem Filmhersteller unmittelbar für dessen wirtschaftliche und organisatorische Leistung zusteht.[3] H ist daher aktivlegitimiert (vgl. § 94 UrhG).

7 **Hinweis:** In diesem Punkt unterscheiden sich Urheberrechtsschutz und Leistungsschutzrechte fundamental. Während beim Urheberrecht aufgrund des Schöpferprinzips (§ 7 UrhG) für den Produzenten nur ein derivativer Rechtserwerb vom Schöpfer (in Form der Einräumung von Nutzungsrechten) möglich ist, entstehen die Leistungsschutzrechte originär bei demjenigen, der die (Organisations-)-Leistung erbracht hat.

### III. Rechtswidrige Verletzung

#### 1. Eingriff oder freie Benutzung (§ 24 UrhG)?

8 R könnte durch die Aufzeichnung des Interviews und dessen Verwendung in der Sendung „TV Total" in das Vervielfältigungsrecht, das Verbreitungsrecht sowie in das Recht der Funksendung der H (§ 95 UrhG i.V.m. § 94 I 1 UrhG) eingegriffen haben. An einem solchen Eingriff würde es jedoch fehlen, wenn die Nutzung durch R einen Fall der freien Benutzung gemäß § 24 UrhG darstellt.

#### a) Anwendung des § 24 UrhG auf Leistungsschutzrechte

9 § 24 UrhG setzt voraus, dass das „Werk" eines anderen benutzt wird. Im vorliegenden Fall ist es fraglich ob diese Voraussetzung erfüllt ist, da der von R benutzten Aufzeichnung des Interviews – wie eben dargestellt – keine Werkqualität zukommt. Stattdessen besteht lediglich ein Leistungsschutzrecht gemäß § 95 UrhG (Laufbild). § 24 UrhG kann jedoch auf die Benutzung von leistungsschutzrechtlich geschützten Werken analog angewendet werden. Sinn und Zweck der Vorschrift ist es, Werkschöpfungen zuzulassen, bei denen zwischen dem Originalwerk und dem Werk des Benutzers ein großer kreativer Abstand besteht und dass die Inanspruchnahme des geschützten fremden Inhalts zu einer Bereicherung des kulturellen Gesamtgutes durch eine neue eigenschöpferische Leistung führt.[4] Der Individualitätsabstand zwischen nutzendem und benutztem Werk ist hierbei sogar tendenziell größer, wenn als Vorlage kein urheberrechtlich sondern nur ein leistungsschutzrechtlich geschütztes Werk verwendet wird.[5] § 24 UrhG ist daher erst recht auf leistungsschutzrechtlich geschützte Werke anzuwenden. Im Vergleich zur (direkten) Anwendung auf urheberrechtlich geschützte Werke sind hierbei dieselben Voraussetzungen zu erfüllen.[6]

#### b) Freie Benutzung

10 Um in den Genuss der Privilegierung des § 24 UrhG zu kommen, müsste es sich bei der Sendung des R um ein selbständiges Werk handeln, das in freier Benutzung des „Spontaninterviews" geschaffen wurde. Dies wäre der Fall, wenn die übernomme-

---

[3] Dreier/Schulze/*Schulze*, § 95 Rn. 2.
[4] BGHZ 175, 135 = GRUR 2008, 693 Tz. 27 – TV Total.
[5] Vgl. Schricker/*Loewenheim*, § 24 Rn. 19a.
[6] BGHZ 175, 135 = GRUR 2008, 693 Tz. 29 – TV Total.

nen schutzfähigen Züge des „Spontaninterviews" gegenüber der Eigenart des von R geschaffenen Werkes „verblassten".[7] Der hierfür erforderliche Abstand könnte sich im vorliegenden Fall insbesondere durch eine satirisch-kritische („antithematische") Behandlung ergeben. Allerdings ist hier zu berücksichtigen, dass sich das aufgezeichnete Interview durch eine eigene Komik auszeichnet. R hat mit seinen einleitenden Bemerkungen lediglich auf das (auch ohne diese Bemerkungen zu erfassende) Missverständnis der interviewten Person und den daraus resultierenden Witz hingewiesen. Eine vertiefte Auseinandersetzung oder gar eine satirisch-kritische „antithematische" Bezugnahme durch R ist dagegen nicht ersichtlich. Ein derartiger Bezug kann auch nicht aus dem Gesamtkonzept der Sendung hergeleitet werden, da es hierfür erforderlich wäre, dass sich die gesamte Sendung mit dem benutzten Filmausschnitt auseinandersetzt.[8] Eine Anwendung von § 24 UrhG scheidet damit vorliegend aus.

**c) Zwischenergebnis**

Die Voraussetzungen des § 24 UrhG liegen nicht vor. R greift daher in das Vervielfältigungsrecht, das Verbreitungsrecht sowie in das Recht der Funksendung der H (§ 95 UrhG i.V.m. § 94 I 1 UrhG) ein. **11**

**2. Urheberrechtsschranken**

Fraglich ist, ob der Eingriff des R auch rechtswidrig ist. An der Rechtswidrigkeit würde es fehlen, wenn zugunsten des R eine Urheberrechtsschranke eingriffe. In Betracht kommen im vorliegenden Fall die Zitierfreiheit (§ 51, 2 Nr. 2 UrhG, sog. „Kleinzitat") sowie die Berichterstattung über Tagesereignisse (§ 50 UrhG). **12**

**a) Kleinzitat (§ 51, 2 Nr. 2 UrhG)**

**aa) Anwendung auf Leistungsschutzrechte**

Da § 51, 2 Nr. 2 UrhG verlangt, dass der Zitierende Stellen eines „Werkes" anführt, stellt sich erneut die Frage, ob originär urheberrechtliche Bestimmungen auf leistungsschutzrechtlich geschützte Laufbilder angewendet werden können. Anders als eben bei § 24 UrhG kann dies ohne Argumentationsaufwand bejaht werden, da § 95 i.V.m. § 94 IV UrhG direkt auf die im sechsten Abschnitt des UrhG enthaltenen Schrankenvorschriften verweist. **13**

**bb) Zulässigkeit des Filmzitates**

§ 51, 2 Nr. 2 UrhG setzt normtextlich voraus, dass das Zitat in einem selbständigen „Sprachwerk" enthalten ist. Fraglich ist daher, ob die Zitierfreiheit auch dann eingreifen kann, wenn das Zitat im Zusammenhang mit anderen Werkgattungen (hier mit der Fernsehsendung des R) vorgenommen wird. Durch die Flexibilisierung des Zitatrechts im Rahmen des zweiten Korbs der Urheberrechtsreform und die Umformung der ehemals starren Zitatkategorien zu bloßen Regelbeispielen (vgl. das „insbesondere" in § 51, 2 UrhG) lässt sich diese Frage nun leichter beantworten, da der Wortlaut des § 51, 2 Nr. 2 UrhG keine starre Grenze für die Anwendung der Zitierfreiheit mehr **14**

---

[7] Zu dieser klassischen Formel der freien Benutzung *Ulmer*, S. 275; *BGH* GRUR 1994, 191, 193 – Asterix-Persiflagen.

[8] BGHZ 175, 135 = GRUR 2008 693 Tz. 32 – TV Total; kritisch *Slopek*, WRP 2009, 20, 26f.

darstellt. Darüber hinaus waren sich Rechtsprechung und Literatur auch bereits vor der Neuordnung des § 51 UrhG weitgehend einig, dass die Privilegierung des § 51 Nr. 2 UrhG a.F. auch für sog. „Filmzitate“ galt. Als Argument wurde vor allem darauf verwiesen, dass die in der Vorgängervorschrift des § 51 UrhG a.F. (§ 19 I Nr. 1 LUG) erwähnten „selbständigen literarischen Arbeiten“ auch Filmwerke erfassten. Da die Neuschaffung des § 51 UrhG a.F. im Jahr 1965 insoweit keine Änderung der Rechtslage mit sich bringen sollte, wurde von einer unbeabsichtigte Regelungslücke ausgegangen, die von den Gerichten im Wege der Analogie geschlossen werden konnte. Eine Ausdehnung auf Filmwerke entsprach nicht zuletzt auch dem Sinn und Zweck der Zitierfreiheit – Förderung des kulturellen Lebens – da kreatives Werkschaffen auch im Bereich von filmischer Tätigkeit die Benutzung vorbestehender Werke erfordert.[9] Diese Argumentation überzeugt auch nach der Neufassung des § 51 UrhG. Die Tatsache, dass R im Rahmen eines filmischen Beitrages zitiert hat, steht der Anwendung der Zitierfreiheit folglich nicht entgegen.

#### cc) Zitatzweck

15 Fraglich ist jedoch, ob R das Spontaninterview auch „angeführt“ hat. Erforderlich hierfür ist, dass das benutzte Werk ein Hilfsmittel für eigene Aussagen des Zitierenden darstellt (sog. „Belegfunktion“). Insbesondere darf das zitierte Werk nicht um seiner selbst Willen der Allgemeinheit zugänglich gemacht werden. R belegt im vorliegenden Fall nicht seine eigenen Aussagen mit Hilfe des „Spontaninterviews“, sondern stellt das Interview in das Zentrum des Beitrages. In der Anmoderation weist er lediglich auf das Interview hin. Damit liegt kein erforderlicher Zitatzweck vor und R kann sich nicht auf § 51, 2 Nr. 2 UrhG berufen.

16 Hieran ändert auch die jüngere Rechtsprechung des BVerfG zu sog. künstlerischen Zitaten nichts. Zwar geht das BVerfG in der Entscheidung *Germania 3* in verfassungskonformer Auslegung des § 51 UrhG davon aus, dass Kleinzitate auch ohne „Belegfunktion“ zulässig sind, wenn sich der Zitierende auf die Kunstfreiheit (Art. 5 III GG) stützen kann und die vom Künstler eingesetzten Zitate ein durchgängiges und charakteristisches Stilmittel sind, das sich funktional in das Werk des Künstlers einfügt.[10] Diese Argumentation lässt sich auf den vorliegenden Fall jedoch nicht übertragen, da das Interview weder als künstlerisches Stilmittel, noch als Form einer über Art. 5 I GG geschützten Medienkritik eingesetzt, sondern gerade um seiner selbst Willen wiedergeben wird.[11]

### b) Berichterstattung über Tagesereignisse (§ 50 UrhG)

17 Die Schranke des § 50 UrhG wäre einschlägig, wenn es sich bei dem „Spontaninterview“ um ein Tagesereignis handelte. Unter einem Tagesereignis versteht man jedes aktuelle Geschehen, das für die Öffentlichkeit von Interesse ist.[12] Allein ein enger zeitlicher Zusammenhang zwischen Ereignis und Berichterstattung reicht dabei für die Privilegierung des § 50 UrhG nicht aus. Vielmehr muss das Ereignis auch eine gewisse „Qualität“ aufweisen, die im Interesse der Öffentlichkeit gerade eine zeitnahe Berichterstattung erfordert. Kann dagegen der Schrankenprivilegierte auch die Zustimmung des Rechtsinhabers einholen, ohne dass sich am Informationsinteresse der Öffentlich-

---

[9] Ausführlich BGHZ 99, 162 = GRUR 1987, 362, 363 – Filmzitat; Schricker/*Schricker*, § 51 Rn. 41.

[10] *BVerfG* GRUR 2001, 149 – Germania 3.

[11] *OLG Frankfurt a.M.* ZUM 2005, 477, 481; *BGH* GRUR 2008, 693, 695f. – TV Total; kritisch *Slopek*, WRP 2009, 20, 27.

[12] *BGH* GRUR 2002, 1050, 1051 – Zeitungsbericht als Tagesereignis; Schricker/*Vogel*, § 50 Rn. 11.

keit etwas ändert, so greift § 50 UrhG nicht ein.[13] Im vorliegenden Fall hätte sich die dem „Spontaninterview" innewohnende Komik auch bei einer (durch die Rechtseinholung) zeitlich verzögerten Wiedergabe nicht verändert. Dem Interview fehlt daher jeder aktuelle Bezug.[14] Die Schranke des § 50 UrhG greift folglich nicht ein.

### c) Zwischenergebnis

Weder die Schranke des § 51 Nr. 2 UrhG noch des § 50 UrhG ist im vorliegenden Fall einschlägig. Der Eingriff des R in das Ausschließlichkeitsrecht der H ist damit rechtswidrig. 18

## IV. Wiederholungsgefahr

Die für den Unterlassungsanspruch gemäß § 97 I 1 UrhG erforderliche Wiederholungsgefahr wird durch die begangene Rechtsverletzung indiziert.[15] 19

## V. Ergebnis

Der H steht gegen R ein Unterlassungsanspruch gemäß § 97 I 1 UrhG zu. 20

**Weiterführende Hinweise:** *Poll,* „TV-Total" – Alles Mattscheibe, oder was?, ZUM 2004, 511; *Slopek,* Die Parodie im Urheberrecht, WRP 2009, 20. 21

---

[13] Zum Sinn und Zweck der Vorschrift siehe auch Schricker/*Vogel*, § 50 Rn. 1.
[14] So auch *OLG Frankfurt a. M.* ZUM 2005, 477, 481 – TV Total.
[15] Dreier/Schulze/*Dreier*, § 97 Rn. 42.

# Fall 21. Online-Videorecorder

*Nach BGH GRUR 2009, 845 – Internet-Videorecorder.*

## Sachverhalt

Die T-GmbH bietet unter der Internetadresse T.tv Internetnutzern einen sog. „Online-Videorecorder“ an. Nutzer können hierbei aus 20 in Deutschland ausgestrahlten TV Programmen (die von T mittels eigener Vorrichtungen empfangen werden) einzelne Sendungen auswählen und zeitversetzt auf ihrem PC ansehen. Jedem Nutzer des „Online-Videorecorders“ wird auf dem Server der T-GmbH ein individuelles Speicherkontingent zugewiesen, auf dem diejenigen Sendungen digitalisiert gespeichert werden, deren Aufzeichnung der Nutzer durch die Website anfordert. Sofern zwei Nutzer die Aufzeichnung derselben Sendung wünschen, wird die Sendung für jeden Nutzer gesondert digitalisiert und gespeichert. Der Nutzer kann nach der Aufzeichnung zu einem Zeitpunkt seiner Wahl über das Internet auf den „Online-Videorecorder“ zugreifen und die aufgezeichneten Sendungen auf seinem PC ansehen. T bietet diesen Dienst in einer kostenlosen (auch nicht über Werbung finanzierten) und einer kostenpflichtigen „Premium“-Variante an, die sich lediglich in der Größe des Online-Speicherplatzes unterscheiden. S ist ein privates Fernsehunternehmen und strahlt eines der 20 Programme aus, die mit Hilfe des „Online-Videorecorders“ aufgezeichnet werden können. Sie ist der Ansicht, T verletze durch den Internetdienst ihre Rechte an den Fernsehsendungen.

Steht der S ein urheberrechtlicher Unterlassungsanspruch zu?

## Gliederung

## Lösung

Der S könnte ein Unterlassungsanspruch gemäß §§ 97 I 1, 87 I UrhG zustehen. 1

### I. Geschütztes Werk

Ein Anspruch aus § 97 I 1 UrhG setzt voraus, dass der S ein Urheberrecht oder ein 2 anderes nach dem Urheberrechtsgesetz geschütztes Recht zusteht. S hat an den ausgestrahlten Sendungen jedenfalls ein originäres Leistungsschutzrecht aus § 87 I UrhG. Darüber hinaus ist es – auch wenn der Sachverhalt insoweit keine näheren Angaben enthält – wahrscheinlich, dass S Inhaber von Nutzungsrechten ist. Bei den ausgestrahlten Sendungen (beispielsweise bei Filmen) handelt es meist um urheberrechtlich geschütztes Material. Die Schöpfer derartiger Werke räumen dem Hersteller in der Regel ausschließliche Nutzungsrechte ein (vgl. nur die Auslegungsregel des § 89 UrhG), die der Hersteller weiter übertragen kann.

### II. Aktivlegitimation

Der S steht das Leistungsschutzrecht aus § 87 I UrhG originär zu. Als Inhaberin 3 dieses Ausschließlichkeitsrechts ist sie auch zu dessen Geltendmachung aktivlegitimiert. Im Hinblick auf die der S eingeräumten Nutzungsrechte ist wie folgt zu differenzieren: Soweit S ein ausschließliches Nutzungsrecht an den Sendungen hat, ist sie aktivlegitimiert. Sofern der S dagegen lediglich ein einfaches Nutzungsrecht zusteht, kann die Rechtsverletzung nicht von S, sondern grundsätzlich nur vom Rechtsinhaber geltend gemacht werden.[1]

**Hinweis:** Hintergrund dieser Differenzierung zwischen den Inhabern ausschließlicher und einfacher 4 Nutzungsrechte ist, dass das einfache Nutzungsrecht zwar eine Befugnis zur Benutzung vermittelt, diese Benutzung aber nicht ausschließlich ist. Der Inhaber eines einfachen Nutzungsrechts kann nicht verhindern, dass der Rechtsinhaber weitere Nutzungsrechte einräumt und ist daher auch nicht befugt, gegen Rechtsverletzungen durch Dritte vorzugehen.

### III. Rechtswidrige Verletzung

#### 1. Eingriff

##### a) Vervielfältigungsrecht (§§ 87 I Nr. 2, 15 I Nr. 1, 16 UrhG)

Das Abspeichern auf dem Server stellt eine körperliche Fixierung der Sendungen 5 und damit eine Vervielfältigung dar.

##### b) Recht der öffentlichen Zugänglichmachung (§§ 87 I Nr. 1, 19a UrhG)

Zusätzlich könnte ein Eingriff in das Recht der öffentlichen Zugänglichmachung 6 (§§ 87 I Nr. 1, 19a UrhG) vorliegen.

Erster Ansatzpunkt für eine öffentliche Zugänglichmachung könnte das Angebot 7 und die Bewerbung des „OnlineVideorecorders“ auf der Webseite der T-GmbH sein. Da die Webseite ohne jegliche Zugangsbeschränkung betrachtet werden kann, liegt die für §§ 87 I Nr. 1, 19a UrhG erforderliche „Öffentlichkeit“[2] (vgl. die Definition von

---

[1] Zu dieser Unterscheidung siehe Dreier/Schulze/*Dreier*, § 97 Rn. 19f.; im Fall eines einfachen Nutzungsrechts ist jedoch eine gewillkürte Prozessstandschaft zugunsten des Nutzungsberechtigten denkbar (siehe hierzu Dreier/Schulze/*Dreier,* § 97 Rn. 21).

[2] Ausführlich zum Begriff der Öffentlichkeit Schricker/*v. Ungern-Sternberg*, § 19a Rn. 48ff.

§ 15 II UrhG) vor. Allerdings ist zu beachten, dass allein die Ankündigung des „Online-Videorecorders" auf der Webseite der T-GmbH noch nicht dazu führt, dass die Nutzer auch tatsächlich auf die Sendungen zugreifen können. Hierfür ist nach dem Angebot der T erforderlich, dass jeder einzelne Nutzer einen gesonderten Auftrag zur Aufzeichnung einer Sendung erteilt. Im bloßen Angebot des „Online-Videorecorders" und der damit verbundenen Ankündigung von Aufzeichnungen werden folglich die Sendungen der Öffentlichkeit noch nicht zugänglich gemacht.

8 Ein öffentliches Zugänglichmachen könnte schließlich in der (nach der Aufzeichnung erfolgten) Bereitstellung einer Abrufmöglichkeit für die Nutzer liegen. Die Bereitstellung der digitalisierten Sendungen als Download oder als sog. Stream[3] ermöglicht den Nutzern einen Zugriff auf die (urheber- und leistungsschutzrechtlich geschützten) Sendungen und stellt damit ein Zugänglichmachen i.S.d. §§ 87 I Nr. 1, 19a UrhG dar. Der „Online-Videorecorder" der T-GmbH ist jedoch technisch so ausgestaltet, dass den Nutzern jeweils ein individueller Speicherplatz auf dem Server zugewiesen und die Digitalisierung und Speicherung der Sendungen einzeln vorgenommen wird. Dies hat zur Folge, dass die von S ausgestrahlten Sendungen von T nicht generell, sondern für jeden Nutzer einzeln zugänglich gemacht werden. Es existiert damit für jeden Nutzer eine individuelle Kopie, die nur für diesen einen Nutzer gespeichert und auch nur von diesem abgerufen werden kann. Das Zugänglichmachen der Sendungen durch T ist damit nicht an die Öffentlichkeit gerichtet. Ein Eingriff in §§ 87 I Nr. 1, 19a UrhG scheidet mithin aus.[4]

9 **Hinweis:** Das Angebot der Webseite richtet sich damit zwar an die Öffentlichkeit, macht die geschützten Sendungen aber noch nicht zugänglich. Erst mit der späteren Abrufmöglichkeit durch die Nutzer kommt es zur Zugänglichmachung. Dann fehlt es aber aufgrund des individuellen Speicherplatzes auf dem Server der T-GmbH an der Öffentlichkeit.

### c) Senderecht (§§ 87 I Nr. 1, 20 UrhG)

10 T könnte zudem in das Senderecht der S eingegriffen haben. Dies setzt nach ganz h.M. voraus, dass der Empfang der Sendungen durch die Nutzer simultan mit dem Aussenden erfolgt.[5] Ob diese Voraussetzung beim Abspeichern von Fernsehsendungen zum zeitversetzten Abruf erfüllt wird, ist in Rechtsprechung und Literatur umstritten. Die Rechtsprechung bejaht zum Teil einen Eingriff in das Senderecht.[6] Für die simultane Weitersendung komme es nur darauf an, dass die Sendung zeitgleich in den Bereich der Nutzer weitergeleitet werde. Dies sei beim Online-Videorecorder der Fall, da der persönliche Speicherplatz auf dem Server der T zur Sphäre der Nutzer gehöre. Dass der eigentliche Abruf durch die Nutzer zeitversetzt erfolge, sei dagegen unbeachtlich, da die (simultane) Übertragung und damit der Eingriff in das Senderecht bereits mit dem Abspeichern der Dateien im „Online-Videorecorder" vollendet sei. Ferner sei auch eine für § 20 UrhG ausreichende Öffentlichkeit gegeben, da es insoweit nicht darauf ankomme, ob die Nutzer die Dateien gleichzeitig oder zeitversetzt betrachten.

---

[3] Download und Streamingtechnologie unterscheiden sich unter anderem dadurch, dass bei einem Download zunächst die komplette Datei heruntergeladen wird, bevor sie der Nutzer auf seinem Rechner wiedergibt. Beim Streaming wird die Datei dagegen bereits während des Downloads abgespielt, was insbesondere bei größeren (Video-)Dateien Vorteile für den Nutzer bringt.

[4] *BGH* GRUR 2009, 845 Tz. 27 – Internet-Videorecorder m. w. N.

[5] Schricker/*v. Ungern-Sternberg*, § 87 Rn. 31 m. w. N.

[6] So zumindest dem Grunde nach *BGH* GRUR 2009, 845 Rn. 28ff. – Internet-Videorecorder; *LG Köln* ZUM 2005, 574, 575f.

Die rechtswissenschaftliche Literatur und einige Instanzgerichte verneinen dagegen einen Eingriff in das Senderecht.[7] Das Erfordernis der Simultaneität setze voraus, dass es zu einer gleichzeitigen Zugänglichmachung beim Nutzer komme. Entscheidender Zeitpunkt sei daher nicht das Abspeichern der Sendungen im „Online-Videorecorder", sondern der (nicht mehr simultane und daher nicht von § 20 UrhG erfasste) Abruf durch die Nutzer. Dieser Auffassung ist zuzustimmen. Die von der Rechtsprechung vorgenommene Zuordnung des „Online-Videorecorders" zur Sphäre der Nutzer kann aus zwei Gründen nicht überzeugen. Erstens spricht die technische Durchführung der Aufzeichnung eher gegen eine Zuordnung in die Nutzersphäre, da die Benutzer des Online-Videorecorders auf die beim Anbieter stehenden Server keinen Einfluss haben. Zweitens lässt sich dieses Ergebnis auch durch wertende Gesichtspunkte stützen, da aus Sicht der Rechtsinhaber nicht das Speichern im Online-Videorecorder, sondern das zeitversetzte Abrufen die wirtschaftlich relevante Werknutzung darstellt. Diese erfolgt aber – wie oben dargelegt – auf der Grundlage von individuellen (also für jeden Nutzer einzeln hergestellten) Kopien, die gerade nicht simultan weitergeleitet werden. Die besseren Argumente sprechen daher gegen einen Eingriff in das Senderecht (a. A. vertretbar). 11

**Hinweis:** Sofern man an dieser Stelle der Ansicht der Rechtsprechung folgt und von einem Eingriff in das Senderecht ausgeht, ist der Online-Videorecorder auf jeden Fall unzulässig. Eine Rechtfertigung durch Schrankenvorschriften kommt dann nicht mehr in Betracht, da die hier relevanten §§ 44 a und 53 UrhG lediglich die Vornahme von Vervielfältigungen, nicht aber eine Weitersendung erlauben. 12

## 2. Schranken

### a) § 44 a UrhG

Der Eingriff in die Ausschließlichkeitsrechte durch die T-GmbH wäre gerechtfertigt, wenn die Digitalisierung und Abspeicherung der Sendungen lediglich vorübergehende Vervielfältigungshandlungen i. S. d. § 44 a UrhG darstellten. Dies ist im vorliegenden Fall zu verneinen: Zwar ließe sich argumentieren, dass die Vervielfältigungen einen integralen und wesentlichen Teil eines technischen Verfahrens („Online-Videorecorder") darstellt, deren alleiniger Zweck eine rechtmäßige Nutzung des Werkes durch die Empfänger darstellt (§ 53 UrhG – dazu sogleich).[8] Eine Anwendung des § 44 a UrhG scheitert aber bereits daran, dass der Vervielfältigungshandlung eine eigenständige wirtschaftliche Bedeutung zukommt. Die Vervielfältigung der Sendungen steht im Mittelpunkt des von T durchgeführten Geschäftsmodells und ermöglicht den Nutzern des „Online-Videorecorders" eine neue, eigenständige Nutzungsmöglichkeit. Da die Vervielfältigungshandlungen folglich selbständige Bedeutung haben und nicht nur nebenbei als technisch notwendiger Akt der Datenübermittlung anfallen, scheidet § 44 a UrhG aus.[9] 13

**Hinweis:** § 44 a UrhG beruht auf der Richtlinie zum Urheberrecht in der Informationsgesellschaft und sollte immer angesprochen werden, wenn eine digitale Nutzung im Raum steht. Typische Fälle, in denen die Schranke des § 44 a UrhG eingreift und die Nutzungshandlung zulässig ist, sind beispielsweise Vervielfältigungen durch Internetprovider oder das Zwischenspeichern („Cachen") von Daten.[10] 14

---

[7] *LG München I* ZUM 2006, 583, 585 f.; Wandtke/Bullinger/*Erhardt*, § 87 Rn. 16; Dreier/Schulze/*Dreier*, § 87 Rn. 13; *Hofmann*, ZUM 2006, 768, 768; *ders.*, MMR 2006, 793, 795; vgl. auch *Schack*, GRUR 2007, 639, 642.

[8] Die in § 44 a Nr. 1 UrhG vorgesehene Übertragung in einem Netz zwischen Dritten durch einen Vermittler kommt dagegen nicht in Betracht, da die Datenübertragung im vorliegenden Fall ausschließlich zwischen T und den Nutzern geschieht und nicht zwischen Nutzern und Dritten unter Einschaltung der T-GmbH als technische Vermittlerin; siehe hierzu Dreier/Schulze/*Dreier*, § 44 a Rn. 7.

[9] *Kamps/Koops*, CR 2007, 581, 582.

[10] Zu weiteren Beispielen siehe Schricker/*Loewenheim*, § 44 a Rn. 11 ff.

### b) § 53 I UrhG

#### aa) Vorüberlegungen

15 Die Nutzungshandlung könnte unter die Urheberrechtsschranke der Privatkopie fallen. Von der Privilegierung des § 53 I UrhG werden dem Grunde nach sowohl einzelne analoge, als auch einzelne digitale Vervielfältigungen[11] zum (hier vorliegenden) privaten Gebrauch erfasst. T selbst kann sich allerdings nicht unmittelbar auf die Schranke der Privatkopie berufen, da diese nur für natürliche Personen und nur für deren privaten Gebrauch einschlägig ist. Die Anwendbarkeit des § 53 I UrhG muss daher aus der Perspektive der Nutzer untersucht werden. Der „Online-Videorecorder" wäre dabei – unabhängig von einer Gewinnerzielungsabsicht der T-GmbH – gemäß § 53 I 1 UrhG zulässig, wenn die Vervielfältigungen der Sendungen durch die Nutzer selbst vorgenommen würden. Daneben ließe sich der Betrieb des „Online-Videorecorders" aber auch in der Weise interpretieren, dass die Vervielfältigungen im Auftrag der Nutzer durch T hergestellt werden. In diesem Fall wäre gemäß § 53 I 2 UrhG nur die unentgeltliche Variante des „Online-Videorecorders" von der Schranke der Privatkopie gedeckt. Entscheidend für die Beurteilung des konkreten Falles ist daher die Frage, ob die Nutzer selbst, oder ob die T-GmbH als „Hersteller" der Vervielfältigungsstücke angesehen werden kann.

#### bb) § 53 I 1 UrhG oder § 53 I 2 UrhG?

16 Als „Hersteller" gilt derjenige, der tatsächlich die Vervielfältigung vornimmt.[12] Anders als im Bereich der analogen Vervielfältigung (Bsp.: Kopien aus Schriftwerken: werden diese durch einen Dritten angefertigt, so ist dieser „Hersteller"; stellt der Dritte nur ein Kopiergerät zur Verfügung, so ist der Kunde „Hersteller") führt dieses Kriterium im digitalen Umfeld allerdings nicht immer zu eindeutigen Ergebnissen, da hier häufig mehrere Beteiligte bei der Vervielfältigung zusammenwirken. Sichtbar wird dies im vorliegenden Fall, bei dem T die Programme empfängt und die Server bereitstellt, die (automatisierte) Vervielfältigungshandlung aber erst über die Webseite der T-GmbH durch die Nutzer initiiert wird. Tatsächlich vorgenommen wird die Vervielfältigung damit sowohl durch die Nutzer als auch durch T. Die Person des Herstellers kann daher kaum über das faktische Kriterium der tatsächlichen Vervielfältigung, sondern nur normativ (wertend) danach bestimmt werden, wo der Schwerpunkt der Vervielfältigungshandlung liegt.[13]

17 Gegen die Herstellereigenschaft der T-GmbH und zugleich für eine unmittelbare Herstellung der Kopien durch die Nutzer würde es sprechen, wenn sich die Tätigkeit von T lediglich in der Bereitstellung von technischen Vorrichtungen erschöpft. Beispielhaft für eine derartige Situation steht die Entscheidung des OLG München zur Zulässigkeit von *CD-Münzkopierautomaten*,[14] bei denen die Nutzer sowohl die Vorlage, als auch den für die Kopie benötigten Rohling zur Verfügung zu stellen hatten

---

[11] Nach *BGH* GRUR 1978, 474, 476 – Vervielfältigungsstücke sind hierunter maximal sieben Vervielfältigungsstücke zu verstehen.

[12] Dreier/Schulze/*Dreier*, § 53 Rn. 14.

[13] Vgl. hierzu *OLG Braunschweig* ZUM 2006, 362, 365; ähnlich *BGH* GRUR 2009, 845 Rn. 15ff. – Internet-Videorecorder, der sich allerdings im Ansatz gegen die normative Bewertung der Vorinstanz wendet und stattdessen eine technische Betrachtung bevorzugt; bei der Frage, ob eine im Auftrag eines Dritten angefertigte Vervielfältigung dem Auftraggeber zugerechnet werden kann, stellt das Gericht aber wiederum auf eine „normative Bewertung" ab und fragt, ob der Hersteller gleichsam „an die Stelle des Vervielfältigungsgerätes tritt" und als „notwendiges Werkzeug" des Besteller tätig wird.

[14] *OLG München* GRUR-RR 2003, 365 – CD-Münzkopierautomat.

und die Tätigkeit des Automatenaufstellers lediglich in der (entgeltlichen) Bereitstellung der Vervielfältigungsvorrichtungen bestand. Der Betrieb des „Online-Videorecorders“ unterscheidet sich jedoch grundlegend von der Aufstellung eines solchen CD-Münzkopierautomaten. Die T-GmbH stellt nicht nur die technischen Mittel zur Verfügung (Server, Digitalisierungssoftware, Internetanbindung, usw.), sondern besorgt auch noch selbst die Kopiervorlage. Darüber hinaus ist der technische Kopiervorgang – anders als bei einem Münzkopierautomaten – vollkommen dem Einfluss und der Sachherrschaft der Nutzer entzogen. Diese initiieren zwar den Kopiervorgang und bestimmen, welche Sendungen aufgezeichnet werden, die technische Seite des Kopiervorganges (beispielsweise die Frage, wo und in welcher Form die Sendungen gespeichert werden) obliegt jedoch allein der T-GmbH. Vor diesem Hintergrund liegt der Schwerpunkt des Vervielfältigungsvorganges eher bei der T-GmbH, womit diese auch als Hersteller anzusehen ist. Die Vervielfältigung ist daher gemäß § 53 I 1 UrhG nur insoweit von der Schranke der Privatkopie gedeckt, als die Vervielfältigungen unentgeltlich vorgenommen werden.

**Hinweis:** Da im vorliegenden Fall die kostenlose Variante des Online-Videorecorders ohne Werbung betrieben wurde, lag insoweit eindeutig eine unentgeltliche Vervielfältigung vor. Hätte die T-GmbH dagegen (wie in der Praxis üblich) die kostenlose Variante mit Werbebanner versehen, so läge eine entgeltliche Veröffentlichung vor. Das Entgelt für den „Online-Videorecorder“ würde in diesem Fall mittelbar von den Werbepartnern erhoben, die sich mit ihrer Werbung direkt an die Nutzer des Online-Angebots richten.[15] 18

### 3. Wiederholungsgefahr

Die für einen Unterlassungsanspruch gemäß § 97 I 1 UrhG erforderliche Wiederholungsgefahr wird durch die Rechtsverletzung indiziert.[16] Vorliegend sind keine Anhaltspunkte für ein Entfallen der Wiederholungsgefahr ersichtlich. 19

## IV. Ergebnis

S kann von der T-GmbH insoweit Unterlassung verlangen, als der „Online-Videorecoder“ entgeltlich betrieben wird. 20

**Weiterführende Hinweise:** *Hofmann,* Virtuelle Personal Videorecorder vor dem Aus?, MMR 2006, 793; *Kamps/Koops,* Online-Videorecorder im Lichte des Urheberrechts, CR 2007, 581; *Schack,* Rechtsprobleme der Online-Übermittlung, GRUR 2007, 639. 21

---

[15] Siehe hierzu *LG Leipzig* GRUR-RR 2007, 143, 144; *OLG Dresden* GRUR-RR 2007, 138, 139 – Online-Videorecorder.

[16] Schricker/*Wild,* § 97 Rn. 42.

# Fall 22. G Book Search

## Sachverhalt

Das in Deutschland ansässige Unternehmen G betreibt eine der bekanntesten und erfolgreichsten Internet-Suchmaschinen. Vor kurzem hat G das Projekt „G Library Program" initiiert. G schließt dazu Verträge mit mehreren Universitätsbibliotheken und beginnt, deren Buchbestand systematisch und vollständig zu digitalisieren. Die in den Bibliotheken vorhandenen Werke werden dabei von Gs Mitarbeitern eingescannt und mittels eines Texterkennungsprogrammes (OCR) indiziert, das etwa 99% aller Zeichen korrekt erkennt. In sehr seltenen Fällen (weniger als einmal pro 1000 gescannten Seiten) kommt es außerdem zu komplett fehlerhaft gescannten Seiten (z.B. dann, wenn beim Auflegen der Vorlage eine Seite reißt). Die so ermittelten Daten spielt G auf in Deutschland befindliche Server ein, die über eine deutschsprachige und mit Werbung versehene Benutzeroberfläche (www.books.g.de) abgerufen werden können. Nutzer können auf der Webseite mit Hilfe der bekannten G-Oberfläche in den digitalisierten Werken Suchanfragen durchführen. Als Ergebnis bekommen sie jeweils einen knappen Textausschnitt (als Grafikdatei) einschließlich einer Fundstellenangabe. Vor dem Einscannen und dem Hochladen der Dateien auf die Server von G werden die Rechtsinhaber an den eingescannten Büchern nicht um Erlaubnis gefragt.

Inwieweit stellen das „G Library Program" und die „G Book Search" Rechtsverletzungen nach dem Urhebergesetz dar?

## Gliederung

## Lösung

### I. Urheberrechtlich geschützte Werke

1 Die Handlungen von G sind nur insoweit urheberrechtlich relevant, als sie sich auf urheberrechtlich geschützte Werke beziehen. Sofern Bücher eingescannt, indiziert und online gestellt werden, bei denen die Schutzfrist des § 64 UrhG (70 Jahre *post mortem auctoris*) überschritten ist, sind die Handlungen der G urheberrechtlich unbedenklich. Da der Sachverhalt allerdings keine Anhaltspunkte dafür enthält, dass G ihr Programm auf gemeinfreie Werke beschränkt,[1] ist davon auszugehen, dass unter den eingescannten Büchern auch urheberrechtlich geschützte Werke sind.

### II. Rechtswidrige Verletzung

#### 1. Eingriff

2 Fraglich ist, ob die Handlungen der G einen Eingriff in die Ausschließlichkeitsrechte der Urheber darstellen. Denkbar wäre hier sowohl ein Eingriff in das Urheberpersönlichkeitsrecht (a), als auch ein Eingriff in die urheberrechtlichen Verwertungsrechte (b).

#### a) Eingriff in das Urheberpersönlichkeitsrecht (§ 14 UrhG)

3 Die Digitalisierung der Werke könnte eine Entstellung gemäß § 14 UrhG darstellen.

4 So ließe sich argumentieren, dass durch die 1%ige Fehlerquote bei der OCR-Texterfassung[2] die Originaltexte der Urheber verändert und mit Fehlern angereichert werden. Der von G indizierte Text enthält tippfehlerähnliche Ungenauigkeiten, die in den Augen der Nutzer möglicherweise nicht der G, sondern den Urhebern zugerechnet werden. Die Urheber der indizierten Texte wären in diesem Fall in ihrem berechtigten Interesse an der Werkintegrität verletzt. Gegen eine Beeinträchtigung der Urheberpersönlichkeitsinteressen gemäß § 14 UrhG spricht im vorliegenden Fall jedoch, dass die Nutzer der „Google Book Search" die indizierte Textdatei selbst gar nicht zu sehen bekommen. Stattdessen erscheint auf dem Monitor eine grafische Faksimile-Abbildung der eingescannten Buchseiten, denen die Textdatei lediglich als Grundlage für die Suchfunktion hinterlegt ist. Fehler in der Indizierung wirken sich daher lediglich auf die Genauigkeit der Suche aus und werden von den Nutzern selbst nicht wahrgenommen. Eine Entstellung i. S. d. § 14 UrhG liegt daher insoweit nicht vor.[3]

5 Eine Entstellung könnte jedoch darin liegen, dass in sehr seltenen Fällen eine Seite komplett fehlerhaft eingescannt und damit die Veränderung auch für den Nutzer sichtbar wird. Allerdings ist sehr fraglich, ob die veränderte Gestalt des Werkes dem Autor in diesem Fall überhaupt zugerechnet wird. Bei der Digitalisierung von Werken

---

[1] Ein Beispiel für ein Digitalisierungsprojekt, das sich in erster Linie auf gemeinfreie Werke (vor allem juristische Literatur aus dem 19. Jahrhundert) konzentriert und daher urheberrechtlich kaum Probleme aufwirft, ist die Digitale Bibliothek des Max-Planck-Instituts für Europäische Rechtsgeschichte in Frankfurt a. M., online verfügbar unter: http://www.mpier.uni-frankfurt.de/dlib/index.html.

[2] Die Texterkennung (OCR = Optical Character Recognition) hat zum Ziel, eine gescannte Ausgangsdatei (Pixelgrafik) in ein maschinenlesbares Format (z. B. ASCII oder Unicode) umzuwandeln. Nur so kann der eingescannte Text maschinell verarbeitet und beispielsweise zur Grundlage von Suchanfragen gemacht werden. Die eingesetzte Software nimmt während der Texterkennung einen Abgleich zwischen den einzelnen gescannten Pixeln und den Formen von Buchstaben und Zahlen vor.

[3] *Kubis*, ZUM 2006, 370, 374; *Hüttner*, WRP 2009, 422, 425; *Heckmann*, AfP 2007, 314, 315.

werden die Betrachter der Grafikdateien regelmäßig davon ausgehen, dass nicht der Autor selbst die Digitalisierung vollzogen hat und daher auch nicht für etwaige fehlerhafte Scanvorgänge verantwortlich ist. Das Ansehen des Urhebers und seine Bindung zum Werk werden daher durch das fehlerhafte Einscannen nicht beeinträchtigt, so dass eine Anwendung von § 14 UrhG auch unter diesem Gesichtspunkt ausscheidet[4] (a. A. vertretbar).

6 Ferner kann eine Entstellung auch nicht darin gesehen werden, dass auf der Website der G nur einzelne Textausschnitte ohne Hinweis auf den Gesamtzusammenhang gezeigt werden. Zwar stellt die Kürzung eines Werkes dem Grunde nach eine objektive Beeinträchtigung dar (Stufe 1 der Prüfung von § 14 UrhG),[5] die geeignet ist, die berechtigten Interessen der Urheber zu gefährden (Stufe 2 der Prüfung von § 14 UrhG). Die Interessenabwägung zwischen dem Integritätsinteresse der Urheber und dem Nutzungsinteresse der G (Stufe 3 der Prüfung von § 14 UrhG) spricht jedoch eher für die Zulässigkeit der Nutzung. Hier ist insbesondere zu berücksichtigen, dass sich die Schöpfer von Sprachwerken bereits aufgrund der existierenden Schranken (insbesondere des Zitatrechts gemäß § 51 UrhG) ohnehin nicht gegen die Übernahme und Darstellung von einzelnen Textausschnitten wehren können. Diese Wertung muss – unabhängig davon, ob im vorliegenden Fall § 51 UrhG tatsächlich eingreift – auch im Rahmen der Interessenabwägung gemäß § 14 UrhG Berücksichtigung finden, so dass ein Überwiegen der Urheberinteressen nicht angenommen werden kann.

**b) Eingriff in die Verwertungsrechte**

**aa) Vervielfältigungsrecht (§§ 15 I Nr. 1, 16 UrhG)**

7 Das „G Library Program" könnte einen Eingriff in das Vervielfältigungsrecht (§§ 15 I Nr. 1, 16 UrhG) darstellen. Unter einer Vervielfältigung versteht man jede körperliche Festlegung eines Werkes, die geeignet ist, das Werk den menschlichen Sinnen unmittelbar oder mittelbar wahrnehmbar zu machen.[6] Dies ist im vorliegenden Fall jeweils durch das Erfassen der Daten während des Einscannens, durch die Bearbeitung der Daten mittels der OCR-Software und durch das Übertragen der Daten auf den Server („uploading") geschehen.[7]

**bb) Öffentliche Zugänglichmachung (§ 19 a UrhG)**

8 Die „G Book Search" könnte einen Eingriff in das Recht der öffentlichen Zugänglichmachung[8] gemäß § 19a UrhG darstellen. Für die Benutzung der G-Website, die Durchführung von Suchanfragen in den indizierten Texten und die Anzeige der Suchergebnisse gibt es keine Zugangsbeschränkungen. G ermöglicht daher einen öffentlichen Online-Zugang zu den eingescannten Büchern. Allerdings ist zu berücksichtigen, dass auf der G-Webseite nur Teilausschnitte der Werke anzeigt werden. Ob daher – neben dem Eingriff in das Vervielfältigungsrecht – auch ein Eingriff in das Recht der öffentlichen Zugänglichmachung vorliegt, lässt sich auf Grundlage der Fall-

---

[4] So auch *Kubis*, ZUM 2006, 370, 374 f.; a. A. *Heckmann*, AfP 2007, 314, 315; *Ott*, GRUR Int. 2007, 562, 564 befürwortet eine Anwendung von § 14 UrhG nur für den Fall, dass die gescannten Bilder „so schlecht sind, dass Nutzern der Eindruck vermittelt wird, bei dem Originalwerk handele es sich bereits um ein qualitativ minderwertiges Werk".

[5] Zu der nach h. M. dreistufigen Prüfung des § 14 UrhG siehe Fall 17, zu Werkkürzungen als Fall einer objektiven Beeinträchtigung siehe Dreier/Schulze/*Schulze*, § 14 Rn. 12.

[6] BGHZ 17, 267, 269 f. = GRUR 1955, 492, 502 – Grundig-Reporter.

[7] Siehe hierzu *OLG München* GRUR 2001, 501 – Midi-Files.

[8] Ausführlich zum Recht der öffentlichen Zugänglichmachung Fall 21.

angabe nicht abschließend beurteilen und hängt davon ab, ob die dargestellten Ausschnitte für sich genommen die Anforderungen an eine persönliche geistige Schöpfung i.S.d. § 2 II UrhG erfüllen.[9] Dies dürfte jedenfalls dann der Fall sein, wenn auf der Webseite ganze (oder sogar mehrere ganze) Sätze aus den Büchern dargestellt werden.[10]

### 2. Zustimmung

Eine Zustimmung seitens der Rechtsinhaber liegt nicht vor. 9

### 3. Schranken

Die Handlungen der G stellten keine Urheberrechtsverletzung dar, wenn sie von einer der in §§ 44a ff. UrhG aufgeführten Schranken gedeckt wären. Die §§ 44a ff. UrhG sehen einen abschließenden („enumerativen") Katalog von Einzelausnahmen vor, der von der Rechtsprechung nur in seltenen Ausnahmefällen erweiternd ausgelegt oder im Wege des Analogieschlusses auf ähnlich gelagerte Sachverhalte übertragen wird. Einen allgemeinen generalklauselartigen Grundsatz, dass „redliche" oder „faire" Verwertungen zulässig sind, kennt das deutsche Recht – anders als das Urheberrecht der Vereinigten Staaten („fair use") – nicht.[11] 10

#### a) Vorübergehende Vervielfältigungshandlungen (§ 44a UrhG)

Eine Rechtfertigung gemäß § 44a UrhG scheidet aus. Das Einscannen, Erfassen und „uploaden" der Texte stellt keine flüchtige oder begleitende Vervielfältigung ohne eigenständige wirtschaftliche Bedeutung dar.[12] 11

#### b) § 51 UrhG (Zitierfreiheit)

Die Anzeige der Ergebnisse durch G könnte durch das Zitatrecht gemäß § 51 UrhG gedeckt sein. Eine Anwendung des § 51, 2 Nr. 2 UrhG (sog. „Kleinzitat") scheidet jedoch im vorliegenden Fall aus, da G im Rahmen der Digitalisierung kein „selbständiges Sprachwerk" schafft.[13] Eine (durch die Neufassung des § 51 UrhG und die Einfügung des „insbesondere" nun deutlich einfachere) erweiternde Auslegung der Zitierfreiheit kommt ebenfalls nicht in Betracht, da es bei der „G Book Search" an der für alle Zitatkategorien erforderlichen „Belegfunktion" des Zitats fehlt.[14] 12

#### c) § 52a I, III UrhG (Öffentliche Zugänglichmachung für Unterricht und Forschung)

Die Vervielfältigungen durch G sowie das öffentliche Zugänglichmachen der Werke könnte jedoch von § 52a I, III UrhG gedeckt sein. § 52a UrhG wurde mit dem Gesetz zur Regelung des Urheberrechts in der Informationsgesellschaft eingeführt und stellt eine spezielle Schranke für Werknutzungen im akademischen Umfeld dar. Die Schran- 13

---

[9] *EuGH* GRUR 2009, 1041 – Infopaq/DDF –, hierzu *Schulze*, GRUR 2009, 1019; vgl. zum Schutz von Werkteilen auch Wandtke/Bullinger/*Bullinger*, § 2 Rn. 42; Dreier/Schulze/*Schulze*, § 2 Rn. 76f.; Dreyer/Kotthoff/Meckel/*Dreyer*, § 2 Rn. 145ff.

[10] So auch *Hüttner*, WRP 2009, 422, 425f.

[11] Hierzu ausführlich *Förster*, Fair Use, 2008.

[12] Ausführlich zu den Voraussetzungen des § 44a UrhG Fall 21.

[13] *Kubis*, ZUM 2006, 370, 376; *Hüttner*, WRP 2009, 422, 426; *Heckmann*, AfP 2007, 314, 317.

[14] Siehe hierzu Fall 20 sowie BGHZ 50, 147, 155 = GRUR 1968, 607, 612 – Kandinsky I; *BGH* GRUR 1987, 362, 364 – Filmzitat; Dreier/Schulze/*Dreier*, § 51 Rn. 4.

ke lässt es jedoch allenfalls zu, Teile eines Werkes, Werke geringen Umfangs oder einzelne Beiträge aus Zeitungen und Zeitschriften öffentlich zugänglich zu machen bzw. zu vervielfältigen. Da die Vervielfältigungen im Rahmen des „G Library Programs" und die öffentliche Zugänglichmachung im Rahmen der „G Book Search" vollständige Werke umfassen, greift § 52a UrhG hier nicht ein. Der Anwendung der Schranke steht zudem entgegen, dass G bei der „G Book Search" Werbung platziert und damit kommerzielle Zwecke verfolgt.

14 **Hinweis:** § 52a UrhG ist eine der umstrittensten Vorschriften aus dem Gesetz zur Regelung des Urheberrechts in der Informationsgesellschaft. Die wissenschaftlichen Verlage befürchteten, durch die Einführung der neuen Schranke werde ihr Ausschließlichkeitsrecht zu einem bloßen Vergütungsanspruch herabgestuft (siehe hierzu § 52 a IV UrhG) und versuchten daher, die Einführung von § 52 a UrhG zu verhindern. Auch in der Rechtswissenschaft wurde und wird viel über § 52 a UrhG diskutiert; teilweise wurde ihre Vereinbarkeit mit Art. 14 I GG und dem Verhältnismäßigkeitsprinzip bezweifelt.[15]

### d) § 52b UrhG [n.F.] (Elektronische Leseplätze)

15 Die öffentliche Zugänglichmachung ist auch nicht über § 52b UrhG gerechtfertigt, da die Webseite der G überall zugänglich ist und es sich daher nicht um einen elektronischen Leseplatz i.S.d. § 52b UrhG handelt.

### e) Analoge Anwendung?

16 Schließlich ließe sich noch darüber nachdenken, ob eine Schranke des Urheberrechtsgesetzes im Wege der Analogie angewendet werden könnte. Neben den grundsätzlichen Bedenken, die einer solche ausdehnenden Auslegung der Schranken des Urheberrechtsgesetzes entgegenstehen,[16] scheitert eine Analogie jedoch bereits an der Tatsache, dass der Schrankenkatalog des Urheberrechtsgesetzes keine Vorschrift enthält, die dem hier vorliegenden Fall auch nur ansatzweise ähnelt und deren Wertung im Wege des Analogieschlusses auf die „G Book Search" und das „G Library Program" übertragen werden könnte.

## III. Ergebnis

17 Die „G Book Search" und das „G Library Program" sind (sofern urheberrechtlich geschützte Bücher eingescannt, digitalisiert und online zur Verfügung gestellt werden) als Urheberrechtsverletzung zu qualifizieren.

18 **Weiterführende Hinweise:** *Adolphsen/Mutz,* Das Google Book Settlement, GRUR Int. 2009, 789; *Bohne/Elmers,* Die Digitalisierung von Wissen in der Informationsgesellschaft und ihre rechtliche Regulierung, WRP 2009, 586; *Heckmann,* Zum Erfordernis der Einwilligung in eine retrospektive Digitalisierung von Printwerken zu Werbezwecken, AfP 2007, 314; *Kubis,* Digitalisierung von Druckwerken zur Volltextsuche im Internet, ZUM 2006, 370ff.; *Ott,* Die Google Buchsuche – Eine massive Urheberrechtsverletzung?, GRUR Int. 2007, 562.

---

[15] Einen Verstoß gegen die Institutsgarantie annehmend *Schack,* AfP 2003, 1, 6; *Gounalakis,* Elektronische Kopien für Unterricht und Forschung (§ 52a UrhG) im Lichte der Verfassung (2003); dagegen *Ohly,* Die Verwaltung 2005, 419, 422.

[16] Zur Diskussion siehe Schricker/*Melichar,* Vor §§ 44a ff. (m.w.N.).

## Fall 23. Ausschreibungsdienst

*Nach OLG Dresden ZUM 2001, 595; BGH GRUR 2007, 500 – Sächsischer Ausschreibungsdienst.**

### Sachverhalt

V ist ein Dresdner Verlagshaus, bei dem eine Reihe sächsischer Ministerial- und Amtsblätter erscheinen. Hierzu gehört auch das von der Sächsischen Staatskanzlei herausgegebene „Sächsische Ausschreibungsblatt", in dem alle öffentlichen Ausschreibungen des Freistaates Sachsen chronologisch sortiert bekannt gemacht werden. Der (entgeltlichen) Veröffentlichung liegt ein Vertrag zwischen V und dem Freistaat Sachsen zugrunde, in dem sich V verpflichtet hat, sämtliche Ausschreibungen in ihrem Ausschreibungsblatt sowie in einer online-Variante zu veröffentlichen. V muss für die online-Veröffentlichung die Texte umformatieren und in ein elektronisches System einpflegen. Hierfür beschäftigt V mehrere Mitarbeiter. Im Internet können über eine Nutzeroberfläche alle Ausschreibungstexte chronologisch, alphabetisch oder nach Sachgebieten recherchiert werden.

B veröffentlicht ebenfalls (entgeltlich) Ausschreibungstexte – sowohl in gedruckter Form als auch online. B entnimmt der Online-Veröffentlichung von V regelmäßig und in großem Umfang Ausschreibungstexte, verändert diese leicht in ihrer äußeren Form und fügt sie in ihre eigene B-Publikation ein.

V verlangt Unterlassung. Zu Recht?

### Gliederung



* Bei der Entscheidung des BGH handelt es sich um einen Beschluss zur Vorlage an den EuGH; der BGH hat mittlerweile sein Vorabentscheidungsersuchen wieder zurückgezogen (*EuGH*, Beschluss v. 25. 6. 2008, Rs. C-215/07).

## Lösung

### I. §§ 97 I, 15 I, 16 I UrhG

1 V könnte gegen B ein Unterlassungsanspruch gemäß §§ 97 I i.V.m. 15 I Nr. 1, 16 I UrhG zustehen. Dann müsste V Inhaber eines Urheberrechts an den Ausschreibungstexten oder an der Datenbank sein.

#### 1. Urheberrechtsschutz der Ausschreibungstexte

2 Fraglich ist, ob die Ausschreibungstexte selbst Urheberrechtsschutz genießen und insbesondere ob die Texte ausreichende Individualität aufweisen. Ausschreibungstexte enthalten praktisch ausschließlich technische Vorgaben (im Fall von Bauausschreibungen z.B. die baulichen Anforderungen, die erforderlichen Planungsleistungen oder die für den Bau vorgesehenen Fristen). Da die Inhalte des Ausschreibungstextes somit bereits vorgegeben sind, verbleibt für den Verfasser der Texte kaum noch Spielraum für eine individuelle Ausgestaltung.[1] Selbst unter Berücksichtigung der Tatsache, dass nach der Rechtsprechung in vielen Fällen auch die sog. „kleine Münze" – also Werke mit äußerst geringer Individualität – geschützt ist,[2] wird man kaum zu einer Schutzfähigkeit der Ausschreibungstexte gelangen.

3 Jedenfalls scheidet ein Urheberrechtsschutz im vorliegenden Fall auf Grundlage des § 5 II UrhG aus. Danach sind „amtliche Werke, die im amtlichen Interesse zur allgemeinen Kenntnisnahme veröffentlicht worden sind" vom Urheberrechtsschutz ausgeschlossen. Sinn und Zweck dieser Vorschrift ist es, für eine möglichst weite Verbreitung derartiger im öffentlichen Interesse liegender Werke zu sorgen.[3] Von § 5 II UrhG werden jedoch nicht alle von einer Behörde publizierten Werke erfasst. Erforderlich ist stattdessen, dass ein spezifisches Verbreitungsinteresse besteht, hinter dem der Urheberrechtsschutz zurücktreten muss.[4] § 5 II UrhG gilt daher beispielsweise nicht für wissenschaftliche Publikationen von Behörden oder (staatlichen) Universitäten sowie für Unterrichtsmaterialen (staatlicher) Schulen.[5] Bei den im sächsischen Ausschreibungsblatt veröffentlichten Texten handelt es sich jedoch – anders als in den genannten Beispielen – gerade um Informationen, die im öffentlichen Interesse möglichst ungehindert alle an einer Auftragsvergabe interessierte Unternehmen erreichen soll. Hätten nur die Abonnenten des „sächsischen Ausschreibungsblattes" Zugang zu den Ausschreibungsunterlagen, so würden viele aus anderen Teilen der Bundesrepublik (sowie aus anderen Mitgliedstaaten der EU) stammende Unternehmen von den Ausschreibungen nicht erfahren.[6] Der mit der öffentlichen Ausschreibung verfolgte Zweck einer möglichst umfassenden Information interessierter Unternehmen erfordert daher eine Ausnahme vom Urheberrechtsschutz. Die Ausschreibungstexte stellen daher amtliche Werke i.S.d. § 5 II UrhG dar.

---

[1] Zu dieser bei vielen wissenschaftlichen und technischen Darstellungen auftretenden Besonderheit Wandtke/Bullinger/*Bullinger*, § 2 Rn. 138.

[2] Zum Schutz der „kleinen Münze" sowie zur Ausnahme bei Werken angewandter Kunst siehe Fall 17.

[3] *BVerfG* GRUR 1999, 226, 228 – DIN-Normen.

[4] *BGH* GRUR 2007, 137, 138 – Bodenrichtwertesammlung; Wandtke/Bullinger/*Marquard*, § 5 Rn. 17; Dreier/Schulze/*Dreier*, § 5 Rn. 9; *Zentner*, ZGE/IPJ 1 (2009), 94, 98f.

[5] Wandtke/Bullinger/*Marquard*, § 5 Rn. 20; zu weiteren Beispielen aus Rechtsprechung und Literatur Dreier/Schulze/*Dreier*, § 5 Rn. 10f.

[6] *BGH* GRUR 2007, 500, 502 – Sächsischer Ausschreibungsdienst.

### 2. Urheberrechtsschutz der Datenbank

Die Datenbank des V könnte jedoch als Datenbankwerk gemäß § 4 II UrhG geschützt sein. Hierfür wäre aber erforderlich, dass die Datenbank „aufgrund der Auswahl oder Anordnung der Elemente" eine persönliche geistige Schöpfung i.S.d. § 2 II UrhG darstellt. Ob diese Voraussetzungen erfüllt sind, darf bezweifelt werden. V veröffentlicht sowohl im Ausschreibungsblatt als auch in der online-Variante ausnahmslos alle öffentlichen Ausschreibungen des Freistaates Sachsen. Eine wie auch immer geartete Auswahl der Datenbankelemente findet somit nicht statt, so dass eine persönliche geistige Schöpfung aufgrund der Auswahl ausscheidet. Denkbar ist damit höchstens, dass die für § 4 UrhG erforderliche Individualität über die Anordnung der Elemente erreicht wird. Allerdings scheidet im vorliegenden Fall auch diese Möglichkeit aus, da die Veröffentlichung sowohl in der gedruckten Variante als auch im Internet lediglich gängigen Ordnungskriterien (Alphabet, Chronologie, gängige Fachgebiete) folgt und keinerlei Individualität aufweist. 4

### 3. Zwischenergebnis

V steht gegen B kein Unterlassungsanspruch gemäß §§ 97 I i.V.m. 15 I Nr. 1, 16 I UrhG zu. 5

## II. §§ 97 I, 87b I 1 UrhG

V könnte ein Anspruch gemäß §§ 97 I i.V.m. 87b I 1 UrhG zustehen. 6

### 1. Schutzfähigkeit der Datenbank gemäß §§ 87a ff. UrhG

Dann müsste die Zusammenstellung gemäß §§ 87aff. UrhG schutzfähig sein. Die §§ 87a ff. UrhG beruhen auf der Richtlinie 96/9 EG über den Schutz von Datenbanken und begründen ein „sui-generis"-Recht des Datenbankherstellers, das maßgeblich auf den vom Hersteller getragenen Investitionsaufwand abstellt. 7

#### a) Datenbank i.S.d. § 87a I 1 UrhG

Bei dem „Sächsischen Ausschreibungsblatt" handelt es sich um eine Sammlung von Daten (Ausschreibungstexten), die systematisch (alphabetisch) angeordnet sind. Sowohl die Online-Ausgabe als auch die gedruckte Variante sind damit Datenbanken i.S.d. § 87a I 1 UrhG. Da es sich bei den §§ 87a ff. UrhG nicht um das Urheberrecht an der Datenbank, sondern um ein Leistungsschutzrecht handelt, ist hier (anders als bei § 4 UrhG) nicht notwendig, dass die Anordnung der Elemente individuelle Eigenart aufweist. 8

#### b) Wesentliche Investition

Erforderlich für den Schutz als Datenbank gemäß § 87a I 1 UrhG ist jedoch, dass die „Beschaffung, Überprüfung oder Darstellung [der Datenbankelemente] eine nach Art oder Umfang wesentliche Investition erfordert". Der Begriff der „wesentlichen Investition" ist im Gesetz nicht definiert. Der Gesetzgeber hat die Konkretisierung dieses unbestimmten Rechtsbegriffes der Rechtsprechung und der Rechtswissenschaft überlassen. Im Wesentlichen stehen sich hierbei zwei Ansichten gegenüber. Während nach einer Auffassung die Schwelle zur wesentlichen Investition nicht zu hoch gesetzt 9 wird („what is worth copying is prima facie worth protecting“[7]), verlangt eine Gegenmeinung Investitionen mit substantiellem Gewicht.[8] Nach beiden Ansichten kann im vorliegenden Fall das Merkmal der „wesentlichen Investition“ bejaht werden, da auch die Voraussetzungen für eine Investition mit substantiellem Gewicht erfüllt sind. Hier ist zugunsten des V zu berücksichtigen, dass er mehrere Mitarbeiter vorhalten muss, die sich ausschließlich mit der Realisierung und Pflege der online-Veröffentlichung beschäftigen. Für V besteht danach ohne weiteres ein Bedürfnis, dass die von ihm vertriebene Datenbank leistungsschutzrechtlich geschützt ist.

**2. V als „Hersteller“**

10 Da V selbst die Investition getätigt hat, ist er als Hersteller der Datenbank anzusehen, so dass die Rechte aus den §§ 87a ff. UrhG ihm selbst unmittelbar zustehen.

11 **Hinweis:** Im Gegensatz zum Urheberrecht (§ 7 UrhG) gilt im Bereich der Leistungsschutzrechte nicht das Schöpferprinzip. V kann daher selbst unmittelbar Inhaber der Rechte aus den §§ 87a ff. UrhG werden.[9] Hätte man dagegen die Urheberrechtsschutzfähigkeit der Datenbank bejaht, so wären die Programmierer der Datenbank (bzw. diejenigen Personen, die die schöpferische Anordnungs- bzw. Auswahlentscheidungen treffen) Inhaber des Urheberrechts. V hätte sich in diesem Fall von den angestellten Urhebern ein Nutzungsrecht einräumen lassen müssen (vgl. § 43 UrhG).

**3. Eingriff in das Ausschließlichkeitsrecht des V**

12 Fraglich ist, ob B in das Ausschließlichkeitsrecht des V eingegriffen hat. Gemäß § 87b I 1 UrhG hat der Hersteller der Datenbank das ausschließliche Recht, die Datenbank oder wesentliche Teile davon zu vervielfältigen, zu verbreiten und öffentlich wiederzugeben. Dadurch, dass B regelmäßig und in großem Umfang Texte aus der Datenbank des V übernimmt und in seine eigene online-Veröffentlichung einfügt, greift er in das ausschließliche Vervielfältigungsrecht des V ein.

**4. Schranken**

13 Der Unterlassungsanspruch gemäß §§ 97 I 1 i.V.m. 87b I 1 UrhG scheidet jedoch aus, wenn zugunsten des B eine Urheberrechtsschranke eingreift. Hier ist zu berücksichtigen, dass die Schranken des Datenbankschutzes abschließend in § 87c I UrhG geregelt sind. Insbesondere findet sich beim Leistungsschutzrecht des Datenbankhersteller auch – im Gegensatz zu anderen Leistungsschutzrechten[10] – kein Verweis auf die Schranken der §§ 44a ff. UrhG. Die Vervielfältigung der Datenbankeinträge durch B erfüllt jedoch keinen der dort genannten Tatbestände, da die Übernahme weder dem privaten, noch dem eigenen wissenschaftlichen Gebrauch, noch der Veranschaulichung im Unterricht dient.

**5. (Analoge) Anwendung von § 5 UrhG auf Datenbanken**

14 Fraglich ist jedoch, ob die Nutzung durch B im Hinblick auf § 5 UrhG zulässig ist. Würde § 5 UrhG eingreifen, so wäre die Datenbank des V vom Urheberrechtsschutz ausgenommen, mit der Folge, dass B (wie jeder andere Nutzer auch) die Daten ohne

---

[7] So Justice *Peterson* in University of London Press v. University Tutorial Press, (1916) 2 Ch. 601, 608; für eine niedrige Schwelle auch *AG Rostock* ZUM-RD 2002, 31, 31f. – Link-Sammlung als Datenbank; *Haberstumpf*, GRUR 2003, 14, 26f.; *Leistner*, GRUR Int. 1999, 819, 831; Schricker/*Vogel*, § 87a Rn. 25, 27.

[8] *LG Köln* ZUM-RD 2000, 304, 306 – Kidnet.de; *Schack*, Rn. 665.

[9] Siehe dazu auch Fall 20.

[10] Siehe hierzu Fall 20.

Einschränkung entnehmen dürfte. Eine direkte Anwendung von § 5 UrhG ist jedoch ausgeschlossen, da § 5 UrhG nur für „amtliche Werke“, d.h. nur für den Ausschreibungstext selbst (sofern dessen Schutzfähigkeit bejaht wird) gilt, nicht aber für das Leistungsschutzrecht des Datenbankherstellers V. Es stellt sich somit die Frage, ob die Ausnahme des § 5 UrhG auf das Leistungsschutzrecht des Datenbankherstellers analog angewendet werden kann.

Eine Ansicht lehnt eine analoge Anwendung von § 5 UrhG auf das Datenbankrecht **15**
ab.[11] § 87c UrhG und die zu Grunde liegende Richtlinie regelten abschließend die Schranken des Datenbankrechts, was durch eine Analogie zu § 5 UrhG nicht ausgehebelt werden dürfe. Außerdem führe eine analoge Anwendung der Vorschrift zu einer Disharmonisierung der nationalen Rechtsordnungen[12] und sei im Übrigen auch mit der gesetzgeberischen Intention des Datenbankrechts nicht zu vereinbaren, da es beim sui-generis-Schutz es gerade nicht darauf ankomme, ob die in der Datenbank enthaltenen Elemente urheberrechtlich geschützt sind oder nicht.[13]

Überzeugender ist dagegen die Auffassung, nach der eine analoge Anwendung von **16**
§ 5 UrhG auf Datenbanken zulässig ist.[14] Begründen lässt sich dies insbesondere mit der vergleichbaren Interessenlage zwischen Urheberrechts- und Datenbankschutz. Zwar besteht zwischen beiden Systemen insoweit ein grundlegender struktureller Unterschied, als die §§ 87a ff. UrhG dem Investitionsschutz dienen, während die §§ 2ff. UrhG auf der individuellen kreativen Leistung des Schöpfers beruhen. Andererseits ist jedoch kein vernünftiger Grund ersichtlich, warum ein amtliches Datenbankwerk i.S.d. § 4 UrhG durch § 5 UrhG eingeschränkt wird, während das für die dieselbe Datenbank geltende Leistungsschutzrecht gemäß §§ 87a ff. UrhG unberührt weiterbesteht, da in beiden Situationen derselbe Bedarf nach einem möglichst ungehinderten und weit gestreuten Zugang zu amtlichen Texten existiert. Auch die Richtlinie steht einer analogen Anwendung von § 5 UrhG nicht zwingend entgegen, da sie in ihrem Art. 13 ausdrücklich vorsieht, dass Rechtsvorschriften, die den Zugang zu öffentlichen Dokumenten regeln, von der Richtlinie unberührt bleiben (a.A. vertretbar).

### III. Ergebnis

V steht kein Unterlassungsanspruch gegen B zu. **17**

**Weiterführende Hinweise:** *Haberstumpf*, Der Schutz elektronischer Datenbanken nach dem Urheber- **18**
rechtsgesetz, GRUR 2003, 14; *Leistner*, Der neue Rechtsschutz des Datenbankherstellers, GRUR Int. 1999, 819; *Zentner*, Die Ausnahme vom Urheberrechtsschutz für amtliche Werke, ZGE/IPJ 1 (2009), 94.

---

[11] *OLG Dresden* ZUM 2001, 595, 597f. – Sächsisches Ausschreibungsblatt; *Haberstumpf*, GRUR 2003, 14, 30; Schricker/*Vogel*, § 87c Rn. 1; differenzierend *Zentner*, ZGE/IPJ 1 (2009), 94, 113ff., die eine Analogie aus Sicht des deutschen Rechts befürwortet, im Ergebnis aber wegen Unvereinbarkeit mit der Datenbank-Richtlinie ablehnt.

[12] So Schricker/*Vogel*, § 87c Rn. 1.

[13] Zu diesem Argument *EuGH* GRUR 2009, 572 Rn. 70ff. – Apis/Lakorda, dem Verfahren lag zwar ein Sachverhalt mit einer Datenbank zugrunde, die sowohl amtliche als auch nichtamtliche Elemente enthält, der EuGH betont aber in Rn. 72, dass „der Umstand, dass *alle oder ein Teil* der in einem Datenbestand zusammengestellten Elemente amtlich und öffentlich zugänglich sind, das vorlegende Gericht nicht von der Verpflichtung [befreit], zu prüfen, ob dieser Bestand eine Datenbank darstellt, die durch das Schutzrecht *sui generis* geschützt werden kann“.

[14] *BGH* GRUR 2007, 500 – Sächsischer Ausschreibungsdienst; Fromm/Nordemann/*Hertin*, § 87a Rn. 2; Möhring/Nicolini/*Ahlberg*, § 5 Rn. 22; Möhring/Nicolini/*Decker*, Vor § 87a ff. Rn. 9; *Dreyer*/Kotthoff/Meckel, § 5 Rn. 8.

# Teil 5. Designrecht

## Fall 24. Das grüne Monster

*Nach BGH GRUR 2009, 79 – Gebäckpresse.*

### Sachverhalt

Die Happy Luck Ltd. (H) ist ein in Hongkong ansässiges Spielwarenunternehmen. Sie stellt seit 2007 das „Cuddly Monster" her, ein grünes Plüschstofftier mit langen Ohren und großen Augen. Es wird im Internet intensiv beworben und verkauft sich auf dem chinesischen Markt sehr gut. Die H ist Inhaberin eines chinesischen „Designpatents"* auf das Erscheinungsbild des Stofftiers, dessen Eintragung in China im August 2007 veröffentlicht wurde.

Im Februar 2009 stellt H das „Cuddly Monster" auf der Nürnberger Spielwarenmesse vor. Dort stößt es beim Fachpublikum auf große Aufmerksamkeit. Viele Spielwarenhändler ordern das Stofftier, und es wird im Sommer 2009 auch in Deutschland zum Verkaufsschlager.

Im Herbst 2009 stellt ein Vertreter der H bei einem Deutschlandbesuch fest, dass in den Filialen des Kaffeerösters Tico (T) identische Nachahmungen des „Cuddly Monsters" zum halben Preis des Originalprodukts angeboten werden. Auch in Supermärkten, die Angebote der T auf gesonderten Regalen ausstellen, wird das Stofftier verkauft. Jeweils ist es deutlich mit der Marke „TDO" versehen, dabei handelt es sich um die Hausmarke der T, unter der sie Produkte verschiedener Art vertreibt.

Daraufhin sucht H eine Anwältin oder einen Anwalt, die sich mit dem deutschen und europäischen Recht des geistigen Eigentums und dem Lauterkeitsrecht auskennen. H möchte wissen,

1. ob sich die Anmeldung eines Schutzrechts für das „Cuddly Monster" lohnt und
2. was sie schon vor der Anmeldung gegen den Vertrieb der Nachahmungen durch T unternehmen kann.

Helfen Sie der H!

#### Abwandlung

Das „Cuddly Monster" ist in China erst seit Januar 2009 auf dem Markt.

---

* Im deutschen Recht ist strikt zwischen dem Patent als technischem Schutzrecht und dem Geschmacksmusterrecht zu unterscheiden. Hingegen entspricht im US-Recht und im chinesischen Recht unserem Geschmacksmuster ein „design patent".

## Gliederung



## Lösung

### Frage 1: Anmeldung von Schutzrechten

Als Registerrechte, um die sich H bemühen könnte, kommen hier das eingetragene Geschmacksmuster und die Registermarke in Betracht. Technische Schutzrechte können außer Betracht bleiben, weil es sich bei dem Stofftier nicht um eine Erfindung, sondern um eine vom Patent- und Gebrauchsmusterschutz ausgeschlossene ästhetische Formschöpfung handelt (§ 1 III Nr. 2 PatG, § 1 II Nr. 2 GebrMG).

### I. Geschmacksmusterrecht

1 H könnte an die Anmeldung eines Geschmacksmusters denken. Das Geschmacksmusterrecht schützt das äußere Erscheinungsbild eines Produkts. Es wäre daher das Recht, das dem Anliegen der H optimal entsprechen würde.

### 1. Anmeldung

Ein deutsches Geschmacksmuster bedarf der Anmeldung und entsteht durch Eintragung in das beim DPMA geführte Register (§ 27 I GeschmMG). Einheitlichen EU-weiten Schutz vermittelt das eingetragene Gemeinschaftsgeschmacksmuster, das beim Harmonisierungsamt für den Binnenmarkt (HABM) in Alicante anzumelden ist.[1] Die Schutzvoraussetzungen des GeschmMG, die für die Erteilung des deutschen Schutzrechts gelten, und die in der Gemeinschaftsgeschmacksmusterverordnung (GGV) für das gemeinschaftsweit geltende Schutzrecht geregelten entsprechen sich. 2

**Hinweis:** Auf Gemeinschaftsebene steht auch ein nicht eingetragenes Gemeinschaftsgeschmacksmuster zur Verfügung, auf das unten bei den Ansprüchen der H einzugehen sein wird. Der erste Teil der Lösung betrifft aber nur Registerrechte. 3

Die Anmeldung muss den formalen Voraussetzungen des § 11 GeschmMG bzw. des Art. 35 GGV genügen. 4

### 2. Materielle Schutzvoraussetzungen

Als Geschmacksmuster wird ein Muster geschützt, das neu ist und Eigenart hat (§ 2 I GeschmMG, Art. 4 I GGV). Allerdings prüfen die Ämter das Vorliegen der materiellen Schutzvoraussetzungen nur eingeschränkt; insbesondere findet keine Prüfung der Neuheit und der Eigenart statt (§ 18 GeschmMG, Art. 47 GGV). Da hier die H wissen möchte, ob sich die Anmeldung lohnt, sind die Schutzvoraussetzungen dennoch zu prüfen. Zeigt sich, dass eine Schutzvoraussetzung fehlt, so nützt der H ihr Recht nicht viel, weil es durch Urteil für nichtig erklärt werden kann (§ 33 GeschmMG, Art. 24f. GGV). 5

**Hinweis:** Im Verletzungsprozess wird die Rechtsgültigkeit eines deutschen Geschmacksmusters vermutet (§ 39 GeschmMG), diese Vermutung kann aber durch den Beklagten widerlegt werden.[2] Im Verfahren wegen der Verletzung eines Gemeinschaftsgeschmacksmusters kann der Beklagte die Rechtsgültigkeit hingegen nur bestreiten, indem er Widerklage auf Erklärung der Nichtigkeit erhebt (Art. 85 I 2 GGV). 6

#### a) Muster

Ein Muster ist die zwei- oder dreidimensionale Erscheinungsform eines Produktes (§ 1 Nr. 1 GeschmMG, Art. 3 lit. a GGV). Das äußere Erscheinungsbild eines Stofftiers kann als Geschmacksmuster geschützt werden.[3] 7

#### b) Neuheit

Ein Muster gilt als neu, wenn vor dem Anmeldetag kein identisches Muster offenbart worden ist (§ 2 II GeschmMG, Art. 5 lit. b GGV). Ein Muster ist offenbart, wenn es der Öffentlichkeit zugänglich gemacht wurde, es sei denn, dass es den in der Gemeinschaft tätigen Fachkreise des betreffenden Sektors im normalen Geschäftsverlauf vor dem Anmeldetag nicht bekannt sein konnte (§ 5 GeschmMG, Art. 7 I GGV). 8

Hier wurde das Muster seit 2007 verwendet und im Internet beworben. Außerdem wurde die Geschmacksmusteranmeldung in China veröffentlicht. Der Neuheitsbegriff der §§ 2 II, 5 GeschmMG und der Art. 5, 7 GGV ist zwar relativ,[4] weil nicht jede be- 9

---

[1] Vgl. den Überblick bei *Kur*, GRUR 2002, 661ff.; *Koschtial*, GRUR Int. 2003, 973ff.; *Ohly*, ZEuP 2004, 296ff.

[2] Eichmann/v. Falckenstein/*Eichmann*, § 39 Rn. 4.

[3] Vgl. etwa die als Geschmacksmuster Nr. M 9 802 488.4 für die Margarete Steiff GmbH geschützten Teddybären, zu recherchieren unter www.dpma.de.

[4] *Ruhl*, Art. 7 Rn. 4.

liebige Benutzung im Ausland neuheitsschädlich ist, sondern nur diejenige, die den Fachkreisen innerhalb der Gemeinschaft bekannt werden kann. Es sind aber keineswegs nur inländische Veröffentlichungen oder Vorbenutzungen neuheitsschädlich.

10 H hat das „Cuddly Monster" schon seit 2007 beworben und auf dem chinesischen Markt verkauft. Außerdem wurde das Muster vom Chinesischen Amt für geistiges Eigentum veröffentlicht. Gerade der chinesische Spielzeugmarkt ist international von erheblicher Bedeutung und wird daher auch von inländischen Fachkreisen beobachtet. Es kann erwartet werden, dass europäische Fachleute Internetwerbung für erfolgreiche chinesische Spielwaren ebenso zur Kenntnis nehmen wie einschlägige chinesische Schutzrechtsveröffentlichungen.[5] Der Umstand, dass die Anmelderin selbst das Muster offenbart hat, kann die Neuheit nicht retten. Wie sich aus § 6 GeschmMG und Art. 7 II GGV ergibt, sind auch Offenbarungen durch den Entwerfer selbst neuheitsschädlich, sobald die zwölfmonatige Neuheitsschonfrist abgelaufen ist. Das ist hier der Fall.

**c) Eigenart**

11 Ein Muster verfügt über Eigenart, wenn es in einem Einzelvergleich[6] einen anderen Gesamteindruck erweckt als ein vorbekanntes Muster (§ 2 III GeschmMG, Art. 6 I GGV). Der Sachverhalt lässt eine abschließende Beurteilung nicht zu. Da aber das „Cuddly Monster" sich sehr gut verkauft, steht zu vermuten, dass auf dem Markt keine älteren, ähnlich aussehenden Stofftiere vertrieben werden.

**d) Ausschlussgründe**

12 Ausschlussgründe sind nicht ersichtlich. Insbesondere sind die Erscheinungsmerkmale des Stofftiers nicht technisch bedingt (§ 3 GeschmMG, Art. 8 I GGV).

**e) Zwischenergebnis**

13 Da die Neuheit weder vom DPMA noch vom HABM geprüft wird, kann H die Eintragung ihres Musters erreichen. Der H ist gleichwohl nicht zur Anmeldung zu raten, weil das Muster wegen fehlender Neuheit nichtig ist.

**II. Markenrecht**

14 Außerdem ist eine Markenanmeldung der Form des Spielzeugs zu erwägen, da sowohl das deutsche Markenrecht als auch die Gemeinschaftsmarkenverordnung (GMV) den Schutz von Formmarken zulassen. Der Vorteil des Markenschutzes besteht darin, dass er unbefristet besteht, wenn die erforderlichen Verlängerungsanträge gestellt werden. Das eingetragene Geschmacksmusterrecht hingegen erlischt spätestens nach 25 Jahren.

15 Allerdings steht einer Markenanmeldung der Ausschlussgrund des § 3 II Nr. 3 MarkenG (entsprechend Art. 7 lit. e (iii) GMV) entgegen. Die herkunftshinweisenden Merkmale des Stofftiers treten gegenüber der kindgerecht-ästhetischen Darstellung ganz in den Hintergrund (a.A. vertretbar).

**Frage 2: Ansprüche der H gegen T**

**I. Geschmacksmusterrechtliche Ansprüche**

16 H fragt nach Ansprüchen, die sie schon vor der Anmeldung geltend machen kann. Da der Schutz des eingetragenen Geschmacksmusters erst mit der Eintragung entsteht (§ 27 I GeschmMG), kommen Ansprüche aus Registerrechten hier nicht in Betracht.

---

[5] So jedenfalls die Annahme des *BGH* in GRUR 2009, 79 Tz. 23 – Gebäckpresse.
[6] Eichmann/v. Falckenstein/*Eichmann*, § 2 Rn. 12.

H könnte aber Inhaberin eines nicht eingetragenen Gemeinschaftsgeschmacksmusters sein. 17

**Hinweis:** Das nicht eingetragene Gemeinschaftsgeschmacksmuster kann auch bei einer rein innerstaatlichen Geschäftstätigkeit entstehen.[7] Es ergänzt den UWG-Nachahmungsschutz für ästhetische Erzeugnisse. Daher handelt es sich nicht um eine exotische Materie des Gemeinschaftsrechts, sondern um ein Schutzrecht, das auch in nationalen Fallkonstellationen nicht übersehen werden darf. 18

Voraussetzung ist, dass das Muster der Öffentlichkeit innerhalb der Gemeinschaft zugänglich gemacht wurde (Art. 11 II GGV) und dass die materiellen Schutzvoraussetzungen vorliegen. 19

## 1. Offenbarung innerhalb der Gemeinschaft

Das nicht eingetragene Gemeinschaftsgeschmacksmusterrecht entsteht nur, wenn das Muster der Öffentlichkeit innerhalb der Gemeinschaft so offenbart wurde, dass es den Fachkreisen des betreffenden Wirtschaftszweigs im normalen Geschäftsverlauf bekannt sein konnte. Auf den ersten Blick scheinen hierfür dieselben Kriterien zu gelten, die oben bei der Neuheitsprüfung angewandt wurden: Da die Fachkreise innerhalb der Gemeinschaft den chinesischen Markt beobachten, scheint die Offenbarung in China das nicht eingetragene Recht innerhalb der Gemeinschaft begründet zu haben. Allerdings bestimmt die GGV an recht versteckter Stelle, dass nicht jede neuheitsschädliche Offenbarung zugleich das nicht eingetragene Recht zum Entstehen bringt. Gemäß Art. 110a V 2 GGV genießt ein Muster, das außerhalb der Gemeinschaft öffentlich zugänglich gemacht wurde, keinen Schutz als nicht eingetragenes Gemeinschaftsgeschmacksmuster.[8] 20

Die Offenbarung in China führte also nicht zur Entstehung eines Rechts.[9] Erst mit der Vorstellung des Stofftiers auf der Nürnberger Spielwarenmesse ist eine Offenbarung i.S.d. Art. 11 II GGV erfolgt. 21

## 2. Materielle Schutzvoraussetzungen

Die materiellen Schutzvoraussetzungen des nicht eingetragenen GGM entsprechen den oben bereits für das eingetragene Muster geprüften. Entscheidend für das Vorliegen der Voraussetzungen ist allerdings beim nicht eingetragenen GGM der Zeitpunkt der Offenbarung gemäß Art. 11 II GGV. 22

Daher fehlt es gemäß Art. 5 I lit. a GGV an der Neuheit, wenn vor der Offenbarung innerhalb der Gemeinschaft das Muster den Fachkreisen innerhalb der Gemeinschaft schon bekannt sein konnte (Art. 7 GGV). Da die Fachkreise auch den chinesischen Markt beobachten, gilt das oben im 1. Teil unter 2b Ausgeführte entsprechend: Da die Benutzung in China vor der Offenbarung innerhalb der Gemeinschaft gemäß Art. 11 II i.V.m. Art. 110a V 2 GGV erfolgte, ist sie neuheitsschädlich. Da eine Neuheitsschonfrist nur für das eingetragene Geschmacksmuster zur Verfügung steht (Art. 7 II GGV), wird H weder im Ausgangsfall noch in der Abwandlung Inhaberin eines nicht eingetragenen GGV. 23

**Hinweis:** Art. 110a V 2 hat einen unangenehmen protektionistischen Beigeschmack, weil eine erstmalige Offenbarung im Nicht-EU-Ausland einen Schutz des Musters als nicht eingetragenes GGV, wie gezeigt, völlig verhindert. Diese rechtspolitisch ärgerliche Bestimmung trifft durchaus auch die einheimische Industrie, da sie den formlosen Schutz auch für Designs verhindert, die europäische Unternehmen auf Messen, Modeschauen oder ähnlichen Ereignissen außerhalb der EU erstmals präsentieren. 24

---

[7] S. Eichmann/v. Falckenstein/*Eichmann*, Allg. Rn. 18: Die Offenbarung in einem Mitgliedstaat genügt.
[8] *Ruhl*, Art. 11 Rn. 15.
[9] *BGH* GRUR 2009, 79 Tz. 16ff. – Gebäckpresse.

### II. Markenrechtliche Ansprüche

25 Markenrechtliche Ansprüche scheiden aus, da § 3 II Nr. 3 MarkenG nicht nur der Eintragung einer Marke, sondern auch dem Schutz eines nicht eingetragenen Zeichens als Benutzungsmarke entgegensteht.

### III. Lauterkeitsrechtliche Ansprüche

26 H könnte jedoch gegen T lauterkeitsrechtliche Ansprüche, insbesondere solche aus UWG-Nachahmungsschutz (§§ 8f., 3 I, 4 Nr. 9 UWG) geltend machen.

#### 1. Anwendbarkeit

27 Der UWG-Nachahmungsschutz begründet nach h. M. keine absoluten (Immaterialgüter-)Rechte. Nach dem Grundsatz der Nachahmungsfreiheit ist die Nachahmung nicht sondergesetzlich geschützter Erzeugnisse erlaubt, sofern keine besonderen Unlauterkeitsmerkmale hinzutreten.[10] Da aber praktisch der UWG-Nachahmungsschutz ähnliche Wirkungen wie das Geschmacksmuster- und Kennzeichenrecht entfaltet, besteht die Gefahr, dass durch die Hintertür des UWG die formalen, zeitlichen und sachlichen Schranken des geistigen Eigentums unterlaufen werden. Nach einer verbreiteten Literaturansicht ist der UWG-Schutz daher gegenüber dem Immaterialgüterrecht subsidiär,[11] während die Gegenansicht UWG-Ansprüche uneingeschränkt neben immaterialgüterrechtlichen Ansprüchen zulässt.[12] Einigkeit herrscht aber darüber, dass ein Rückgriff auf das UWG dann nicht gesperrt ist, wenn die konkreten Unlauterkeitsmerkmale im Immaterialgüterrecht keine Berücksichtigung finden. Jedenfalls Ansprüche wegen vermeidbarer Herkunftstäuschung (§ 4 Nr. 9a UWG) werden durch das Geschmacksmusterrecht nicht gesperrt, weil der Gesichtspunkt der Täuschung dort keine Rolle spielt.[13]

#### 2. Geschäftliche Handlung (§ 2 I Nr. 1 UWG)

28 Die T bietet die Stofftiere zum Verkauf an, handelt also geschäftlich.

#### 3. Unlauterkeit

##### a) § 3 III i.V.m. Nr. 13 Anh. zu § 3 III UWG

29 Geschäftliche Handlungen gegenüber Verbrauchern, die im Anhang zu § 3 III UWG (der „Schwarzen Liste") aufgeführt sind, sind stets unlauter. Hier könnte Nr. 13 eingreifen: Unlauter ist die Werbung für nachgeahmte Ware, wenn sie in der Absicht geschieht, die Verbraucher über die Herkunft der Ware zu täuschen. Eine solche Absicht wird der T hier kaum nachzuweisen sein. Im Gegenteil unternimmt sie durch die Kennzeichnung der Spielwaren mit ihrer Hausmarke immerhin den Versuch, eine Herkunftstäuschung zu vermeiden.

##### b) §§ 4 Nr. 9, 3 I, II UWG

30 Das Angebot der „Cuddly Monsters" könnte aber unter dem Gesichtspunkt der Produktnachahmung unlauter sein.

---

[10] St. Rspr. seit RGZ 73, 294, 297 – Schallplatten; vgl. etwa *BGH* GRUR 2007, 795 Tz. 22 – Handtaschen; Piper/Ohly/Sosnitza/*Ohly* § 4 Rn. 9/2 m. w. N.
[11] *Ohly*, FS Ullmann, 2006, S. 795ff.; *Wiebe*, FS Schricker, 2005, 773ff.
[12] *Fezer*, WRP 2008, 19f.; *Köhler*, GRUR 2007, 548ff.
[13] *BGH* GRUR 2006, 79 Tz. 18 – Jeans I; Köhler/Bornkamm/*Köhler*, § 4 Rn. 9.8.

### aa) Nachahmung von Produkten eines Mitbewerbers

H und T sind Mitbewerber auf dem Spielwarenmarkt. Die von T angebotenen Stofftiere stellen eine exakte Nachahmung der von H vertriebenen „Cuddly Monsters" dar. Zwar gibt der Sachverhalt keine Auskunft darüber, ob Mitarbeiter der T das Vorbild kannten, doch wird eine solche Kenntnis bei identischer Nachahmung vermutet. 31

### bb) Wettbewerbliche Eigenart

Ungeschriebene Voraussetzung der Unlauterkeit gemäß § 4 Nr. 9 UWG ist, dass das nachgeahmte Produkt wettbewerbliche Eigenart aufweisen muss.[14] Das ist der Fall, wenn das Erscheinungsbild des Produkts Verbraucher auf dessen betriebliche Herkunft oder auf dessen Besonderheiten hinweisen kann. Da das „Cuddly Monster" sich von anderen Stofftieren deutlich unterscheidet und von Verbrauchern ohne weiteres erkannt wird, liegt wettbewerbliche Eigenart vor. 32

### cc) Unlauterkeitsmerkmale

Die Nachahmung als solche ist noch nicht unlauter. Im nicht abschließenden Katalog des § 4 Nr. 9a–c werden die wesentlichen Unlauterkeitsmerkmale aufgeführt. 33

Hier kommt vor allem eine vermeidbare Herkunftstäuschung (§ 4 Nr. 9a UWG) in Betracht. Sie setzt voraus, dass das Produkt eine gewisse Bekanntheit erlangt hat: Wenn die maßgeblichen Abnehmerkreise das Produkt nicht kennen, können sie auch über seine Herkunft nicht getäuscht werden.[15] Da das deutsche Lauterkeitsrecht nur das Verhalten auf dem deutschen Markt regelt, muss es sich um Bekanntheit im Inland handeln.[16] Sie liegt hier noch nicht zur Zeit der ersten Markterfolge in China, wohl aber ab dem Sommer 2009 vor. Fraglich ist aber, ob die angesprochenen Verbraucherkreise das von T angebotene Produkt der H zurechnen oder zumindest fälschlich von geschäftlichen Verbindungen zwischen beiden Unternehmen ausgehen. Bei einer identischen Nachahmung besteht die offensichtliche Gefahr, dass Verbraucher das nachgeahmte Produkt für das Original halten.[17] 34

Allerdings hat die T hier möglicherweise durch die Kennzeichnung der Stofftiere mit ihrer Hausmarke die Gefahr der Herkunftstäuschung ausgeräumt. Gerade bei Produkten des täglichen Lebens orientiert sich der angemessen aufmerksame und aufgeklärte Verbraucher eher an der Marke als am Erscheinungsbild des Produktes. Problematisch ist hier, dass T seine Hausmarke verwendet hat. Verbraucher wissen, dass sich hinter der Hausmarke von Handelsunternehmen unterschiedliche Hersteller verbergen können. Da zudem der Name des chinesischen Herstellers möglicherweise nicht allgemein bekannt ist, besteht die Gefahr, dass Verbraucher trotz der Marke „TDO" annehmen, H habe die Spielzeuge für die T produziert.[18] Gegen diese Annahme spricht aber, dass der Verbraucher unter Handelsmarken keine hochwertigen Angebote von Originalherstellern erwartet, sondern weiß, dass sich Unternehmen wie die T an gängigen Markttrends orientieren. Erwirbt der Käufer bei T ein Produkt, so macht er sich über dessen Hersteller regelmäßig gar keine Gedanken. Sollte er erwarten, bei T das Originalprodukt zum besonders günstigen Preis zu erhalten, so ist diese Erwartung rein spekulativ und nicht schutzwürdig. T kann die Herkunftstäuschung 35

---

[14] *BGH* GRUR 2008, 1115 Tz. 20 – ICON; Piper/Ohly/Sosnitza/*Ohly*, § 4 Rn. 9/32.

[15] *BGH* GRUR 2005, 600, 602 – Handtuchklemmen; *BGH* GRUR 2007, 984 Tz. 34 – Gartenliege.

[16] *BGH* GRUR 2009, 79 Tz. 35 – Gebäckpresse.

[17] *BGH* GRUR 2007, 984 Tz. 36 – Gartenliege.

[18] Vgl. die ähnlichen Fallkonstellationen in *BGH* GRUR 2007, 984 Tz. 34 – Gartenliege und *BGH* GRUR 2009, 79 Tz. 31 – Gebäckpresse.

nur durch die Kennzeichnung mit seiner Hausmarke vermeiden. Ein Schutz gegen vermeidbare Herkunftstäuschung würde daher darauf hinauslaufen, dass im Ergebnis eine Lücke des Geschmacksmusterrechts geschlossen und doch die Nachahmung als solche verboten wird. Daher liegt kein Fall des § 4 Nr. 9a UWG vor (a. A. vertretbar).

36 Eine unlautere Rufausnutzung (§ 4 Nr. 9b UWG) liegt ebenfalls nicht vor. Es ist nicht ersichtlich, dass das Produkt des H über sein Erscheinungsbild hinaus ein besonderes Image aufweist, das T auf sein Produkt überträgt. Ein solcher Imagetransfer wäre aber Voraussetzung der Rufausbeutung.[19] Auch Anhaltspunkte für eine Rufschädigung bestehen nicht.

37 Weitere Unlauterkeitsmerkmale sind nicht ersichtlich. Insbesondere stellt die reine Nachahmung für sich genommen weder eine Behinderung (§ 4 Nr. 10 UWG) noch eine unmittelbar nach § 3 I UWG unlautere Handlung dar.

#### c) §§ 5 I, II UWG, 3 I, II UWG

38 Im Fall einer Herkunftstäuschung wäre auch § 5 II, I UWG einschlägig. Hier wird der angemessen aufmerksame und informierte Verbraucher aber nicht über die Herkunft der Produkte getäuscht.

### 4. Zwischenergebnis

39 H stehen keine lauterkeitsrechtlichen Ansprüche gegen den Vertrieb der Stofftiere durch T zu.

## IV. Ergebnis

40 H kann den Vertrieb der Stofftiere durch T nicht verhindern.

## Abwandlung

41 In der Abwandlung kommt der H die Neuheitsschonfrist des § 6 GeschmMG bzw. des Art. 7 II GGV zugute. Demnach bleibt eine Offenbarung bei der Neuheitsprüfung außer Betracht, die innerhalb von zwölf Monaten vor dem Anmeldetag erfolgt ist. In diesem Fall war der H im Herbst 2009 dazu zu raten, die Anmeldung schleunigst einzureichen.

42 **Weiterführende Hinweise:** *Fezer*, Imitationsmarketing als irreführende Produktvermarktung, GRUR 2009, 451 ff.; *Köhler*, Der Schutz vor Produktnachahmung im Markenrecht, Geschmacksmusterrecht und neuen Lauterkeitsrecht, GRUR 2009, 445 ff.; *Kur*, Die Auswirkungen des neuen Geschmacksmusterrechts auf die Praxis, GRUR 2002, 661 ff.; *Gottschalk/Gottschalk*, Das nicht eingetragene Gemeinschaftsgeschmacksmuster: eine Wunderwaffe des Designschutzes?, GRUR Int. 2006, 461 ff.; *Ohly*, Designschutz im Spannungsfeld von Geschmacksmuster-, Kennzeichen- und Lauterkeitsrecht, GRUR 2007, 731 ff.

---

[19] *BGH* GRUR 2009, 500 Tz. 22 – Beta Layout; Köhler/Bornkamm/*Köhler*, § 4 Rn. 9.53.

# Teil 6. Klausurfall

## Fall 25. Bayreuther Romanze

### Sachverhalt

#### Teil 1

Ein abendlicher Spaziergang im Bayreuther Festspielpark inspiriert den Komponisten und Pianisten Wolfgang Wegner (W) zu einer intensiven Melodie. Sie besteht aus einer einprägsamen und ungewöhnlichen Folge von 20 Tönen. Auf der Grundlage dieser Melodie komponiert W eine „Romanze in A-Dur" für Klavier, die er in der Folgezeit selbst im Rahmen seiner Konzerte aufführt und für eine vom Bayerischen Rundfunk produzierte Solo-CD einspielt. Zuhörer bei einem der Konzerte ist der Münchener Musikproduzent Rolf Riegel (R). Die Melodie der „Romanze" geht ihm nach der Heimkehr aus dem Konzert nicht aus dem Kopf. Da er ohnehin gerade beabsichtigt, einen Beitrag für den deutschen Vorentscheid zum „Eurovision Song Contest" zu komponieren, skizziert er noch am selben Abend ein Popmusikstück mit dem Titel „Moments of Love". Der Refrain besteht aus der von W komponierten Folge von 20 Tönen. Allerdings wird die nach wie vor sehr einprägsame Melodie mit einem feurigen Sambarhythmus unterlegt. Auch im Übrigen erinnert der Charakter von „Moments of Love" kaum an die ruhige, friedliche Romanze des W. In seinem Tonstudio lässt R das Stück von einer Band mit Sängerin aufnehmen. Die CD, auf deren Hülle der Name des W nicht genannt wird, ist in der Hitparade erfolgreich und wird häufig im Rundfunk gespielt.

Peter Pogner (P), der in Nürnberg ein Musikfachgeschäft betreibt, hat die Solo-CD des W mit der „Romanze in A-Dur" in seinem Sortiment. Auf seiner Website im Internet bietet er sie unter der Rubrik „Shop" zur Online-Bestellung an. Zur Werbung für die CD hat er einige Musiktitel, darunter auch die „Romanze in A-Dur", auf seinem heimischen PC in Musikdateien (sog. mp3-Dateien) umgewandelt, auf der Festplatte des PC gespeichert und auf seiner Internet-Website bereitgestellt. Eine Genehmigung des W, für die dieser üblicherweise 500 € verlangt, hat P hierfür nicht eingeholt. Öffnet ein Internet-Nutzer die Seite, auf der die betreffende CD vorgestellt wird, so erscheint eine Großaufnahme der CD-Hülle. Dabei fallen deutlich die auf der CD-Hülle aufgedruckten Worte „Technischer Kopierschutz – auf PC-Laufwerken nicht abspielbar" auf. Klickt ein Internet- Nutzer auf die mit dem Wort „Download" versehene Schaltfläche unterhalb der Abbildung, so kann er die „Romanze in A-Dur" entweder unmittelbar auf seinem PC anhören oder die Datei in voller Länge herunterladen. Unter den zahlreichen Interessenten, die das Angebot des P nutzen, ist auch die Musikstudentin Tina Tauber (T). Sie hätte sich zwar die CD des W nicht gekauft, hört dessen „Romanze" aber gern. Daher lädt sie sich die Datei mit dem Stück auf die Festplatte ihres PC.

W, der keinen Wahrnehmungsvertrag mit der GEMA geschlossen hat, fragt, ob er etwas gegen den weiteren Vertrieb der CD mit dem Titel „Moments of Love" durch R unternehmen kann und welche Ansprüche ihm gegen P und T zustehen.

**Teil 2**

Die in Bayreuth ansässige Klavierfabrik Steinhuber GmbH (S) fertigt Klaviere und Konzertflügel an, die unter der eingetragenen Marke „Steinhuber“ vertrieben werden und unter Pianisten einen hervorragenden Ruf genießen. Als die S im Jahre 2009 ihr 150-jähriges Firmenjubiläum feiert, beabsichtigt der Geschäftsführer, eine Website unter der Domain www.steinhuber.de einzurichten. Allerdings muss er feststellen, dass gerade dieser Internet-Domainname bereits im Jahre 2007 von P registriert wurde, der in seinem Geschäft auch Steinhuber-Klaviere verkauft, die er von einem offiziellen Großhändler bezieht. Außerdem hat sich P von einem seiner Auszubildenden, einem gewissen Sven Steinhuber, der mit den Inhabern der Klavierfabrik nicht verwandt ist, die Verwendung des Namens „Steinhuber“ gestatten lassen. Da Internet-Domainnamen aus technischen Gründen nur einmal vergeben werden können, überlegt der Geschäftsführer der S, ob er von P die Unterlassung der Nutzung und die Übertragung des Internet-Domainnamens www.steinhuber.de verlangen kann.

**Teil 3**

Bei diesem Streit handelt es sich nicht um den einzigen Konflikt zwischen P und der S. P, der sich häufig über schwer zu öffnende Deckel von Konzertflügeln geärgert hat, hat nämlich im Jahre 2005 einen Mechanismus entwickelt, der es ermöglicht, den schweren Deckel eines Flügels ohne jede Kraftanstrengung zu öffnen. Ein Freund, dem P unter dem Siegel der Verschwiegenheit den Mechanismus erläutert, rät ihm zur Patentanmeldung. P meldet Anfang 2006 seine Erfindung beim DPMA zum Patent an, das ihm am 5. 5. 2009 erteilt wird. Die S hat einen funktionsgleichen Mechanismus allerdings bereits seit dem Jahre 2003 versuchsweise bei einigen Flügeln eingebaut, von denen einige noch zum Verkauf stehen, während andere bereits in verschiedenen Konzertsälen genutzt werden. Hätte sich ein Instrumentenbauer einen dieser Flügel näher angesehen, was bisher allerdings noch nicht vorgekommen ist, so hätte sich ihm die Technik des Mechanismus erschlossen. P verlangt im Juni 2009 von der S, Herstellung und Vertrieb von Flügeln mit dem patentierten Mechanismus zu unterlassen. Der Geschäftsführer der S überlegt, ob ihm eine Verurteilung wegen Patentverletzung droht und ob die S ihrerseits Möglichkeiten hat, gegen das Patent vorzugehen.

Bitte beantworten Sie die von W und von dem Geschäftsführer der S aufgeworfenen Fragen.

## Gliederung

## Lösung

### 1. Teil: Ansprüche des W

### I. Anspruch des W gegen R gemäß §§ 97 I, 23, 13, 14 UrhG

1 W könnte gegen R einen Anspruch auf Unterlassung des weiteren Vertriebs der CD gemäß §§ 97 I, 23, 13, 14 UrhG haben.

#### 1. Geschütztes Werk

2 Das von W komponierte Musikstück müsste ein geschütztes Werk i.S.d. § 2 UrhG sein. Entscheidend ist dabei weniger, dass es sich um ein Werk der Musik (§ 2 I Nr. 2 UrhG) handelt, sondern dass eine persönliche geistige Schöpfung (§ 2 II UrhG) vorliegt. Die Anforderungen an die Schöpfungshöhe sind bei Werken der Musik, bei denen auch die sog. „kleine Münze" geschützt wird, nicht hoch.[1] Bei der Romanze handelt es sich um ein Konzertstück mit einer eingängigen Melodie, die aus einer ungewöhnlichen Tonfolge besteht. Damit liegen die Voraussetzungen des § 2 II UrhG vor.

#### 2. Aktivlegitimation

3 W ist als Urheber (§ 7 UrhG) des Musikstücks aktivlegitimiert.

#### 3. Eingriff in das Urheberrecht

4 Ein Eingriff in urheberrechtliche Befugnisse könnte hier sowohl in Form der Bearbeitung (§ 23 UrhG) als auch in Form der Nutzung ohne Anerkennung der Urheberschaft (§ 13 UrhG) und der Entstellung (§ 14 UrhG) vorliegen.

#### a) Bearbeitung oder sonstige Umgestaltung (§ 23 UrhG)

5 Bearbeitungen oder andere Umgestaltungen des Werks dürfen nur mit Einwilligung des Urhebers veröffentlicht oder verwertet werden (§ 23, 1 UrhG). Die Werkkategorien, bei denen bereits die Umgestaltung als solche dem Urheber vorbehalten bleibt (§ 23, 2 UrhG), sind hier nicht einschlägig. Die Bearbeitung unterscheidet sich von sonstigen Formen der Umgestaltung darin, dass der Bearbeiter ein neues Werk i.S.d. § 2 UrhG schafft. Andererseits ist sie aber von der freien Benutzung (§ 24 UrhG) abzugrenzen, die ohne Zustimmung des Urhebers zulässig ist.

---

[1] *BGH* GRUR 1988, 812, 814 – Ein bisschen Frieden; Dreier/Schulze/*Schulze*, § 2 Rn. 25.

R komponiert ein neues Musikstück, dessen Refrain auf einer Melodie beruht, die W komponiert hat. Zwar wird mit der Melodie nur ein Teil der „Romanze" übernommen; die Entnahme eines Werkteils stellt aber immer dann einen Eingriff in das Urheberrecht dar, wenn der entnommene Teil für sich genommen den Anforderungen des § 2 II UrhG genügt.[2] Das ist hier der Fall, da die Folge von 20 Tönen, aus denen die Melodie besteht, schon für sich genommen ungewöhnlich und einprägsam ist. Das Urheberrecht verbietet zwar nicht die zufällige Doppelschöpfung; eine solche liegt hier allerdings nicht vor, da R die von W komponierte Melodie kennt und seinem Musikstück zugrunde legt. Ob es sich bei der Komposition des R um eine Bearbeitung oder eine sonstige Umgestaltung handelt, ist für die Anwendung des § 23 UrhG nicht entscheidend. Da sich der von R geschaffene Hit aber in Rhythmus und Instrumentation deutlich von der Vorlage unterscheidet und da bei Musikwerken auch die „kleine Münze" geschützt ist, handelt es sich hier um eine Bearbeitung. 6

**Hinweis:** Entscheidend ist diese Frage für die Rechtsstellung des R gegenüber Dritten, nach der hier allerdings nicht gefragt ist. Dem Bearbeiter steht ein eigenes Urheberrecht am bearbeiteten Werk zu (§ 3 UrhG), er kann also Dritten und auch dem Urheber des Originals die Nutzung der Bearbeitung untersagen. Andererseits kann der Bearbeiter sein neues Werk nur mit Zustimmung des Originalurhebers verwerten (§ 23 UrhG). Diese Doppelnatur der Bearbeitung findet eine Parallele in der abhängigen Erfindung im Patentrecht.[3] 7

Die Bearbeitung ist von der freien Benutzung (§ 24 I UrhG) abzugrenzen. Eine solche liegt vor, wenn die individuellen Züge des ursprünglichen Werks im neuen Werk verblassen.[4] Da beide Melodien identisch sind, ist schon dies zweifelhaft, obwohl sich beide Stücke im Charakter erheblich unterscheiden. Jedenfalls ist gemäß § 24 II UrhG (sog. „starrer Melodienschutz") eine freie Benutzung ausgeschlossen, wenn eine Melodie, wie hier, erkennbar einem Werk entnommen und einem neuen Werk zugrunde gelegt wird. 8

Die Bearbeitung eines Werkes der Musik stellt nur dann einen Eingriff in das Bearbeitungsrecht des Urhebers dar, wenn die Bearbeitung veröffentlicht oder verwertet wird (§ 23, 1 UrhG). Der Vertrieb der CD macht die Bearbeitung einer Vielzahl von nicht untereinander verbundenen Personen zugänglich (vgl. § 15 III UrhG), zudem stellen Herstellung und Vertrieb der CD Verwertungshandlungen dar (§§ 16 I, 17 I UrhG). 9

Ein Eingriff in das Bearbeitungsrecht liegt also vor. 10

### b) Fehlende Urhebernennung (§ 13 UrhG)

Daneben könnte R in das Recht des W auf Anerkennung seiner Urheberschaft (§ 13 UrhG) eingegriffen haben. Da eine Bearbeitung vorliegt, bleibt W als Urheber des ursprünglichen Werkes berechtigt, als Urheber anerkannt zu werden (§ 13 UrhG) und zu verlangen, dass die Bearbeitung nicht ohne die ihm zustehende Bezeichnung weiter verwertet wird.[5] Da jedenfalls auf einer CD die Nennung des Urhebers üblich ist,[6] hier aber nicht erfolgt, wird durch den Vertrieb der CD das Recht des W auf Anerkennung der Urheberschaft verletzt. 11

---

[2] *EuGH* GRUR 2009, 1041 – Infopaq/DDF, hierzu *Schulze*, GRUR 2009, 1019; vgl. zum Schutz von Werkteilen auch Wandtke/Bullinger/*Bullinger*, § 2 Rn. 42; Dreier/Schulze/*Schulze*, § 2 Rn. 76f. und Fälle 20 und 22.

[3] Vgl. hierzu BGHZ 142, 7 = GRUR 1999, 977, 981 – Räumschild und *Kraßer*, § 33 I c 8.

[4] *BGH* GRUR 1994, 191, 193 – Asterix-Persiflagen; *Ulmer*, S. 275, s. auch Fall 20.

[5] BGHZ 151, 15 = GRUR 2002, 799, 801 – Stadtbahnfahrzeug; Schricker/*Dietz*, § 13 Rn. 18.

[6] Schricker/*Dietz*, § 13 Rn. 12a.

**c) Entstellung oder andere Beeinträchtigung (§ 14 UrhG)**

12 Schließlich könnte eine Entstellung oder andere Beeinträchtigung des Werkes (§ 14 UrhG) vorliegen. Das Recht auf Werkintegrität wird verletzt, wenn (1) das Werk entstellt oder beeinträchtigt wird, wenn (2) eine Beeinträchtigung der Urheberinteressen nicht ausgeschlossen ist und wenn (3) eine Interessenabwägung ergibt, dass das Integritätsinteresse des Urhebers gegenüber dem Veränderungsinteresse des Nutzers überwiegt.[7]

13 Beeinträchtigung kann jede Veränderung sein. Eine Verschlechterung aus künstlerischer Sicht ist nicht erforderlich.[8] Hier liegt schon wegen der Veränderung des Eindrucks, den das Werk auf Zuhörer macht, eine Beeinträchtigung vor.

14 Eine Gefährdung der Urheberinteressen mag ausscheiden, wenn der Urheber die betreffende Veränderung gestattet hat. Das ist hier nicht der Fall.

15 Schließlich ist unter § 14 UrhG eine Interessenabwägung erforderlich, in deren Rahmen festzustellen ist, ob die Beeinträchtigung die berechtigten geistigen oder persönlichen Interessen am Werk gefährden kann. Für eine solche Gefährdung sprechen die erhebliche Schöpfungshöhe des Werkes und die Verkehrung eines Werkes der klassischen Musik in einen kommerziellen Popsong. Dagegen spricht, dass die Bearbeitung in Anbetracht ihres Erfolges offenbar gelungen ist und dass die individuellen Züge des Originals so weitgehend verblassen, dass ohne Berücksichtigung der Sondervorschrift des § 24 II UrhG sogar die Annahme einer freien Benutzung in Betracht käme. Daher spricht die Interessenabwägung gegen eine Verletzung des § 14 UrhG (a.A. vertretbar).

**4. Wiederholungsgefahr**

16 Besondere Voraussetzung des Unterlassungsanspruchs ist gemäß § 97 I 1 UrhG die Wiederholungsgefahr. Sie wird wegen der bereits erfolgten Verletzung vermutet, lässt sich hier aber auch positiv feststellen, weil R die betreffenden CDs weiterhin vertreibt.

**5. Zwischenergebnis**

17 Damit kann W von R Unterlassung des weiteren Vertriebs der betreffenden CD verlangen. Nach weiteren Ansprüchen, insbesondere Ansprüchen auf Schadensersatz (§ 97 II UrhG), ist nicht gefragt.

**II. Ansprüche des W gegen P gemäß §§ 97 I, 16, 19a, 77 II, 78 I Nr. 2 UrhG**

**1. Rechte des W**

18 Als verletzte Rechte kommen hier nicht nur das Urheberrecht an der „Romanze in A-Dur" (s. oben, I 1ff.), sondern auch die verwandten Schutzrechte des ausübenden Künstlers und des Tonträgerherstellers in Betracht.

19 Die CD stellt eine Aufnahme einer künstlerischen Darbietung des W dar. Er ist daher auch ausübender Künstler (§ 73 UrhG); der Umstand, dass er zugleich Urheber ist, ändert hieran nichts.

20 Hingegen ist W nicht Inhaber des Rechts des Tonträgerherstellers (§ 85 I UrhG). Hersteller eines Tonträgers ist, wer die für die Aufzeichnung erforderliche organisatorische und wirtschaftliche Leistung erbringt. Das ist in diesem Fall der Bayerische Rundfunk, nach dessen Ansprüchen nicht gefragt ist.

---

[7] Zum üblichen dreistufigen Prüfungsaufbau bei § 14 UrhG und der Kritik daran s. Fall 17.
[8] *OLG München* ZUM 1992, 307, 310 – Christoph Columbus; Dreier/Schulze/*Schulze*, § 14 Rn. 7.

**Hinweis:** Das Recht des Tonträgerherstellers braucht hier nicht unbedingt erwähnt zu werden, weil klar ist, dass W die Aufnahme nicht angefertigt hat. Das Recht des ausübenden K hingegen ist einschlägig. Es wird auch in Fallkonstellationen gelegentlich übersehen, in denen der Komponist eigene Werke aufführt. 21

## 2. Eingriff in die geschützten Rechte

Ein Eingriff in urheberrechtliche Befugnisse könnte hier in Form der Vervielfältigung (§ 16 I UrhG) und der öffentlichen Zugänglichmachung (§ 19a UrhG) vorliegen. Für einen Eingriff in die Rechte des ausübenden Künstlers gilt dasselbe, da die §§ 77 II 2, 78 I Nr. 1 UrhG auf die genannten Vorschriften verweisen. 22

Vervielfältigung ist jede körperliche Festlegung des Werks unabhängig von ihrer Dauer (§ 16 I UrhG). Die dauerhafte Speicherung der Musikdatei durch P auf der Festplatte eines PC ist eine Vervielfältigung. 23

**Hinweis:** Das wird in der universitären Fallbearbeitung erstaunlich oft übersehen. 24

Der Sachverhalt enthält keine Hinweise darauf, dass es zuvor auch zu einer vorübergehenden Speicherung im Arbeitsspeicher des PCs gekommen ist. Selbst eine solche (technisch hier wohl erforderliche) vorübergehende Zwischenspeicherung unterfiele aber § 16 I UrhG.[9] 25

Ein Werk wird dann öffentlich zugänglich gemacht, wenn mit Hilfe eines Netzwerks wie des Internets Mitgliedern der Öffentlichkeit die Möglichkeit eingeräumt wird, auf das Werk von Orten und zu Zeiten ihrer Wahl zuzugreifen (§ 19a UrhG). Indem P das Werk beliebigen Nutzern zum vollständigen Download im Internet bereitstellt, greift er daher in das Recht des W gemäß§ 19a UrhG ein. 26

W hat beiden Handlungen nicht zugestimmt, daher liegt ein Eingriff in die Rechte des W vor.[10] 27

## 3. Rechtswidrigkeit

Schranken des Urheberrechts greifen nicht ein. § 44a UrhG privilegiert nur die vorübergehende Vervielfältigung, die hier allenfalls hinsichtlich einer (im Sachverhalt nicht erwähnten) eventuellen Zwischenspeicherung im Arbeitsspeicher, nicht hingegen hinsichtlich der dauerhaften Speicherung auf der Festplatte vorliegt. Auch eine Vervielfältigung zum privaten oder sonstigen eigenen Gebrauch (§ 53 UrhG) liegt angesichts des von P verfolgten Werbezwecks nicht vor. 28

Auch die öffentliche Zugänglichmachung wird nicht durch Schranken gerechtfertigt. Zwar könnte man daran denken, dass die Werbung für rechtmäßig verkaufte CDs durch den Erschöpfungsgrundsatz gedeckt ist, gemäß § 17 II UrhG betrifft die Erschöpfung aber nur das Verbreitungsrecht. Die Voraussetzungen der §§ 52, 52a UrhG liegen wegen der von P verfolgten kommerziellen Zielsetzung nicht vor. 29

**Hinweis:** Aus dem Sachverhalt ist nicht ersichtlich, dass P den Kopierschutz der CD umgangen und damit gegen § 95a I UrhG verstoßen hätte. Unmittelbar zieht die Verletzung des § 95a nur strafrechtliche Sanktionen nach sich, doch stellt § 95a UrhG zugleich ein Schutzgesetz i.S.d. § 823 II BGB dar.[11] 30

---

[9] Während diese Frage früher umstritten war, ergibt sich diese Lösung seit der Urheberrechtsreform 2003 zweifelsfrei aus § 16 I und § 44a UrhG.

[10] Nach h.M. ist die Zustimmung des Urhebers ein Rechtfertigungsgrund, vgl. etwa *Dreier*/Schulze, § 97 Rn. 15. Bessere Gründe sprechen aber für die Einordnung als negatives Tatbestandsmerkmal. Praktische Konsequenzen hat die Einordnung in die Architektur des Tatbestands aber nicht, vgl. *Ohly*, Volenti non fit iniuria – die Einwilligung im Privatrecht, 2002, S. 130ff.

[11] *BGH* GRUR 2008, 996 Tz. 12 – Clone-CD.

#### 4. Rechtsfolgen

##### a) Unterlassung

31 W kann von P gemäß § 97 I 1 UrhG Unterlassung des weiteren Angebots der CD zum Download im Internet verlangen, da die Wiederholungsgefahr angesichts des fortgesetzten Verstoßes zu bejahen ist.

##### b) Schadensersatz

32 Zudem steht W gemäß § 97 II ein Anspruch auf Schadensersatz zu, sofern P Vorsatz oder Fahrlässigkeit zur Last fällt. Sofern P das Fehlen seiner Berechtigung nicht positiv kannte, ließ er jedenfalls die im Verkehr erforderliche Sorgfalt (§ 276 II BGB) dadurch außer Acht, dass er keinen Rechtsrat einholte. Daher besteht ein Schadensersatzanspruch des W, den dieser nach der dreifachen Schadensberechnung im Wege der Lizenzanalogie (§ 97 II 3 UrhG) berechnen kann. Für eine Gestattung hätte W 500 € verlangt, die er als Schaden ersetzt verlangen kann.

### III. Anspruch des W gegen T gemäß §§ 97, 16, 77 II UrhG

#### 1. Eingriff in bestehende Rechte

33 W ist Inhaber des Urheberrechts an der „Romanze“ und Inhaber der Rechte des ausübenden Künstlers (s. o., I 1, II 1).

34 Indem T die Datei auf ihre Festplatte geladen hat, hat sie diese ohne Zustimmung des W vervielfältigt (§ 16 I UrhG).

#### 2. Rechtswidrigkeit

35 Allerdings kann sich T möglicherweise auf die Schranke des § 53 I UrhG berufen. T hat ein einzelnes Vervielfältigungsstück zum eigenen Gebrauch hergestellt, ohne damit Erwerbszwecke zu verfolgen. Allerdings greift die Privilegierung des § 53 I 1 UrhG dann nicht ein, wenn die Vorlage offensichtlich rechtswidrig hergestellt oder öffentlich zugänglich gemacht wurde. Herstellung und Bereitstellung der Vorlage waren rechtswidrig (s. oben, II), es fragt sich nur, ob dieser Umstand auch offensichtlich war, ob also bei verständiger Würdigung an der Rechtswidrigkeit keine Zweifel bestehen konnten. Dafür spricht hier, dass die CD offensichtlich einen Kopierschutz aufweist.[12] Das Umgehen eines Kopierschutzes ist verboten (§ 95 a UrhG), da P sich nicht auf die Ausnahmeregelungen des § 95 b UrhG berufen kann. Andererseits werden zahlreiche Nutzer aus dem Hinweis auf den Kopierschutz möglicherweise eher folgern, P als Händler sei die Bereitstellung der Datei zum Download von den Berechtigten gestattet worden. Da aber die Bereitstellung vollständiger Musikstücke zum kostenfreien Download letztlich den Erwerb der CD zumindest teilweise entbehrlich macht und daher als Werbemaßnahme zumindest äußerst ungewöhnlich ist, spricht mehr für die Annahme einer offensichtlichen Rechtswidrigkeit (a. A. vertretbar).

#### 3. Rechtsfolgen

36 Ein Unterlassungsanspruch setzt Wiederholungs- oder Erstbegehungsgefahr voraus (§ 97 I UrhG). Hier könnte man an der Wiederholungsgefahr zweifeln, da es sich offenbar um eine einmalige Verletzung handelte. Die Rechtsprechung ist aber streng: Die

---

[12] Zur indiziellen Wirkung eines Hinweises auf Kopierschutz Dreier/Schulze/*Dreier*, § 53 Rn. 12.

Verletzung löst eine Vermutung der Wiederholungsgefahr aus, die nur durch Abgabe einer strafbewehrten Unterlassungserklärung ausgeräumt werden kann.[13] Daher besteht der Unterlassungsanspruch.

**Hinweis:** Immerhin wird sich T auf § 97a II UrhG berufen können, der die Kosten der erstmaligen Abmahnung bei einfach gelagerten Verletzungen bei 100 Euro deckelt. **37**

Auch die Voraussetzungen des Schadensersatzanspruchs (§ 97 II UrhG) liegen vor, **38**
insbesondere kann T dem Fahrlässigkeitsvorwurf nicht durch Verweis auf ihre fehlenden Kenntnisse des Urheberrechts entgehen. W kann insbesondere nach der Lizenzanalogie (§ 97 II 3 UrhG) Schadensersatz in Höhe der Gebühr verlangen, die für Downloads dieser Art entrichtet zu werden pflegt.

Außerdem ist T zur Vernichtung, also zur Löschung, der Musikdatei verpflichtet **39**
(§ 98 I UrhG).

### IV. Ergebnis

W kann von R Unterlassung des weiteren Vertriebs der CD verlangen; nach Scha- **40**
densersatzansprüchen war nicht gefragt, doch auch sie dürften bestehen. Außerdem kann W von P Unterlassung des weiteren Angebots der CD zum Download im Internet und Schadensersatz, von T Unterlassung des weiteren Downloads, Löschung der Datei und Schadensersatz verlangen.

## 2. Teil: Ansprüche der S gegen P auf Unterlassung der Nutzung und auf Übertragung des Internet-Domainnamens „www.steinhuber.de"

### I. § 14 V, II MarkenG

### 1. Bestehen des Markenrechts und Aktivlegitimation

S ist Inhaberin der eingetragenen Marke (§ 4 Nr. 1 MarkenG) „Steinhuber". Sie ist **41**
damit aktivlegitimiert.

### 2. Eingriff in das Markenrecht

### a) Allgemeine Voraussetzungen der Markenverletzung (§ 14 II MarkenG)[14]

P nutzt den Domainnamen als Adresse seiner gewerblich genutzten Website, auf der **42**
er für Steinhuber-Klaviere wirbt (§ 14 III Nr. 2 MarkenG) und handelt daher im geschäftlichen Verkehr.

Auch eine markenmäßige Benutzung liegt vor.[15] Auf der Website werden Musikin- **43**
strumente beworben. P benutzt die Marke also zur Unterscheidung von Produkten, nicht hingegen zur Bezeichnung seines Geschäftsbetriebs.[16] Zudem müsste eine geschützte Markenfunktion beeinträchtigt werden. Der Umstand, dass P auch Instrumente der Marke „Steinhuber" verkauft und die Marke insoweit möglicherweise berechtigt nutzt, ändert nichts daran, dass durch diese Benutzung die Herkunftsfunktion

---

13 *BGH* GRUR 1961, 138, 140 – Familie Schölermann; Dreier/Schulze/*Dreier*, § 97 Rn. 42.

14 Vgl. zu diesen allgemeinen Voraussetzungen die Fälle 14 und 15.

15 Näher zu den Voraussetzungen der markenmäßigen Benutzung Fall 15.

16 In diesem Fall wäre die markenmäßige Benutzung zweifelhaft, da nach der Rechtsprechung des EuGH eine Unternehmensbezeichnung für sich genommen nicht den Zweck hat, Produkte voneinander zu unterscheiden, s. *EuGH* Slg. 2002, I-10913 = GRUR 2003, 143 Tz. 34 – Robelco; *EuGH* Slg. 2007, I-7041 = GRUR 2007, 971 Tz. 21 – Céline.

der Marke betroffen ist und dass daher eine rechtsverletzende Benutzung zumindest in Betracht kommt.[17]

44 Schließlich hat S der Nutzung des Kennzeichens „Steinhuber" durch P nicht zugestimmt.

**b) Kollisionstatbestände des § 14 II MarkenG**

**aa) Doppelidentität (§ 14 II Nr. 1 MarkenG)**

45 § 14 II Nr. 1 MarkenG setzt völlige Identität der geschützten Marke und des benutzten Zeichens voraus. Die Bestimmung ist restriktiv auszulegen, damit die gemäß § 14 II Nr. 2 MarkenG erforderliche Prüfung der Verwechslungsgefahr nicht unterlaufen wird.[18] Hier stimmen Marke und Domainname nicht überein, sondern unterscheiden sich durch den Zusatz „www" und die angehängte Top-Level-Domain „.de". Vor allem letztere ist für die maßgeblichen Verkehrskreise nicht bedeutungslos, da verschiedene Domainnamen mit unterschiedlichen Top-Level-Domains koexistieren.[19]

**bb) Verwechslungsgefahr (§ 14 II Nr. 2 MarkenG)**

46 Kriterien zur Feststellung der Verwechslungsgefahr sind der Grad der Ähnlichkeit der Zeichen und der angebotenen Produkte und die Kennzeichnungskraft der Marke.[20] Der Marke „Steinhuber" kommt mindestens durchschnittliche Kennzeichnungskraft zu; die von S und P angebotenen Waren sind teilweise identisch; eingetragene Marke und Domainname unterscheiden sich nur geringfügig, der prägende Bestandteil „Steinhuber", auf den es beim Vergleich zusammengesetzter Zeichen maßgeblich ankommt, ist sogar identisch. Damit liegt Verwechslungsgefahr vor.

**cc) Erweiterter Schutz der bekannten Marke (§ 14 II Nr. 3 MarkenG)**

47 § 14 Abs. 2 Nr. 3 MarkenG vermittelt bekannten Marken einen erweiterten Schutz. Es bestehen aber keine Anhaltspunkte für den Grad der Bekanntheit der Marke „Steinhuber", der bloße Hinweis auf den guten Ruf der Klaviere begründet für sich noch keine Bekanntheit.

**3. Rechtswidrigkeit**

48 Die Nutzung des Domainnamens könnte aber durch Schranken des Markenrechts gedeckt sein.

**a) Berechtigter Vertrieb von Steinhuber-Klavieren**

49 Zum einen kann sich P darauf berufen, dass er in seinem Geschäft Klaviere der Marke Steinhuber verkauft.

**aa) Erschöpfung (§ 24 MarkenG)**

50 Seine Berechtigung kann sich insoweit aus dem Grundsatz der Erschöpfung ergeben. Indem die S ihre Klaviere an Großhändler verkauft, erschöpft sich gemäß § 24 I

[17] *EuGH* Slg. 1999, I-905 = GRUR Int. 1999, 438 – BMW/Deenik.

[18] *EuGH* Slg. 2003, I-2799 = GRUR 2003, 422 Tz. 50 – Arthur/Arthur et Félicie; Ströbele/Hacker/*Hacker* § 14 Rn. 191.

[19] Vgl. *BGH* GRUR 2005, 262, 263 – soco.de; *KG* GRUR-RR 2001, 180 – CHECK IN/checkin.com; Ströbele/Hacker/*Hacker*, § 14 Rn. 193.

[20] Ausführlich hierzu Fall 14.

MarkenG ihre Befugnis, der Nutzung der Marke für diese Klaviere entgegenzutreten. § 24 I MarkenG erfasst nicht nur das Veräußerungsrecht, sondern auch das Ankündigungsrecht, also das Recht, für die betreffenden Waren zu werben.[21] Daher ist die Nutzung der Marke durch einen Händler zum Zweck, auf sein Angebot von Originalwaren hinzuweisen, grundsätzlich zulässig.[22]

Allerdings ist die Erschöpfung gemäß § 24 II MarkenG ausgeschlossen, wenn ihr die berechtigten Interessen des Markeninhabers entgegenstehen. Für eine solche Beeinträchtigung spricht hier, dass die Domain „www.steinhuber.de" weniger auf einzelne von P angebotene Waren als auf das gesamte Angebot seines Geschäfts verweist und daher als Hinweis auf den Geschäftsbetrieb des P missverstanden werden kann. Ein derartiger irreführender Hinweis auf eine geschäftliche Beziehung steht der Erschöpfung entgegen.[23] Außerdem führt diese Form der Werbung zu einer Behinderung der S, da diese ihren Namen nicht mehr als Domainnamen mit der in Deutschland gängigen Endung „.de" verwenden kann. Zwar könnte man insoweit auf das Gerechtigkeitsprinzip der Priorität verweisen, dem zufolge unter zwei berechtigen Nutzern eines Kennzeichens grundsätzlich demjenigen der Vorrang zukommt, der als erster den Domainnamen registriert hat,[24] doch genießt das Interesse, den eigenen Namen als Domainnamen zu nutzen, gegenüber dem Interesse Vorrang, eine fremde Marke zum Zwecke des Hinweises auf den Vertrieb als Originalware als Domainnamen zu nutzen. **51**

**bb) Beschreibende Angabe (§ 23 Nr. 2 MarkenG)**

Alternativ lässt sich das Recht des Verkäufers von Originalware zur werblichen Nutzung von deren Marke auf § 23 Nr. 2 MarkenG stützen. Fraglich ist allerdings bereits, ob die Verwendung einer Marke zur Bezeichnung der Produkte des Markeninhabers als „beschreibend" angesehen werden kann.[25] Außerdem darf die Nutzung einer Marke als beschreibende Angabe nicht gegen die guten Sitten verstoßen. Für die Beurteilung des Sittenverstoßes sind die unter aa) genannten Argumente maßgeblich, es handelt sich um die identische Interessenabwägung in anderem Gewand. Daher kann sich P nicht auf die Schranke des § 23 Nr. 2 MarkenG berufen. **52**

**b) Gestattung durch Sven Steinhuber**

Zum anderen leitet P sein Recht zur Nutzung des Namens „Steinhuber" aus der Gestattung des Sven Steinhuber her. **53**

§ 23 Nr. 1 MarkenG erlaubt die Benutzung des eigenen Namens, auch wenn er mit einer geschützten Marke identisch ist. Auf § 23 Nr. 1 MarkenG können sich nicht nur Namensträger, sondern auch dritte Personen berufen, denen der Namensträger die Namensführung gestattet hat.[26] **54**

Allerdings rechtfertigt § 23 Nr. 1 MarkenG nur die redliche Namensführung. Dabei können die zu § 12 BGB entwickelten Grundsätze zum Recht der Gleichnamigen herangezogen werden:[27] Die Namensträger, insbesondere der Prioritätsjüngere, müssen **55**

---

[21] *EuGH* Slg. 1997, I-6013 = GRUR Int. 1998, 140 Tz. 36ff. – Dior/Evora; s. zur Erschöpfung des Markenrechts Fall 2 und Fall 16.

[22] *EuGH* Slg. 1999, I-905 = GRUR Int. 1999, 438 – BMW/Deenik; Ströbele/Hacker/*Hacker*, § 24 Rn. 101.

[23] *EuGH* Slg. 1999, I-905 = GRUR Int. 1999, 438, Tz. 51 – DMW/Deenik; Ströbele/Hacker/*Hacker*, § 24 Rn. 102.

[24] *BGHZ* 149, 191 = GRUR 2002, 622, 625 – shell.de.

[25] Zweifelnd Ströbele/Hacker/*Hacker*, § 23 Rn. 54.

[26] *Ingerl/Rohnke*, § 23 Rn. 14.

[27] Ströbele/Hacker/*Hacker*, § 23 Rn. 22.

alles Zumutbare unternehmen, um Verwechslungen vorzubeugen. Hingegen stellt es einen Verstoß gegen die guten Sitten dar, wenn das Recht zur Namensführung – wie hier – von einem Strohmann hergeleitet wird.[28] P kann sich daher nicht auf die Gestattung durch Sven Steinhuber berufen.

#### 4. Rechtsfolgen

#### a) Unterlassung

56 Da die bisherige Markenverletzung durch P bereits die Vermutung der Wiederholungsgefahr begründet und da P zudem die Domain nach wie vor benutzt, besteht die für einen Unterlassungsanspruch gemäß § 14 V 1 MarkenG vorausgesetzte Wiederholungsgefahr. Daher kann die S von P Unterlassung der weiteren Nutzung der Domain verlangen.

#### b) Übertragung der Domain

57 Hingegen steht P weder aus dem Gesichtspunkt des Beseitigungs- noch des Schadensersatzanspruchs ein Anspruch auf Übertragung des Domainnamens zu,[29] da durch einen solchen Anspruch möglicherweise die Rechte Dritter an der Bezeichnung beeinträchtigt würden und der Anspruchsteller besser stünde als vor der Verletzung. Auch die im Schrifttum diskutierten Ansprüche auf Übertragung eines Domainnamens analog § 894 BGB oder gemäß § 812 I 1, 2. Alt. BGB greifen nicht durch, da der Eintrag eines Domainnamens nicht wie ein absolutes Recht einer bestimmten Person zugewiesen ist.

58 **Hinweis:** Da sich die Diskussion um einen Übertragungsanspruch mit dem Shell-Urteil des BGH weitgehend erledigt hat und da es sich um einen untergeordneten Punkt der Lösung handelt, wird hier auf eine nähere Darstellung und Analyse des Meinungsstandes verzichtet. Sie wird auch von Bearbeitern nicht erwartet.

### II. § 15 IV, II MarkenG

59 Ein inhaltsgleicher Anspruch ergibt sich aus §§ 15 IV, II MarkenG. Die Firma „Steinhuber" ist gemäß § 5 II 1 MarkenG als Unternehmenskennzeichen geschützt. Der Verletzungstatbestand des § 15 II MarkenG ist erfüllt, da das Kennzeichen von P im geschäftlichen Verkehr genutzt und von den maßgeblichen Verkehrskreisen als Hinweis auf seinen Geschäftsbetrieb verstanden werden kann. Die Verwechslungsgefahr liegt aus den oben genannten Gründen vor. Auch zu den Schrankenbestimmungen und zum Anspruchsinhalt gilt das oben Ausgeführte.

### III. § 12 BGB

60 Hingegen scheidet ein Anspruch gemäß § 12 BGB aus, da bei Nutzung eines Namens im geschäftlichen Verkehr der Anspruch gemäß § 12 BGB gegenüber dem kennzeichenrechtlichen Schutz gemäß§ 15 MarkenG subsidiär ist.[30]

### IV. Lauterkeitsrechtliche Ansprüche

61 Schließlich kommen lauterkeitsrechtliche Unterlassungsansprüche (§§ 8 I, 3 I UWG) unter den Gesichtspunkten der Verwechslungsgefahr (§ 5 II) und der gezielten Behinderung in Betracht.

---

[28] Ströbele/Hacker/*Hacker*, § 23 Rn. 30.

[29] Vgl. die ausführliche Diskussion verschiedener Lösungsansätze in BGHZ 149, 191 = GRUR 2002, 622, 626 – shell.de.

[30] BGHZ 149, 191 = GRUR 2002, 622, 623 – shell.de.

### 1. Aktivlegitimation

S ist als Mitbewerber des P aktivlegitimiert (§ 8 III Nr. 1 UWG). Selbst wenn man annimmt, dass die S Klaviere lediglich an Großhändler vertreibt, während der P als Einzelhändler tätig ist, gilt nichts anderes. Der Umstand, dass S und P auf unterschiedlichen Vertriebsstufen tätig sind, steht einer Mitbewerbereigenschaft gemäß § 2 I Nr. 3 UWG nicht entgegen.[31] 62

### 2. Geschäftliche Handlung

P verwendet die Domain „www.steinhuber.de" zur Werbung, handelt also geschäftlich (§ 2 I Nr. 1 UWG) 63

### 3. Unlauterkeit

#### a) Hervorrufen einer Verwechslungsgefahr

P könnte durch die Verwendung des Domainnamens eine Verwechslungsgefahr hervorgerufen haben. Lauterkeitsrechtliche Ansprüche unter diesem Gesichtspunkt unterliegen nicht dem Vorrang des Markenrechts, da der Verbraucherschutz vor Verwechslungen im Markenrecht nur reflexartig berücksichtigt wird.[32] Allerdings kann die Verwechslungsgefahr nicht einfach durch Verweis auf die oben erfolgte Prüfung des § 14 II Nr. 2 MarkenG bejaht werden, da unter § 5 II UWG nach dem Einfluss der konkreten Handlung auf das Vorstellungsbild eines Durchschnittsverbrauchers zu fragen ist.[33] Die Kriterien der Warenähnlichkeit, der Zeichenähnlichkeit und der Kennzeichnungskraft spielen dabei keine entscheidende Rolle. Hier ist denkbar, dass Verbraucher unter der Domain „www.steinhuber.de" das Angebot der S erwarten, zumal P Produkte der S vertreibt. Solange P keine Maßnahmen zur Vermeidung von Verwechslungen trifft, handelt er irreführend (a. A. vertretbar). 64

#### b) Gezielte Behinderung

Die Nutzung von Kennzeichen oder Domainnamen, die zu einer Sperrung des Namens für den Berechtigten führt, kann unter dem Gesichtspunkt der Behinderung (§ 4 Nr. 10 UWG) unlauter sein. Zwar greift bei der Verletzung von Kennzeichenrechten durch die Verwendung von Domainnamen grundsätzlich der Vorrang des Markenrechts ein,[34] doch gilt eine Ausnahme, wenn der Domainname in der Absicht angemeldet wird, die Benutzung durch den Berechtigten zu sperren.[35] Für die Annahme einer solchen Absicht gelten aber strenge Anforderungen.[36] Hier verfolgt P mit der Verwendung der Domain auch den Zweck, für das eigene Angebot zu werben. Die Absicht, die Nutzung der Domain durch die S zu vereiteln, steht nicht im Vordergrund. Daher handelt es sich nicht um eine gezielte Behinderung (a. A. vertretbar). 65

### 4. Spürbarkeit (§ 3 I, II UWG)

Die von P hervorgerufene Verwechslungsgefahr ist geeignet, die Entscheidungsfreiheit potentieller Käufer spürbar zu beeinträchtigen (§ 3 II UWG). 66

---

[31] Piper/Ohly/Sosnitza/*Sosnitza*, § 2 Rn. 57.

[32] *Büscher*, GRUR 2009, 230, 236; *Fezer*, WRP 2008, 1, 8; a. A. aber Piper/Ohly/Sosnitza/*Sosnitza*, § 5 Rn. 701.

[33] Näher hierzu Fall 14.

[34] BGHZ 149, 191 = GRUR 2002, 622 – shell.de; BGHZ 155, 273 = GRUR 2003, 897, 898 – maxem.de.

[35] Piper/Ohly/Sosnitza/*Ohly*, § 4 Rn. 10/85 m. w. N.

[36] Vgl. *BGH* GRUR 2009, 689 Rn. 45 – ahd.de.

**5. Rechtsfolge (§ 8 I UWG)**

67 S kann von P Unterlassung der Benutzung des Domainnamens verlangen. Für die Wiederholungsgefahr gilt das oben (I, 4a) Ausgeführte.

**V. Ergebnis**

68 S kann von P die Unterlassung der Verwendung des Domainnamens „www.steinhuber.de" gemäß §§ 14 V, II Nr. 2, 15 IV, II MarkenG und gemäß §§ 8 I, 3 I, II, 5 II UWG verlangen. Ein Anspruch auf Übertragung des Domainnamens besteht hingegen nicht.

**3. Teil: Patentrechtliche Aspekte**

**I. Anspruch des P gegen S gemäß §§ 139 I, 9 S. 2 Nr. 1 PatG**

**1. Bestehen des Patents**

69 Das Patentrecht ist gemäß §§ 49, 58 PatG durch Erteilung entstanden und nicht erloschen. Zwar ist die Neuheit der Erfindung (§ 3 PatG) problematisch, doch ist das Verletzungsgericht an die Patenterteilung gebunden und nicht befugt, die Wirksamkeit des Patents zu überprüfen.

**2. Aktivlegitimation**

70 P ist als Inhaber des Patents aktivlegitimiert.

**3. Eingriff in den Schutzbereich**

71 S greift in den Schutzbereich des Patents ein, indem sie Flügel mit einem funktionsgleichen Mechanismus anbietet (§ 9 S. 2 Nr. 1 PatG).

**4. Rechtswidrigkeit**

72 Allerdings kann sich S auf ein Vorbenutzungsrecht (§ 12 PatG) berufen, wenn sie zur Zeit der Anmeldung bereits im Inland die Erfindung in Benutzung genommen oder die dazu erforderlichen Veranstaltungen getroffen hatte. S verfügte schon vor der Anmeldung über den sog. Erfindungsbesitz, da sie die geschützte technische Lehre kannte. Sie hat diese Lehre auch durch Realisierung in ihren Flügeln bereits genutzt. Damit stehen dem P gegen S keine Ansprüche aus dem Patent zu.

**II. Möglichkeiten der S, gegen das Patent vorzugehen**

**1. Einspruch**

73 Da die Einspruchsfrist von drei Monaten nach Erteilung (§ 59 I PatG) bereits abgelaufen ist, hat die S nur noch die Möglichkeit, Nichtigkeitsklage beim BPatG einzulegen.

**2. Nichtigkeitsklage**

**a) Zulässigkeit**

74 Die Zulässigkeitsvoraussetzungen des § 81 PatG sind gegeben. S wird als Nichtigkeitsgrund das Fehlen der Erteilungsvoraussetzung des § 3 PatG (fehlende Neuheit) behaupten. Damit ist keine besondere Klagebefugnis erforderlich.

### b) Begründetheit

Die Klage ist begründet, wenn der Nichtigkeitsgrund der fehlenden Patentfähigkeit vorliegt (§§ 22 I 1. Alt., 21 I 1 Nr. 1 PatG). Das ist der Fall, wenn das Patent wegen fehlender Neuheit (§ 3 I PatG) nicht hätte erteilt werden dürfen, wenn also die Lehre der Erfindung zum Zeitpunkt der Anmeldung bereits der Öffentlichkeit zugänglich gemacht worden war. 75

P hat die Erfindung einem Freund unter dem Siegel der Verschwiegenheit offenbart. Damit ist die Erfindung noch nicht der Öffentlichkeit zugänglich gemacht worden, da der Freund zur Verschwiegenheit verpflichtet war und gegen diese Pflicht ersichtlich nicht verstoßen hat. 76

Eine technische Lehre ist aber auch dann für die Öffentlichkeit zugänglich, wenn die Erfindung dergestalt öffentlich benutzt wird, dass ein Fachmann in der Lage ist, die technische Lehre zu erkennen.[37] Da der von S seit 2003 verwendete Mechanismus auf der gleichen technischen Lehre wie die Erfindung des P beruht und da ein Fachmann durch Inspektion eines der öffentlich genutzten Flügel die Lehre hätte erkennen können, ist die Vorbenutzung durch S neuheitsschädlich. Der Umstand, dass kein Fachmann die Flügel je untersucht hat, ändert nichts an dieser Beurteilung.[38] Die Erfindung war zur Zeit der Anmeldung (2006) also nicht mehr neu. Das Patent hätte nicht erteilt werden dürfen und wird vom BPatG auf Klage der S für nichtig erklärt werden. 77

### 3. Zwischenergebnis

S könnte also mit Aussicht auf Erfolg gegen das Patent Nichtigkeitsklage erheben. 78

## III. Ergebnis

Dem P stehen keine patentrechtlichen Ansprüche gegen S zu. Im Gegenteil muss P damit rechnen, dass sein Patent auf Klage der S hin für nichtig erklärt wird. 79

---

[37] Schulte/*Moufang*, § 3 Rn. 53f., 61.
[38] Vgl. Schulte/*Moufang*, § 3 Rn. 62.

# Stichwortverzeichnis

Die **fett** gesetzten Zahlen verweisen auf die Fälle, die mageren auf deren Randnummern.